SEM CAUSAR MAL

DIRETOR EDITORIAL E DE ARTE Julio César Batista

PRODUÇÃO EDITORIAL Carlos Renato

CAPA E PROJETO GRÁFICO Erick Pasqua

EDITORAÇÃO ELETRÔNICA Juliana Siberi

PREPARAÇÃO Clara Diament e Mariana Silvestre

REVISÃO Carol Sammartano, Marina Silva Ruivo e Cristiane Santos Gomes

REVISÃO TÉCNICA Marcelo Volpon

Dados Internacionais de Catalogação na Publicação (CIP)
(Câmara Brasileira do Livro, SP, Brasil)

Marsh, Henry
  Sem causar mal: histórias de vida, morte e neurocirurgia / Henry Marsh ; tradução Ivar Panazzolo Júnior. -- São Paulo : nVersos, 2016.

Título original: *Do no harm.*
ISBN 978-85-8444-156-3

  1. Marsh, Henry, 1950- 2. Neurocirurgia
3. Neurocirurgia - Narrativas pessoais
4. Procedimentos neurocirúrgicos - Inglaterra - Narrativas pessoais 5. Relações Médico-Paciente - Inglaterra - Narrativas pessoais I. Título.

16-04304   CDD-617.4809223

Índices para catálogo sistemático:
1. Relações Médico-Paciente : Inglaterra : Narrativas pessoais   617.4809223

2ª edição – 2021
1ª reimpressão – 2025
Esta obra contempla o
novo Acordo Ortográfico
da Língua Portuguesa
Impresso no Brasil

nVersos Editora
Rua Cabo Eduardo Alegre
01257-060 – São Paulo – SP
Tel.:(11) 3995-5617
www.nversos.com.br
nversos@nversos.com.br

Os eventos e situações clínicas registrados neste livro aconteceram na vida real, mas alguns nomes e outras características identificadoras foram mudados para proteger a privacidade de colegas e pacientes. Uma versão anterior do capítulo "Pineocitoma" apareceu originalmente na revista Granta.

Dr. HENRY MARSH

SEM CAUSAR MAL

Histórias de vida, morte e neurocirurgia

Tradução
IVAR PANAZZOLO JÚNIOR

nVersos

Para Kate, sem a qual este livro
nunca poderia ser escrito.

Sumário

"Primum non nocere et in dubio abstine"

(Em primeiro lugar náo causar o mal. Em dúvida, abstenha-se de intervir)

Comumente atribuído a Hipócrates de Kós, c. 460 a. C.

✤

"Todo cirurgiáo traz dentro de si um pequeno cemitério, onde, de tempos em tempos, ele vai orar. É um lugar de amargura e arrependimentos, onde ele deve procurar uma explicaçáo para os seus fracassos."

René Leriche, *La Philosophie de la chirurgie*, 1951.

Prefácio

Caso estejamos doentes, internados em um hospital, temendo por nossas vidas, na espera de uma cirurgia que nos apavora, precisamos confiar nos médicos que estão nos tratando; afinal, a vida fica bem mais difícil se não for assim. Não é surpreendente que atribuímos características heroicas aos médicos para aplacar nossos temores. Quando a operação é bem-sucedida, o cirurgião é um herói; quando não é, ele se torna um vilão.

No entanto, a realidade é completamente diferente. Médicos são tão humanos quanto qualquer pessoa. Muito do que acontece nos hospitais é uma questão de sorte, tanto boa quanto má; o sucesso e o fracasso frequentemente estão fora do controle do médico. Saber quando não operar é tão importante quanto saber como operar, e é uma habilidade ainda mais difícil de adquirir.

A vida de um neurocirurgião nunca é enfadonha e pode ser profundamente gratificante, mas tem um preço. Inevitavelmente erros serão cometidos, e se faz necessário aprender a conviver com as consequências que, ocasionalmente, serão lamentáveis. Ser objetivo sobre o que vê, sem perder sua humanidade no processo, é uma habilidade a ser adquirida. As histórias neste livro são minhas tentativas, juntamente com alguns fracassos ocasionais, de encontrar o equilíbrio entre a compaixão e o distanciamento inerentes a uma carreira cirúrgica, uma constância entre a esperança e o realismo. Não desejo minar a confiança pública nos neurocirurgiões, nem na profissão médica em si, mas espero que meu livro ajude as pessoas a entenderem as dificuldades — tanto humanas, quanto técnicas— que os médicos enfrentam.

1. Pineocitoma

*(s.) Um tumor incomum e de
crescimento lento na glândula pineal.*

Frequentemente faço cortes em cérebros, e isso é algo que detesto. Com uma pinça bipolar, coagulo os belos e intrincados vasos sanguíneos vermelhos que repousam sobre a estrutura reluzente do cérebro. Com um pequeno bisturi, faço uma incisão e crio um buraco, pelo qual insiro um aspirador delicado — como o cérebro tem a consistência de uma gelatina, o aspirador é a principal ferramenta do cirurgião. Olho pelo meu microscópio cirúrgico, tateando enquanto desço por entre a substância branca e mole do cérebro, procurando pelo tumor. A ideia de que o meu aspirador está se movendo entre o pensamento, a emoção e a razão, e de que as memórias, sonhos e reflexões são tão consistentes quanto gelatina, é simplesmente estranha demais para se compreender. Tudo que eu consigo ver diante de mim é matéria. Mesmo assim, sei que, se cortar o lugar errado, a região que os neurocirurgiões chamam de área cerebral eloquente, terei que encarar um paciente debilitado e com sequelas quando estiver na ala de recuperação pós-operatória para avaliar o resultado.

Cirurgias cerebrais são perigosas, e a tecnologia moderna só reduz o risco até um certo ponto. Posso usar uma espécie de GPS neurocirúrgico chamado de neuronavegador no qual, assim como satélites em órbita ao redor da Terra, câmeras infravermelhas são apontadas para a cabeça do paciente. As câmeras conseguem "ver" os instrumentos nas minhas mãos, que têm pequenas esferas refletoras em sua estrutura. Um computador conectado às câmeras mostra a posição dos meus instrumentos no cérebro do meu paciente em um exame de imagem feito pouco antes da operação. Posso operar com o paciente acordado sob anestesia local, para que eu seja capaz de identificar as áreas eloquentes do cérebro ao estimular o órgão com um eletrodo. O paciente recebe instruções do meu anestesista para cumprir tarefas simples, de modo que possamos perceber se estou causando algum dano conforme a cirurgia prossegue. Se estiver operando a medula espinhal — que é ainda mais vulnerável que o cérebro —, posso usar um método de estimulação elétrica conhecido como potenciais evocados, que me avisam caso eu esteja prestes a provocar paralisia.

Apesar de toda essa tecnologia, a neurocirurgia ainda é perigosa. É necessário ter perícia e experiência para saber a hora de parar enquanto os meus instrumentos penetram o cérebro ou a medula espinhal. Com frequência, é melhor deixar que a doença do paciente avance naturalmente e evitar uma operação. E há também o fator sorte: tanto a boa quanto a má. E, à medida que fico mais experiente, parece que a sorte se torna cada vez mais importante.

Eu estava prestes a fazer uma operação num paciente que tinha um tumor na glândula pineal. No século XVII, o filósofo dualista Descartes, que afirmava que mente e cérebro são duas entidades inteiramente distintas, disse que a alma humana se localizava na glândula pineal. Era ali, dizia ele, que o cérebro material, de alguma forma mágica e misteriosa, se comunica com a mente e com a alma imaterial. Não sei o que ele diria se pudesse ver os meus pacientes olhando para o próprio cérebro em um monitor de vídeo, como ocorre com alguns deles quando os opero sob anestesia local.

Tumores pineais são muito raros e podem ser benignos ou malignos. Os benignos não precisam necessariamente de tratamento. Os malignos usualmente são tratados com radioterapia e quimioterapia, mas ainda assim há os fatais. No passado, tais tumores eram considerados inoperáveis, mas, com as modernas técnicas de microneurocirurgia, não é mais assim. Atualmente, considera-se necessário operar para, pelo menos, conseguir material para biópsia e confirmar o tipo de tumor e decidir qual é a melhor forma de tratar o paciente. A pineal está encerrada bem no meio do cérebro, e, dessa forma, como os cirurgióes dizem, a cirurgia é desafiadora. Os neurocirurgióes observam as ressonâncias do cérebro que exibem tumores pineais com um misto de medo e empolgação, como alpinistas olhando para o enorme pico que almejam escalar.

Esse paciente, em particular, tinha uma dificuldade enorme em aceitar que era portador de uma doença que colocava sua vida em risco, e que não tinha mais o controle total sobre a própria vida. Era um diretor de empresa cheio de energia. Pensava que as dores de cabeça que começaram a acordá-lo durante a noite eram causadas pelo estresse de ter demitido uma quantidade enorme dos seus funcionários após o estouro da crise econômica de 2008. O diagnóstico foi um tumor pineal e hidrocefalia aguda. O tumor estava obstruindo a circulação normal de líquido cefalorraquidiano pelo cérebro, e o acúmulo de líquido estava aumentando a pressão no interior do crânio. Sem tratamento, ele iria ficar cego e morrer em questão de semanas.

Tive com ele muitas conversas carregadas de ansiedade nos dias que precederam a operação. Expliquei que os riscos da cirurgia, que incluíam a morte e o risco de um AVC, um acidente vascular cerebral grave, não eram tão grandes quanto os riscos de não operar. Ele registrou cuidadosamente em seu smartphone tudo que eu lhe dizia, como se o ato de digitar aquelas palavras longas — hidrocefalia obstrutiva, ventriculostomia endoscópica, pineocitoma, pineoblastoma — pudesse, de alguma maneira, colocá-lo de volta no controle e salvá-lo. A ansiedade do paciente, juntamente com o meu sentimento de profundo fracasso após uma cirurgia que havia feito na semana anterior, significava que eu precisava encarar a possibilidade de operá-lo sob uma forte sensação de pavor.

Eu o visitei na noite anterior à operação. Quando converso com meus pacientes na noite que antecede a cirurgia, tento não comentar sobre os riscos dos procedimentos pelos quais eles passarão, pois já falamos detalhadamente a respeito em um encontro anterior. Tento reconfortá-los e fazer com que seu medo diminua, embora isso resulte numa ansiedade maior para mim. É mais fácil executar operações difíceis se você avisou ao paciente que a cirurgia é terrivelmente perigosa e que há uma alta probabilidade de que as coisas deem errado. Talvez a dor de se sentir responsável seja um pouco menor caso isso realmente aconteça.

A esposa do paciente estava ao seu lado, e parecia estar bastante abalada pelo medo.

— Essa operação não é complicada — eu disse para reconfortá-los, com um falso otimismo.

— Mas o tumor pode ser canceroso, não é? — perguntou ela.

Com um pouco de relutância, eu disse que havia uma pequena possibilidade. Expliquei que retiraria uma amostra para congelamento do tumor durante a operação, que seria examinada imediatamente por um patologista. Se ele dissesse que o tumor não era canceroso, eu tentaria remover até o último fragmento daquela anomalia. E se fosse um tumor chamado de germinoma, eu não precisaria removê-lo e o marido dela poderia ser tratado (e provavelmente curado) com radioterapia.

— Então, se não for câncer nem um germinoma, a operação é segura — disse ela, mas sua voz acabou morrendo em pleno ar, sem muita convicção.

Hesitei, sem querer assustá-la. Escolhi cuidadosamente as palavras.

— Sim. É bem menos perigoso se eu não tiver que remover o tumor inteiro.

Conversamos por mais algum tempo antes de eu lhes desejar boa-noite e ir para casa.

✻

No início da manhã seguinte eu estava deitado na cama, pensando na jovem mulher que operei na semana anterior. Ela tinha um tumor na medula espinhal, entre a sexta e a sétima vértebras cervicais, e, embora eu não saiba o motivo, já que a cirurgia ocorreu sem qualquer problema, a paciente despertou após a operação com o lado direito do corpo paralisado. Provavelmente eu tentei remover uma porção grande demais do tumor. Devia estar excessivamente autoconfiante. Não senti medo suficiente. Desejava muito que essa próxima operação, a cirurgia do tumor pineal, corresse bem — para que houvesse um final feliz, para que todos vivessem felizes para sempre, e para que eu pudesse estar em paz comigo mesmo outra vez.

Mas eu sabia que, por mais amargo que fosse o meu arrependimento, e por melhor que transcorresse a operação na pineal, não havia nada que eu pudesse fazer para reverter os danos que havia causado na jovem. Qualquer infelicidade da minha parte não era nada se comparada ao que ela e sua família estavam passando. Não havia nenhuma razão para que essa próxima cirurgia no tumor pineal corresse bem simplesmente porque eu desejava desesperadamente que acontecesse assim, nem porque a operação anterior dera errado. O resultado da cirurgia na pineal — o fato do tumor ser maligno ou não maligno, se eu seria capaz de remover o tumor ou se ele estaria fatalmente aderido ao cérebro e tudo progredisse de uma maneira horrível — estava realmente fora do meu controle. Eu também sabia que, conforme o tempo passasse, a angústia que eu sentia pelo que havia causado à jovem mulher perderia a força. A lembrança de vê-la deitada na cama do hospital com um braço e uma perna paralisados se transformaria em uma cicatriz em vez de um ferimento doloroso. Ela seria acrescentada à lista dos meus desastres — outra lápide naquele cemitério que o médico francês Leriche, certa vez, disse que todos os cirurgiões trazem dentro de si.

Assim que uma operação começa, geralmente percebo que qualquer resquício mórbido de medo desaparece. Empunho o bisturi — pegando-o não mais da mão da instrumentadora, mas, de acordo com algum protocolo de Saúde e Segurança, de uma bandeja de metal — e, cheio de autoconfiança cirúrgica, o pressiono precisamente através do couro cabeludo do paciente. À medida que o sangue brota da incisão, a emoção da caçada toma conta de mim e eu sinto que estou no controle do que está acontecendo. Pelo menos, é assim que normalmente acontece. Nessa ocasião, a operação desastrosa da semana anterior fez com que eu subisse ao palco com um pavor que era quase paralisante. Em vez de bater papo com a instrumentadora e com Mike, um residente do hospital que estava me auxiliando, como costumo fazer, limpei a pele do paciente e posicionei os campos cirúrgicos em silêncio.

Mike já trabalhava comigo há alguns meses, e nos conhecíamos bem. Devo ter treinado muitos residentes nos meus trinta anos de carreira, e, com a maioria deles, gosto de pensar que tive um bom relacionamento. Estou ali para treiná-los, e devo assumir a responsabilidade pelo que fazem, mas eles, por sua vez, estão ali para me auxiliar e ajudar — e, quando necessário, me estimular também. Sei muito bem que eles em geral dirão o que acham que quero ouvir, mas essa relação pode ser bastante próxima, parecida com aquela que existe entre soldados em batalha, talvez. E, provavelmente, é a coisa da qual sentirei mais saudades quando me aposentar.

— O que houve, chefe? — perguntou Mike.

Resmunguei alguma coisa por trás da máscara cirúrgica.

— A ideia de que a neurocirurgia é uma espécie de aplicação calma e racional da ciência é uma grande bobagem — eu disse. — Pelo menos, é assim que eu vejo as coisas. Aquela maldita operação da semana passada faz com que eu me sinta tão nervoso quanto há trinta anos, e não como se já estivesse chegando perto da hora de me aposentar.

— Mal posso esperar — disse Mike. Aquela é uma piada comum que os meus assistentes mais ousados soltam, agora que estou perto do fim da minha carreira. Atualmente há mais cirurgiões em treinamento do que cargos de cirurgião-chefe, e todos os meus residentes se preocupam com o futuro.

— De qualquer modo, ela provavelmente vai melhorar — acrescentou ele. — Ainda é cedo.

— Tenho minhas dúvidas.

— Mas nunca se sabe ao certo...

— Bem, acho que isso é verdade.

Estávamos conversando atrás do paciente, pois o homem, anestesiado e inconsciente, havia sido colocado numa posição em que ficaria sentado durante a cirurgia. Mike já havia raspado uma faixa estreita dos cabelos dele na parte posterior da cabeça.

— Lâmina — eu disse para Agnes, a instrumentadora. Peguei o bisturi do prato que ela estendeu para mim e rapidamente fiz um corte na parte de trás da cabeça do homem. Mike usou um aspirador para retirar o sangue e em seguida afastei os músculos do pescoço para que pudéssemos começar a perfurar o osso do crânio.

— Muito legal — disse Mike.

Com a incisão feita no couro cabeludo do homem, os músculos afastados, a craniotomia executada, as meninges abertas e rebatidas — a cirurgia tem sua própria linguagem antiga e descritiva —, o microscópio cirúrgico foi trazido e eu me acomodei na cadeira de operação. Numa operação da pineal, diferentemente de outros tumores no cérebro, você não precisa cortar através do tecido cerebral para alcançar o tumor; em vez disso, depois de abrir as meninges, que são as membranas que ficam sob o crânio e que cobrem o cérebro e a medula espinhal, pode-se observar uma fenda estreita que separa a parte superior do cérebro — os hemisférios cerebrais — da parte inferior: o tronco cerebral e o cerebelo. Você tem a sensação de que está se arrastando por um longo túnel. Cerca de sete centímetros mais adiante — embora a distância pareça cem vezes maior por causa da magnificação do microscópio — você vai encontrar o tumor.

Estou olhando diretamente para o centro do cérebro, uma área secreta e misteriosa onde se encontram todas as funções mais vitais que nos mantêm conscientes e vivos. Acima de mim, como os grandes arcos do teto de uma catedral, estão as veias mais profundas do cérebro — as veias cerebrais internas; além delas, as veias basais de Rosenthal e, em seguida, na linha divisória, a grande veia de Galeno, azul-escura e brilhante sob a luz do microscópio. Essa é a anatomia que inspira a admiração nos neurocirurgiões.

Esses vasos transportam enormes volumes de sangue venoso para fora do cérebro. Uma lesão deles resultará na morte do paciente. Diante de mim estão o tumor vermelho granular e, logo abaixo, a placa tectal do tronco cerebral, cuja lesão pode produzir um estado de coma permanente. De ambos os lados estão as artérias cerebrais posteriores, que irrigam as partes do cérebro responsáveis pela visão. À frente, logo depois do tumor, como uma porta que se abre para dar acesso a um corredor distante de paredes brancas quando o tumor for removido, está o terceiro ventrículo.

Há uma requintada poesia cirúrgica nesses nomes, que, combinados com a bela ótica de um contrabalanceado micróscopio moderno, fazem com que essa seja uma das mais maravilhosas operações neurocirúrgicas — se tudo correr bem, é claro. Nessa ocasião, conforme eu me aproximava do tumor, havia uma grande quantidade de vasos sanguíneos que tinham que ser cortados. É preciso saber quais podem ser sacrificados e quais não podem. Era como se eu houvesse perdido todo o meu conhecimento e experiência. Toda vez que dividia um vaso sanguíneo, eu estremecia ligeiramente pelo medo, mas, como cirurgião, você aprende, ainda no início da carreira, a aceitar a ansiedade intensa como uma parte normal do seu expediente e a seguir em frente, apesar dela.

Uma hora e meia após o início da cirurgia alcancei o tumor. Removi um fragmento minúsculo para enviá-lo ao laboratório de patologia e recostei-me na cadeira.

— Agora vamos precisar esperar — eu disse a Mike com um suspiro. Não é fácil parar no meio de uma operação, e eu larguei o corpo sobre a cadeira, nervoso e tenso, querendo retomar logo a cirurgia, esperando que o meu colega da patologia declarasse que o tumor era benigno e operável, esperando que o paciente sobrevivesse, esperando poder dizer à sua esposa, após a operação, que tudo correra bem.

Depois de quarenta e cinco minutos eu já não suportava mais aquela pausa. Afastei a minha cadeira da mesa de cirurgia e me levantei para procurar o telefone mais próximo, ainda usando o avental cirúrgico e as luvas estéreis. Digitei o número do laboratório e mandei que colocassem o patologista na linha. Houve um breve intervalo, e ele atendeu o telefone.

— A amostra congelada! — eu gritei. — O que está acontecendo?

— Ah — disse o patologista, imperturbável. — Sinto muito pela demora. Eu estava em outra parte do prédio.

— E que diabos eu tenho em mãos?

— Ah, sim. Bem, estou analisando agora. Ah! Sim, parece ser um pineocitoma benigno sem grandes complicações...

— Que maravilha! Obrigado!

Perdoando-o instantaneamente, voltei para a mesa de cirurgia, onde todos estavam esperando.

— Mãos à obra!

Troquei o avental e as luvas e sentei-me novamente na cadeira de cirurgia, apoiando os cotovelos nos apoios para os braços e voltando a trabalhar no tumor. Cada tumor cerebral é diferente. Alguns são duros feito pedra, outros são moles como geleia. Alguns são completamente secos, enquanto em outros o sangue transborda — às vezes em uma quantidade tão grande que o paciente pode sangrar até morrer durante a operação. Alguns se soltam como as ervilhas do interior de uma vagem; outros estão irremediavelmente presos ao cérebro e aos seus vasos sanguíneos. Nunca é possível saber exatamente, a partir de um exame de imagem do cérebro, como o tumor vai se comportar até começarmos a removê-lo. O tumor desse homem era, como os cirurgiões dizem, cooperativo, e tinha um bom plano cirúrgico — em outras palavras, não estava preso ao cérebro. Eu o esvaziei lentamente, fazendo com que o tumor murchasse, afastando-se do tecido cerebral ao seu redor. Depois de três horas, parecia que eu havia removido a maior parte dele.

Como tumores pineais são muito raros, um dos meus colegas entrou na minha sala cirúrgica, saindo da sua própria sala, para ver como a cirurgia estava avançando. Provavelmente estava com um pouco de inveja.

Ele espiou por cima do meu ombro.

— Parece estar ok.

— Até o momento — eu disse.

— As coisas só dão errado quando você não espera que aconteçam — respondeu ele, virando-se para voltar para a sua sala de cirurgia.

❋

A cirurgia prosseguiu, até a remoção de todo o tumor, sem que nenhuma parte da arquitetura vital cerebral fosse lesada. Deixei que Mike fechasse a incisão e caminhei até a enfermaria. Eu possuía poucos pacientes, e uma delas era a jovem mãe que eu deixara paralisada uma semana antes. Encontrei-a sozinha em um quarto. Quando você aborda um paciente em quem deixou sequelas, tem a sensação de que há um campo de força rechaçando a sua aproximação, resistindo às suas tentativas de abrir a porta do quarto onde o paciente está deitado, cuja maçaneta parece ser feita de chumbo, empurrando-o para longe do leito do paciente e resistindo às suas tentativas de abrir um sorriso hesitante. É difícil saber qual é o papel a interpretar. O cirurgião, agora, é um vilão e um perpetrador, ou, na melhor das hipóteses, um incompetente; não é mais heroico e todo-poderoso. É muito mais fácil passar rapidamente pelo paciente sem dizer nada.

Entrei na sala e sentei-me na cadeira ao lado dela.

— Como está? —perguntei de modo pouco convincente.

Ela olhou para mim e fez uma careta, apontando silenciosamente com o braço esquerdo, que continuava saudável, para o braço direito paralisado, levantando-o da cama para, em seguida, deixá-lo cair sem vida sobre o colchão.

— Já vi isso acontecer após uma cirurgia, e os pacientes se recuperaram, embora leve alguns meses. Eu realmente acredito que você ficará melhor do que está agora.

— Eu confiava em você antes da cirurgia — disse ela. — Por que deveria confiar agora?

Eu não tinha uma resposta na ponta da língua para aquele questionamento, e olhei para os meus pés, sentindo-me desconfortável.

— Mas acredito no que você diz — falou ela após um momento. Mesmo assim, talvez apenas porque estivesse com pena.

Voltei ao centro cirúrgico. O paciente da pineal havia sido transferido da mesa para um leito e já estava desperto. Estava deitado com a cabeça apoiada num travesseiro, com uma expressão sonolenta no rosto, enquanto uma das enfermeiras lavava seus cabelos para remover sangue e pó de osso triturado que restaram após a operação. Os anestesistas e outros membros da equipe cirúrgica estavam rindo e conversando sobre amenidades enquanto se ocupavam ao redor dele, organizando os vários tubos e cabos ligados ao paciente, preparando-se para levá-lo até a UTI. Se ele não houvesse acordado tão bem, eles estariam trabalhando em silêncio. As enfermeiras estavam organizando os instrumentos nos carrinhos e armazenando em sacos plásticos de lixo os lençóis, cabos e tubos descartados. Um dos auxiliares de enfermagem já estava limpando o sangue do chão, preparando a sala para o próximo caso.

— Ele está bem! — gritou Mike alegremente para mim, do outro lado do quarto.

Fui procurar a esposa. Ela estava esperando no corredor do lado de fora da UTI, o rosto rígido com um misto de medo e esperança, observando-me conforme eu me aproximava.

— Tudo correu tão bem quanto o esperado — eu disse, com uma voz formal e despreocupada, interpretando o papel do cirurgião de sucesso e desapegado. Mas, em seguida, não consegui evitar de estender os braços para a mulher, colocar as mãos em seus ombros, e, quando ela colocou as mãos sobre as minhas e nos entreolhamos, eu vi as lágrimas dela e tive que me esforçar por um momento para controlar as minhas próprias. E me permiti um breve momento de celebração.

— Acredito que tudo ficará bem — eu disse.

2. Aneurisma

*(s.) Uma dilatação patológica da parede
de um vaso sanguíneo, geralmente uma artéria.*

O campo da neurocirurgia envolve o tratamento cirúrgico de pacientes com doenças e lesões no cérebro e na coluna. Esses problemas são raros, de modo que, em comparação a outras especialidades médicas, existe apenas um pequeno número de neurocirurgiões e departamentos neurocirúrgicos. Nunca assisti a uma neurocirurgia enquanto cursava a faculdade. Não tínhamos autorização para entrar na sala neurocirúrgica do hospital onde fazia minha residência — o local era considerado especializado e enigmático demais para meros estudantes. Certa vez, quando caminhava pelo corredor principal do centro cirúrgico, eu consegui um breve vislumbre pela pequena janela redonda da porta da sala de neurocirurgia: uma mulher nua, anestesiada, a cabeça completamente raspada, sentada em uma mesa cirúrgica especial. Um neurocirurgião idoso e extremamente alto, com o rosto oculto por uma máscara cirúrgica e uma luminária portátil afixada à sua cabeça, estava em pé atrás dela. Com mãos enormes, ele estava pintando o couro cabeludo recém-raspado da mulher com um antisséptico marrom à base de iodo. Parecia a cena de um filme de terror.

Três anos depois eu me vi naquela mesma sala de neurocirurgia, observando o mais jovem dos neurocirurgiões supervisores que trabalhavam no hospital operando uma mulher com um aneurisma cerebral roto. Eu me qualificara como médico havia um ano e meio e já estava decepcionado e desiludido com a ideia de fazer carreira na medicina. Na época eu estava como médico assistente na Unidade de Terapia Intensiva do hospital universitário em que estudava. Uma das anestesistas que trabalhava na UTI, ao perceber que eu parecia meio entediado, sugeriu que eu fosse até o centro cirúrgico para ajudá-la a preparar um paciente para um procedimento neurocirúrgico.

Era diferente de todas as outras operações a que eu havia assistido, que geralmente pareciam envolver incisões longas e sangrentas, juntamente com a manipulação de partes do corpo grandes e escorregadias. Essa operação era executada com um microscópio cirúrgico, através de uma pequena abertura na lateral da cabeça da mulher, usando somente instrumentos microscópicos e de precisão para manipular os vasos sanguíneos do seu cérebro.

Aneurismas são pequenas dilatações parecidas com um balão nas artérias cerebrais que podem — com bastante frequência, inclusive — causar hemorragias catastróficas no cérebro. O objetivo da cirurgia é colocar um clipe de metal com uma mola embutida ao redor do gargalo do aneurisma — uma área com poucos milímetros de extensão — para impedir que o aneurisma se rompa. Há uma possibilidade real de que o cirurgião, trabalhando em uma área profunda no meio da cabeça do paciente, num espaço estreito sob o cérebro, acabe inadvertidamente rompendo o aneurisma enquanto o desprende do tecido cerebral e dos vasos sanguíneos que o circundam e tenta clipá-lo. Aneurismas têm paredes frágeis e finas, mas mesmo assim contêm dentro de si sangue arterial em alta pressão. Às vezes a parede é tão fina que se podem enxergar os vórtices vermelho-escuros do sangue no interior do aneurisma, que ficam enormes e sinistros com a ampliação do microscópio cirúrgico. Se o cirurgião romper o aneurisma antes que possa clipá-lo, o paciente usualmente acabará morrendo, ou, pelo menos, sofrendo um AVC catastrófico — um destino que pode facilmente ser pior do que a morte.

A equipe do centro cirúrgico estava em silêncio. Não havia nada das conversas e do bate-papo habitual. Os neurocirurgiões às vezes descrevem cirurgias de aneurisma como algo parecido com o trabalho de desarmar bombas, embora a coragem necessária seja diferente — pois é a vida do paciente que está em risco, não a do médico. A operação que eu estava observando era mais parecida com um esporte sanguinolento ao invés de um exercício técnico, calmo e controlado, no qual o oponente era um tumor perigoso. Houve a caçada — o cirurgião avançando cuidadosamente no cérebro do paciente rumo ao aneurisma, tentando não o perturbar, até chegar onde ele estava, nas profundezas do cérebro. E em seguida o clímax, quando ele alcançou o aneurisma, prendeu-o e o aniquilou com um clipe reluzente de titânio com uma mola acoplada, salvando a vida do paciente. Mais do que isso, a operação envolvia o cérebro, o misterioso substrato de todo pensamento e sensação, de tudo que é importante na vida humana — um mistério que, aos meus olhos, parecia tão grandioso quanto as estrelas à noite e o universo ao nosso redor. A operação era elegante, delicada, perigosa e cheia de significados profundos. O que poderia ser mais nobre, pensei, do que ser um neurocirurgião? Tive a estranha sensação de que era isso que eu sempre quis fazer durante toda a minha vida, embora só houvesse me dado conta disso naquele momento. Foi amor à primeira vista.

A operação correu bem. O aneurisma foi clipado com sucesso sem causar um catastrófico AVC ou hemorragia, e o clima na sala cirúrgica subitamente ficou mais leve e feliz. Naquela noite voltei para casa e anunciei à minha esposa que me tornaria neurocirurgião. Ela pareceu um pouco surpresa, já que, até então, eu estava bastante indeciso sobre qual especialidade médica seguiria, mas a ideia pareceu-lhe fazer sentido. Naquele momento, não percebemos que a minha obsessão pela neurocirurgia, as longas horas de trabalho e o egocentrismo que a carreira provocou em mim levariam, vinte e cinco anos mais tarde, nosso casamento ao fim.

Trinta anos e várias centenas de cirurgias de aneurisma depois, casado pela segunda vez e com apenas mais uns poucos anos de carreira pela frente até a aposentadoria, fui para o trabalho de bicicleta numa manhã de segunda-feira, na qual teria que clipar um aneurisma. Uma onda de calor havia chegado ao fim e pesadas nuvens de chuva pairavam sobre a região sul de Londres. Não havia muito tráfego; quase todo mundo parecia ter saído de férias. As sarjetas na entrada do hospital estavam inundadas de tal modo que os ônibus vermelhos que passavam criavam cascatas de água sobre a calçada e os poucos funcionários que chegavam a pé para trabalhar precisavam se esquivar aos saltos quando os veículos se aproximavam.

Eu raramente clipo aneurismas hoje em dia. Todas as habilidades que adquiri de forma lenta e dolorosa para me tornar um cirurgião de aneurismas ficaram obsoletas com as mudanças tecnológicas. Em vez de uma cirurgia tradicional, inserem-se um cateter e um fio por uma agulha na virilha do paciente e dali para a artéria femoral. Os instrumentos são guiados até o aneurisma por um médico radiologista — não um neurocirurgião —, e o aneurisma é ocluído por dentro em vez de ser clipado por fora. Sem dúvida, é uma experiência muito menos desagradável para os pacientes do que serem submetidos a uma operação. Embora a neurocirurgia não seja mais como antigamente, a perda do neurocirurgião se tornou o ganho do paciente. A maioria do meu trabalho agora se concentra nos tumores cerebrais; tumores com nomes como glioma, meningioma ou neurinoma. O sufixo "-oma" vem do grego antigo para tumor, e a primeira parte da palavra indica o tipo de célula da qual se imagina que o tumor tenha nascido. Ocasionalmente não é possível tratar um aneurisma da maneira moderna, com a instalação de uma mola no interior do vaso sanguíneo; então, de vez em quando, me vejo indo para o trabalho pela manhã naquele estado de ansiedade e empolgação controladas que eu conhecia tão bem no passado.

A manhã sempre começa com uma reunião, um hábito que desenvolvi há vinte anos. Inspirei-me no seriado policial *Hill Street Blues*, no qual todas as manhãs o carismático sargento da delegacia faz um sermão eloquente e instrui seus oficiais antes que eles partam para as ruas da cidade com as sirenes berrando. Foi na época em que o governo estava começando a reduzir as longas horas de trabalho dos médicos--residentes. Os médicos estavam cansados e sobrecarregados pelo trabalho, diziam, e a vida dos pacientes estava sendo colocada em risco.

Os residentes, entretanto, ao invés de desenvolverem maior segurança e eficiência, agora que dormiam mais horas a cada noite, haviam ficado cada vez mais descontentes e instáveis. Eu tinha a impressão de que isso acontecera porque agora eles trabalhavam em plantões e haviam perdido o senso de importância e de pertencimento oriundo das longas horas de trabalho no passado. Eu esperava, com essas reuniões matinais, que recuperássemos um pouco do espírito regimental perdido ao discutir as internações mais recentes, treinar os residentes com constantes lições e planejar o tratamento dos pacientes.

As reuniões são bem populares. Não são como as enfadonhas e sisudas reuniões da administração do hospital, onde se fala sobre manter os resultados de acordo com as metas mais recentes ou sentir-se confortável com as novas diretrizes conhecidas como *Care Pathways*. Nossa reunião matinal do departamento de neurocirurgia é um evento diferente. Todo dia, às oito em ponto, na escura e sem janelas sala de leitura da radiologia, nós gritamos, discutimos e rimos enquanto observamos as tomografias cerebrais dos nossos pobres pacientes e fazemos piadas de humor ácido as custas deles. Sentamos em um semicírculo, um pequeno grupo com cerca de uma dúzia de pessoas entre médicos assistentes e residentes, como se estivéssemos sentados na ponte de comando da nave *Enterprise*.

Diante de nós há uma bateria de monitores de computador e uma parede branca nas quais as tomografias cerebrais são projetadas, muito maiores do que o seu tamanho real. Os exames pertencem aos pacientes internados de emergência durante as últimas vinte e quatro horas. Muitos desses pacientes sofreram hemorragias fatais ou lesões graves na cabeça, ou recém-descobertos tumores cerebrais. Ficamos sentados ali, vivos, saudáveis e felizes em nosso trabalho, com uma empolgação sardônica e uma indiferença digna de deuses do Olimpo, examinamos essas imagens abstratas de desastres e sofrimento humano, esperando encontrar casos interessantes para operar. Os residentes apresentam os casos, dando-nos a anamnese, como chamamos a história de catástrofes súbitas ou tragédias terríveis que se repetem a cada dia, ano após ano, como se o sofrimento humano nunca fosse acabar.

Sentei no meu lugar habitual ao fundo, no canto da sala. Os residentes mais novos estão na primeira fileira, e os residentes dos últimos anos, os futuros especialistas, estão sentados na fileira logo atrás deles. Perguntei qual dos residentes estava de plantão para as internações de emergência.

— Um substituto — respondeu um dos especialistas. — E ele já caiu fora.

— Havia cinco médicos com o bipe do plantão na sexta-feira — disse um dos meus colegas. — Cinco médicos! Repassando as emergências uns para os outros a cada quatro horas e vinte minutos! Isso é o caos total...

— Há alguma coisa a apresentar? —perguntei. Um dos residentes se levantou da cadeira onde estava e foi até o teclado do computador sobre a mesa na parte da frente da sala.

— Uma mulher de trinta e dois anos — disse ele, lacônico. — Chegou para cirurgia hoje. Tinha algumas dores de cabeça e fez uma tomografia. — Enquanto ele falava, uma tomografia cerebral surgiu na parede.

Olhei para os jovens médicos e, para o meu constrangimento, não consegui lembrar do nome de nenhum deles. Quando me tornei chefe de departamento, há vinte e cinco anos, o lugar tinha somente dois R2. Agora temos oito. No passado eu costumava conhecer todos individualmente e desenvolvia um interesse pessoal em suas carreiras, mas hoje em dia eles vêm e vão tão rápido quanto os pacientes. Pedi a uma das médicas-residentes para descrever a tomografia na parede diante de nós, desculpando-me por não saber quem ela era.

— Alzheimer! — gritou um dos residentes menos educado do fundo da sala.

A médica disse que se chamava Emily.

— Isto é uma angiotomografia do cérebro — disse ela.

— Sim, todos nós sabemos disso. Mas o que ela mostra?

Um silêncio desconfortável tomou conta da sala.

Após algum tempo, senti pena dela. Fui até a parede e apontei para a tomografia. Expliquei como as artérias que iam até o cérebro eram como os galhos de uma árvore, estreitando-se conforme se espalhavam em direção à superfície cerebral. Apontei para uma pequena dilatação, uma fruta pequena e mortal, que saía de uma das artérias cerebrais, e olhei inquisitivamente para Emily.

— É um aneurisma? — perguntou ela.

— Um aneurisma de artéria cerebral média direita — respondi. Expliquei que, na realidade, as dores de cabeça da mulher não eram tão fortes e o aneurisma era incidental, descoberto por acaso. Não tinha nada a ver com suas dores de cabeça.

— Quem é o próximo que vai prestar o exame? — perguntei, virando-me para olhar para a fileira de especialistas. Todos eles têm que prestar um exame nacional de neurocirurgia quando chegam ao fim do período de residência. Tento interrogá-los regularmente para prepará-los para a prova.

— É um aneurisma não roto de sete milímetros — disse Fiona, a mais experiente dos residentes. — Assim, há uma chance de ruptura de zero-vírgula cinco por cento por ano, de acordo com o estudo cooperativo.

— E se ele se romper?

— Quinze por cento das pessoas morrem imediatamente, e outros trinta por cento morrem nas semanas seguintes, em geral devido a sangramentos posteriores. E há uma porcentagem cumulativa de quatro por cento a cada ano, depois.

— Muito bem, você conhece os números. Mas o que devemos fazer?

— Perguntar aos radiologistas se podem embolizar.

— Já fiz isso. Disseram que não podem.

Os radiologistas intervencionistas — os médicos especializados em raios-X que geralmente tratam os aneurismas hoje em dia — haviam dito que o aneurisma não tinha o formato certo, e teria que ser clipado cirurgicamente para ser tratado.

— Você poderia operá-lo...

— Mas eu deveria fazer isso?

— Não sei.

Ela tinha razão. Eu também não sabia. Se não fizéssemos nada, a paciente poderia sofrer uma hemorragia que provavelmente causaria um AVC catastrófico, ou até mesmo a mataria. Mas, por outro lado, ela poderia morrer dali a vários anos de alguma outra causa, sem que o aneurisma chegasse a se romper. Estava perfeitamente bem naquele momento. As dores de cabeça que motivaram a tomografia eram irrelevantes e haviam melhorado. O aneurisma fora descoberto por acaso. Se eu operasse, poderia causar um derrame e destruir sua vida — o risco de isso acontecer seria de aproximadamente quatro ou cinco por cento. Assim, o risco agudo de operar era aproximadamente igual ao risco de uma vida inteira, se nada fosse feito. Mesmo assim, se não fizéssemos nada, ela teria que viver sabendo que o aneurisma estava em seu cérebro e poderia matá-la a qualquer momento.

— E então, o que devemos fazer? —perguntei.

— Discutir a questão com a paciente?

❧

Eu havia conversado pela primeira vez com a mulher algumas semanas antes, no meu consultório. Ela havia sido encaminhada pelo médico que pedira a tomografia do cérebro, mas o encaminhamento não dizia nada além de que ela tinha trinta e dois anos e um aneurisma não rompido. Ela veio sozinha, vestida elegantemente, com um par de óculos escuros sobre os cabelos castanhos e longos. Sentou-se na cadeira ao lado da minha escrivaninha no consultório e deixou sua sofisticada bolsa de grife no chão. Olhou ansiosamente para mim.

Desculpei-me pela demora em atendê-la e hesitei antes de prosseguir. Não queria começar a consulta imediatamente fazendo-lhe perguntas sobre suas circunstâncias ou sobre ela própria. Daria a impressão de que eu achava que ela morreria. Perguntei sobre as dores de cabeça.

Assim, ela me falou a respeito, e também sobre o fato de que já haviam melhorado. Certamente não pareciam graves, em retrospectiva. Se as dores de cabeça têm uma causa séria, geralmente isso fica óbvio pela sua própria natureza. A investigação organizada pelo seu médico — esperando, talvez, que uma tomografia cerebral normal a tranquilizasse — criou um problema inteiramente novo, e a mulher, embora não sofresse mais com as dores de cabeça, agora estava desesperada pela ansiedade. Havia pesquisado na internet, sem dúvida, e agora acreditava que tinha uma bomba-relógio na cabeça que podia explodir a qualquer minuto. Esperou várias semanas para se consultar comigo.

Mostrei a ela a angiografia no computador que estava sobre a mesa diante de nós. Expliquei que o aneurisma era pequeno e que poderia nunca chegar a se romper. Os maiores é que eram perigosos, e também os que definitivamente precisavam de tratamento, eu disse. Também disse a ela que os riscos da cirurgia provavelmente eram os mesmos de sofrer um AVC devido ao rompimento do aneurisma.

— Mas vai ser preciso operar? — perguntou ela.

Eu disse que, se ela precisasse se tratar, a questão realmente envolveria uma cirurgia. O problema era saber se devíamos fazer aquilo ou não.

— Quais são os riscos da operação? — ela começou a chorar quando eu lhe disse que havia uma chance de quatro a cinco por cento de que ela morresse ou ficasse incapacitada devido à cirurgia.

— E se eu decidir não fazer a operação? — perguntou ela por entre as lágrimas.

— Bem, talvez você acabe morrendo de velhice, sem que o aneurisma jamais se rompa.

— Dizem que você é um dos melhores neurocirurgiões do país — disse ela com a fé ingênua que os pacientes ansiosos usam para tentar aplacar seus temores.

— Bem, não sou. Mas certamente sou muito experiente. Tudo que posso fazer é prometer que vou agir da melhor maneira que puder. Não estou negando que sou completamente responsável pelo que acontecer com você, mas receio que a decisão de operar seja sua.

— O que você faria se estivesse no meu lugar?

Hesitei, mas a questão era que, aos sessenta e um anos, eu já havia passado do meu prazo de validade e sabia que já havia vivido a maior parte da minha vida. Além disso, a diferença entre as nossas idades significava que eu tinha menos anos de vida pela frente; assim, o risco cumulativo de que o aneurisma se rompesse, se eu optasse por não operá-lo, seria muito menor para mim, e o risco relativo da operação seria proporcionalmente maior.

— Eu não trataria o aneurisma — eu disse. — Mas acharia muito difícil me esquecer dele.

— Eu quero a operação — disse ela. — Não quero viver com essa coisa na minha cabeça — disse ela, apontando enfaticamente para a própria cabeça.

— Você não precisa decidir isso agora. Vá para casa e converse a respeito com a sua família.

— Não. Já decidi.

Eu não disse nada por alguns momentos. Não tinha certeza de que ela havia realmente prestado atenção no que eu falara sobre os riscos da cirurgia. Tinha minhas dúvidas se repassar todo aquele conteúdo novamente teria algum resultado. Assim, partimos numa longa jornada pelos corredores do hospital para chegar à sala da minha secretária e encontrar uma data para a cirurgia.

❊

Numa noite de domingo, três semanas depois, entrei no hospital, como de costume, para conversar com ela e com os outros pacientes que passariam por cirurgia no dia seguinte. Fui ao hospital relutantemente, irritável e ansioso, e a maior parte do dia havia sido tomada pela ideia de ter que ver aquela mulher e enfrentar sua ansiedade.

Todo domingo pego a minha bicicleta e vou até o hospital, bastante apreensivo. É uma sensação que parece ser meramente gerada pela transição de estar em casa e ir para o trabalho, independentemente da dificuldade dos casos que me aguardam. Essas visitas noturnas são um ritual que eu venho cumprindo há muitos anos e ainda assim, por mais que me esforce, não consigo me acostumar a elas e escapar do medo e da preocupação que dominam as minhas tardes de domingo — uma sensação que se aproxima do desespero — enquanto pedalo pelas ruas tranquilas. Depois de encontrar os pacientes, conversar com eles e discutir o que vai lhes acontecer no dia seguinte, entretanto, o medo me abandona e eu volto alegremente para casa, pronto para as cirurgias do dia seguinte.

Eu a encontrei em uma das baias apinhadas de gente da enfermaria feminina. Esperava que o marido estivesse com ela para que pudesse conversar com os dois, mas a mulher me disse que ele já tinha ido embora, pois os filhos haviam ficado em casa. Conversamos sobre a operação por alguns minutos. A decisão estava tomada, então não achei que precisava enfatizar os riscos como havia feito no consultório, embora ainda tivesse que mencioná-los quando ela assinou o termo de consentimento.

— Espero que você consiga dormir um pouco — eu disse. — Prometo a você que farei isso, o que é mais importante nas circunstâncias atuais. — Ela sorriu com aquela piada, a mesma que conto a todos os meus pacientes quando converso com eles na noite que antecede a cirurgia. Provavelmente já sabia que as últimas coisas que se consegue em um hospital são paz, descanso e tranquilidade, especialmente se a pessoa vai se submeter a uma cirurgia no cérebro na manhã seguinte.

Conversei com os outros dois pacientes que também estavam na lista das cirurgias e repassei com eles os detalhes das operações. Eles assinaram os formulários de consentimento, e, enquanto o faziam, os dois disseram que confiavam em mim. A ansiedade pode ser contagiosa, mas a confiança também é. E, enquanto caminhava rumo ao estacionamento do hospital, me senti bem com a confiança dos meus pacientes. Sentia-me como o capitão de um navio: tudo estava em ordem, tudo ia de vento em popa e o convés estava pronto para a ação, pronto para as operações do dia seguinte. Brincando com essas alegres metáforas enquanto saía do hospital, eu fui para casa.

Depois da reunião matinal, fui até a sala de anestesia, onde a paciente estava deitada em uma maca, aguardando para ser anestesiada.

— Bom dia — eu disse, tentando parecer alegre. — Dormiu bem?

— Sim — respondeu ela, calmamente. — Tive uma boa noite de sono.

— Tudo vai ficar bem — eu disse.

Tudo que eu podia fazer era me perguntar mais uma vez se ela realmente tinha noção dos riscos aos quais estava prestes a ser exposta. Talvez fosse uma mulher muito corajosa. Talvez ingênua. Ou talvez não houvesse realmente prestado atenção no que eu havia lhe dito.

No vestiário, tirei as roupas e comecei a me paramentar para a cirurgia. Um dos meus colegas que também era consultor, um contratado como eu, estava se trocando também, e eu perguntei o que havia em sua lista de tarefas para o dia.

— Oh, apenas algumas colunas — disse ele. — Você tem o aneurisma?

— O problema com aneurismas não rotos é que, se os pacientes acordam com sequelas, você só pode culpar a si mesmo — eu disse. — Eles estão perfeitamente bem antes da operação. Pelo menos, com os rotos, eles frequentemente já têm déficits quando ocorre o primeiro sangramento.

— É verdade. Mas os não rotos geralmente são bem mais fáceis de clipar.

Entrei na sala onde Jeff, o meu residente, estava posicionando a mulher na mesa de cirurgia. Meu departamento é diferente dos outros, pois temos cirurgiões norte-americanos cadastrados no programa de residência em neurocirurgia em Seattle que vêm treinar conosco durante um ano. Jeff era um desses e, assim como a maioria dos residentes norte-americanos, era excelente. Estava prendendo a cabeça da mulher à mesa — três parafusos acoplados a um aro com uma dobradiça atravessam o couro cabeludo e são afixados ao crânio para imobilizar a cabeça do paciente.

Prometi a ela que rasparia uma área mínima da sua cabeça, e Jeff começou a raspar os cabelos, iniciando na parte da testa. Não há evidências de que as raspagens totais que fazíamos no passado, nas quais os pacientes ficavam carecas, tinham qualquer efeito sobre as taxas de infecção, que era o motivo declarado para se executar tal procedimento. Eu suspeito que a verdadeira — embora inconsciente — razão era desumanizar os pacientes para que os cirurgiões os operassem com mais facilidade.

Com a raspagem mínima da cabeça completada, nós vamos até a pia, lavamos as mãos e, em seguida, enluvados, mascarados e paramentados, voltamos à mesa e começamos a cirurgia. Os primeiros dez minutos são gastos pintando a cabeça da paciente com o antisséptico, cobrindo-a com toalhas estéreis para que só a área que será operada fique visível, e preparando o equipamento e os instrumentos cirúrgicos com o instrumentador.

— Lâmina — eu digo para Irwin, o instrumentador. — Estou começando! – grito para o anestesista na outra extremidade da mesa, e então, damos início ao procedimento.

Depois de passar trinta minutos trabalhando com brocas e fresas que funcionam por ar comprimido, o crânio da mulher está aberto, e as bordas irregulares de osso no interior da caixa craniana foram aplainadas com uma broca de desbaste.

— Apaguem as luzes, tragam o microscópio e a cadeira de operação! — eu grito, movido tanto pela empolgação quanto pela necessidade de fazer com que os outros me ouçam em meio aos ruídos, zunidos e chiados de todos os equipamentos e aparelhos na sala.

Microscópios cirúrgicos binoculares modernos são coisas maravilhosas, e eu sou profundamente apaixonado por aquele que uso, assim como acontece entre qualquer bom artesão e suas ferramentas. Custou mais de cem mil libras, e, embora pese um quarto de tonelada, o aparelho é perfeitamente contrabalançado. Quando está no lugar, ele se inclina por sobre a cabeça da paciente como um "guindaste" curioso e intelectual. A cabeça binocular, pela qual eu observo o cérebro da paciente, flutua tão levemente quanto uma pena no braço contrabalançado diante de mim, e mesmo a pressão mais leve do meu dedo nos controles é o suficiente para movê-la. E o aparelho não apenas amplia a imagem, mas também a ilumina com uma brilhante luz de xenon, tão forte quanto a luz solar.

Dois enfermeiros do centro cirúrgico, encurvados pelo esforço, empurram lentamente o microscópio pesado até a mesa, e eu me acomodo na cadeira de operação, logo atrás da máquina — uma cadeira especialmente ajustável com apoios para os braços. Esse momento me deslumbra. Ainda não perdi o entusiasmo ingênuo com o qual observei aquela primeira operação de aneurisma, trinta anos atrás. Sinto-me como um cavaleiro medieval montando em seu cavalo e partindo numa jornada para caçar um monstro mitológico. E a visão que tenho do cérebro da paciente pelo microscópio é realmente um pouco mágica — mais clara, mais nítida e mais brilhante do que o mundo exterior, um mundo enfadonho de corredores de hospital, comitês, administração, papelada e protocolos. Há uma sensação extraordinária de profundidade e clareza produzida pela estrutura ótica incrivelmente cara do microscópio, que fica ainda mais intensa e misteriosa por causa da minha ansiedade. É uma visão extremamente única. Mesmo com a equipe cirúrgica me observando operar através de um monitor de vídeo conectado ao microscópio, meu assistente observa, ao meu lado, através de um braço lateral e todos os pôsteres nos corredores do hospital versarem sobre algo chamado governança clínica onde é proclamada a importância do trabalho em equipe e da comunicação, para mim isso ainda é um combate individual.

— Bem, Jeff, vamos logo com isso. E traga-me um afastador cerebral — digo a Irwin.

Escolho um dos afastadores — uma fina tira de aço flexível com uma ponta arredondada, como um palito de picolé — e o coloco sob o lobo frontal do cérebro da mulher. Começo a puxar o cérebro para cima, afastando-o do assoalho craniano — *elevação* é o termo cirúrgico — cautelosamente, milímetro por milímetro, criando um espaço estreito sob o encéfalo pelo qual agora rastejo rumo ao aneurisma. Depois de tantos anos operando com o microscópio, ele já se tornou uma extensão do meu próprio corpo. Quando eu o uso, tenho a sensação de que estou realmente descendo pelo microscópio e entrando no interior da cabeça do paciente, e sinto que as pontas dos meus instrumentos microscópicos são as pontas dos meus próprios dedos.

Indico a artéria carótida para Jeff e peço a tesoura microscópica a Irwin. Corto cuidadosamente o véu translúcido da aracnoide ao redor da grande artéria que mantém metade do cérebro vivo.

— Que vista fantástica! — diz Jeff. E realmente é, porque estamos operando um aneurisma antes de um rompimento catastrófico, e a anatomia cerebral está limpa e perfeita.

— Vamos colocar outro afastador — eu falo.

Armado agora com dois afastadores, começo a afastar os lobos frontal e temporal. Eles são unidos por uma fina camada da meninge chamada aracnoide, derivada da palavra grega para aranha, pois parece ter sido feita a partir dos fios da mais bela teia de aranha. O líquido cefalorraquidiano, conhecido entre os médicos como LCR, transparente como cristal líquido, circulando pelos filamentos da aracnoide, brilha e reluz como prata sob a luz do microscópio. Através dele eu consigo ver a superfície lisa e amarelada do próprio cérebro, entalhada com minúsculos vasos sanguíneos vermelhos — arteríolas — que formam belas ramificações, como os afluentes de um rio vistos do espaço sideral. Veias roxas, escuras e resplandecentes, correm por entre os dois lobos, descendo até a artéria cerebral média e, finalmente, até onde eu vou encontrar o aneurisma.

— Maravilha! — diz Jeff.

— Costumávamos dizer que o LCR era "transparente como gin" quando não havia sangue ou infecção — eu digo a Jeff. — Mas agora, provavelmente, espera-se que usemos uma terminologia não alcoólica.

Logo encontro a artéria cerebral média direita. Com apenas alguns milímetros de diâmetro na realidade, sob o microscópio ela fica gigantesca e ameaçadora — um enorme tronco rosa-avermelhado de uma artéria que pulsa aterradoramente, acompanhando o ritmo das batidas do coração. Preciso segui-la até as profundezas da fissura — conhecida como sulco lateral ou fissura de Sylvius — entre os dois lobos e o cérebro para encontrar o aneurisma em seu covil, onde ele cresce a partir do tronco arterial. Com aneurismas rotos, essa dissecção da artéria cerebral média pode ser um procedimento longo e tortuoso, pois hemorragias recentes frequentemente fazem com que as laterais dos dois lobos grudem uma na outra. Dissecá-las é um trabalho difícil e sujo, e sempre existe o temor de que o aneurisma se romperá outra vez enquanto se faz isso.

Separo os dois lobos do cérebro lentamente, puxando um para cada lado, cortando, com uma tesoura microscópica em uma mão, os filamentos minúsculos da aracnoide que os prendem um ao outro enquanto com um pequeno aspirador mantenho o ângulo de visão livre de líquido cefalorraquidiano e sangue. O cérebro é uma massa de vasos sanguíneos, e eu tenho que evitar cortar as muitas veias e artérias minúsculas — para evitar que o sangramento bloqueie a visão e também por medo de prejudicar o suprimento de sangue para o cérebro. Às vezes, se a dissecção for particularmente difícil e intensa, ou perigosa, faço uma pequena pausa, deixo as mãos descansarem sobre os apoios para os braços e observo o cérebro que estou operando. Enquanto observo essa massa sólida de proteína gordurosa coberta de vasos sanguíneos, tudo que penso é: tudo isso realmente é feito de um mesmo material?

E a resposta sempre volta — sim, é o próprio pensamento, é algo louco demais, incompreensível demais. E eu prossigo com a operação.

Atualmente a dissecção é fácil. O cérebro se abre como se tivesse um zíper, e preciso apenas manipular minimamente os lobos frontal e temporal para separá-los rapidamente, de modo que, em questão de minutos, estamos visualizando o aneurisma, totalmente livre do tecido cerebral e das veias roxo-escuras ao seu redor, reluzindo sob a luz brilhante do microscópio.

— Bem. Parece que ele está pedindo para ser clipado, não é? — eu digo a Jeff, subitamente contente e relaxado. O maior risco já passou. Nesse tipo de cirurgia, se o aneurisma romper antes que você o alcance, pode ser muito difícil controlar a hemorragia. O cérebro incha repentinamente e o sangue arterial esguicha para cima, transformando o local da cirurgia num redemoinho de sangue furioso e rodopiante que aumenta com rapidez, através do qual você precisa lutar desesperadamente para alcançar o aneurisma. Enxergando essa situação magnificada em tamanho gigantesco pelo microscópio, você tem a sensação de que está se afogando em sangue. Um quarto do sangue que sai do coração vai para o cérebro — um paciente pode perder vários litros de sangue em questão de minutos se você não conseguir controlar o sangramento rapidamente. Poucos pacientes sobrevivem ao desastre de uma ruptura prematura.

— Vamos dar uma olhada nos clipes — eu falo.

Irwin me entrega a bandeja de metal que contém os lustrosos clipes de aneurisma de titânio. Há vários tipos e tamanhos de clipes. Observo o aneurisma pelo microscópio, depois os grampos, e depois novamente o aneurisma.

— Seis milímetros, ângulo reto curto — eu digo a ele.

Ele pega o clipe e o insere no aplicador. O aplicador é um instrumento simples com uma empunhadura formada por duas molas laminares unidas nas extremidades. Quando o clipe é inserido na ponta do instrumento, basta pressionar as molas da empunhadura para abrir as lâminas do clipe, posicionar o clipe aberto cuidadosamente ao redor do gargalo do aneurisma e deixar que as molas se separem gentilmente na sua mão de modo que as lâminas do clipe se fechem ao redor do aneurisma, isolando-o da artéria a partir da qual ele se desenvolveu, o que faz com que o sangue não possa mais chegar até ele. Finalmente, ao permitir que as molas do porta-clipe se afastem ainda mais, o clipe se solta do aplicador, que pode então ser removido, deixando o clipe fechado ao redor do aneurisma pelo resto da vida do paciente.

Pelo menos é isso que se espera que aconteça, e que sempre aconteceu com as centenas de operações similares que executei no passado.

Como este aneurisma parece ser bem fácil de clipar, deixo que Jeff assuma o comando e levanto-me lentamente da cadeira de operação para que ele possa me substituir. Todos os meus assistentes são suscetíveis ao "canto da sereia" dos aneurismas como eu. Desejam poder operá-los, mas, como a maioria dos aneurismas hoje em dia é tratada por meio de embolização em vez de clipagem, não é mais possível treiná-los adequadamente nisso, e eu só posso repassar a eles as partes mais simples e fáceis das operações ocasionais, para que o façam sob supervisão intensa.

Quando Jeff se acomoda, o enfermeiro lhe entrega o aplicador com o clipe, e ele o move cuidadosamente rumo ao aneurisma. Nada demais parece estar acontecendo, e pelo braço assistente do microscópio eu observo nervosamente o clipe oscilar, vacilante, ao redor do aneurisma. É cem vezes mais difícil e angustiante treinar um novo cirurgião do que operar por conta própria.

Após algum tempo — provavelmente apenas durante alguns segundos, embora a sensação seja a de muito mais tempo — eu não consigo mais aguentar aquilo.

— Você não está conseguindo. Lamento, mas eu mesmo terei que concluir o procedimento.

Jeff não diz nada e se levanta da cadeira. Apenas um residente cirúrgico muito impulsivo reclamaria com seu chefe, especialmente num momento como esse. Assim, trocamos de lugar mais uma vez.

Pego o aplicador e o coloco ao redor do aneurisma. Nada acontece.

— Mas que diabos... o clipe não se abre!

— Esse era o problema que eu estava tendo — diz Jeff, com um toque de ressentimento na voz.

— Mas que inferno! Bem, traga-me outro aplicador.

Dessa vez consigo abrir facilmente o clipe e cercar o aneurisma com as lâminas. Abro a mão e as lâminas se fecham, clipando o aneurisma com sucesso. O aneurisma, derrotado, murcha, já que não está mais se enchendo com o sangue arterial em alta pressão. Suspiro profundamente — sempre faço isso quando o trabalho no aneurisma finalmente termina. Mas, para o meu horror, descubro que esse aplicador tem um problema ainda mais letal do que o primeiro: depois de fechar o clipe ao redor do aneurisma, o aplicador se recusa a soltar o clipe. Não consigo mover a mão por medo de arrancar o minúsculo e frágil aneurisma da artéria cerebral média e causar uma hemorragia catastrófica. Fico sentado, imóvel, com a mão congelada no espaço. Se o aneurisma for arrancado de sua artéria-mãe, geralmente só é possível estancar o sangramento com o sacrifício da artéria, o que resultará num AVC de proporções gigantescas.

Praguejo violentamente enquanto tento manter a mão firme.

— Que porra eu faço agora? — grito, sem dirigir a pergunta para ninguém em particular. Após alguns segundos — que parecem durar minutos — percebo que não tenho escolha a não ser remover o grampo, apesar do risco de que essa manobra pudesse fazer o aneurisma estourar. Volto a pressionar a manopla do aplicador, e, para o meu alívio, as lâminas do grampo se abrem facilmente. O aneurisma subitamente incha e volta à vida, enchendo-se instantaneamente com sangue arterial. Sinto que ele está rindo de mim e prestes a se romper, mas isso não acontece. Jogo o corpo com força contra o encosto da cadeira, xingando ainda mais violentamente, e em seguida atiro o instrumento defeituoso do outro lado da sala.

— Isso nunca aconteceu antes! — eu grito, mas logo depois, acalmando-me rapidamente, rio para Irwin. — E essa é somente a terceira vez em toda a minha carreira que joguei um instrumento no chão.

Tenho que esperar alguns minutos até que outro aplicador seja encontrado. Os defeituosos, por algum motivo estranho, estavam com as dobradiças emperradas. Foi só mais tarde que me lembrei que o cirurgião que eu havia observado há trinta anos, e de quem me tornei residente, disse que havia encontrado o mesmo problema em uma ocasião, embora o seu paciente tenha tido menos sorte do que a minha. Ele era o único cirurgião que eu conhecia que sempre testava o aplicador antes de usá-lo.

Médicos gostam de falar sobre a "arte e a ciência" da medicina. Sempre achei isso meio pretensioso, e prefiro encarar a minha área de atuação como um ofício prático. Clipar aneurismas é uma habilidade, e leva-se anos para aprendê-la. Mesmo quando o aneurisma está exposto e pronto para receber um clipe, depois da emoção da caçada, ainda existe a questão de como vou colocar o clipe ao redor dele, e a mais importante de todas as questões: se conseguir clipar seu gargalo completamente, sem danificar a artéria vital da qual o aneurisma brotou.

Esse aneurisma parece ser relativamente fácil, mas meus nervos estão sensíveis demais para deixar que o meu assistente assuma a operação outra vez. Assim, com outro aplicador, eu clipo o aneurisma. O formato desse aneurisma, entretanto, é tal, que o clipe não passa completamente ao redor do gargalo. Consigo ver uma pequena parte do gargalo do aneurisma surgir por baixo das pontas do clipe.

— Não está completamente envolto — diz Jeff, tentando ajudar.

— Eu sei! — esbravejo.

Essa é uma parte difícil da operação. Posso abrir parcialmente o clipe e reposicioná-lo para conseguir uma posição melhor, mas isso pode fazer com que eu rasgue o aneurisma no processo e tenha que observar enquanto um chafariz de sangue arterial jorra contra o microscópio, vindo na minha direção. Por outro lado, se o gargalo do aneurisma não estiver completamente bloqueado, existe o perigo — ainda que seja difícil mensurar a gravidade — de que o paciente venha a sofrer uma hemorragia no futuro.

Um famoso médico inglês, certa vez, comentou que um cirurgião precisa ter nervos de aço, coração de leão e mãos precisas. Não tenho nada disso, e, nesse ponto da cirurgia com o aneurisma, preciso lutar contra o desejo esmagador de terminar logo com o procedimento e deixar o clipe onde está, mesmo que não esteja colocado perfeitamente.

— O ótimo é inimigo do bom — rosno para os meus assistentes, que acompanham a operação como espectadores num evento esportivo. Eles têm um certo prazer quando dizem que não clipei o aneurisma tão bem quanto poderia ter feito, pois não são eles que terão que lidar com as consequências da ruptura do aneurisma. E, se isso acontecer, é sempre empolgante observar o chefe lutando contra uma hemorragia torrencial — eu certamente gostava de ver isso quando era residente. Além disso, eles não terão que passar pela experiência infernal de visitar o paciente com sequelas após a cirurgia na enfermaria e sentir-se responsável pela catástrofe.

— Oh, muito bem — digo, constrangido pelo meu assistente, mas também pensando nas centenas de aneurismas que clipei no passado e em como me tornei mais audacioso com a experiência, da mesma maneira que acontece com a maioria dos cirurgiões. Cirurgiões inexperientes são cautelosos demais. É apenas com infindáveis horas de prática que você aprende que frequentemente consegue se sair bem com coisas que, à primeira vista, pareciam excessivamente amedrontadoras e difíceis.

Cuidadosamente, abro um pouco o grampo e gentilmente o empurro um pouco mais sobre o aneurisma.

— Ainda ficou um pedaço pequeno para fora — diz Jeff.

Às vezes, em momentos como esse, meus desastres passados com cirurgias de aneurisma desfilam diante de mim como fantasmas. Rostos, nomes, parentes arrasados, dos quais já havia me esquecido há vários anos, subitamente reaparecem. Enquanto luto contra o meu impulso de finalizar a operação e escapar do medo de causar uma hemorragia catastrófica, eu decido, em algum lugar inconsciente dentro de mim, onde todos os fantasmas se reuniram para me observar, se devo reposicionar o clipe mais uma vez ou não. A compaixão e o horror se equilibram contra a precisão técnica e fria.

Reposiciono o clipe uma terceira vez. Finalmente, parece estar bem colocado.

— Agora sim — eu digo.

— Maravilha! — diz Jeff alegremente, mas triste por não ser o responsável pela colocação do clipe.

✄

Deixei que Jeff fechasse a ferida operatória, saí para a sala de espera anexa ao centro cirúrgico, deitei-me no grande sofá de couro vermelho que comprei para decorar a sala há alguns anos e pensei, mais uma vez, em como tantas das coisas que acontecem conosco na vida são determinadas pelo acaso. Depois de uma cirurgia no cérebro, todos os pacientes são acordados rapidamente pelo anestesista para que possamos verificar se eles sofreram alguma lesão ou não. Com operações difíceis, todos os neurocirurgiões vão esperar ansiosamente para que a anestesia seja revertida, mesmo que — como aconteceu nessa operação — tenham uma boa noção de que nada aconteceu de errado. Ela acordou perfeitamente bem, e logo depois de examiná-la eu saí do hospital e fui para casa.

Ao me afastar do hospital, montado na bicicleta, sob nuvens opacas e cinzentas, talvez tenha sentido apenas uma fração da alegria que costumava sentir no passado após operações de aneurisma executadas com sucesso. Ao final de um dia bem-sucedido de operações, quando eu era mais novo, sentia uma euforia intensa. Ao caminhar com meus assistentes ao meu lado pelas alas do hospital, após cumprir a lista de cirurgias, eu recebia a gratidão sincera dos pacientes e das suas famílias e me sentia como se fosse um general conquistador após uma grande batalha. Houve muitos desastres e tragédias inesperadas no decorrer dos anos, e eu cometi erros demais para sentir emoções como essa de agora, mas ainda assim estava contente pela maneira com que a operação transcorreu. Havia evitado um desastre e a paciente estava bem. Era uma sensação profunda e intensa, e suspeito que seja uma experiência que poucas pessoas além dos cirurgiões chegam a ter. Pesquisas na área de psicologia demonstraram que o caminho mais confiável para alcançar a própria felicidade é fazer com que outras pessoas sejam felizes. Eu trouxe a felicidade a muitos pacientes com operações de sucesso, mas houve também muitos fracassos terríveis. E a vida dos cirurgiões é pontuada por períodos de desespero profundo.

Voltei ao hospital naquela noite para examinar a mulher. Ela estava sentada na cama, com um olho roxo enorme e a testa inchada que muitos pacientes apresentam durante alguns dias após uma operação como a dela. Ela disse que sentia enjoo e também dor de cabeça. O marido estava sentado ao lado dela e me olhou irritado quando eu disse que aqueles hematomas e a dor do pós-operatório não tinham importância. Talvez devesse ter expressado um pouco mais de simpatia, mas depois do quase desastre da operação tive dificuldade em levar aqueles pequenos problemas pós-operatórios a sério. Disse a ela que a cirurgia havia sido um sucesso absoluto e que ela logo voltaria a se sentir bem. Não tive a oportunidade de conversar com o marido antes da operação — algo que em geral procuro fazer com familiares —, e ele provavelmente tinha uma noção ainda menor dos riscos da cirurgia do que a esposa.

A maior de nossas conquistas como cirurgiões ocorre quando nossos pacientes se recuperam por completo e se esquecem totalmente de nós. Todos os pacientes ficam imensamente gratos num primeiro momento após uma operação bem-sucedida, mas, se a gratidão persiste, isso geralmente significa que eles não foram curados do problema subjacente e ficam receosos de precisar de cuidados no futuro. Eles sentem que devem nos aplacar, como se fôssemos deuses furiosos ou, no mínimo, agentes de um destino imprevisível. Esses pacientes nos trazem presentes e enviam cartões. Chamam-nos de heróis, e às vezes de deuses. Mas nosso maior sucesso acontece quando os pacientes voltam para suas casas, continuam a viver suas vidas e nunca precisam nos ver novamente. Eles são gratos, sem dúvida, mas felizes por nos deixar e ao horror de suas doenças para trás. Talvez nunca se deem conta realmente do quanto a operação foi perigosa e da sorte que têm de se recuperar tão bem. Enquanto isso, o cirurgião, por alguns momentos, conheceu o paraíso, após chegar bem perto do inferno.

3. Hemangioblastoma

(s.) Um tumor no cérebro ou medula
espinhal que surge a partir dos vasos sanguíneos.

Cheguei ao trabalho sentindo-me alegre. Havia um hemangioblastoma cerebelar sólido na lista. Esses tumores são raros, formados a partir de uma massa de vasos sanguíneos. São benignos, o que significa que podem ser curados com cirurgia — mas podem ser fatais se não forem tratados. Há um risco pequeno de desastre nessa cirurgia, pois a massa de vasos sanguíneos pode causar uma hemorragia catastrófica se você não lidar com o tumor corretamente, mas a chance de sucesso é muito maior. Esse é o tipo de operação que os neurocirurgiões adoram — um desafio técnico com um paciente profundamente grato no fim da história, se tudo correr bem.

Eu havia examinado o paciente no meu consultório alguns dias antes. Ele vinha sofrendo com dores de cabeça intensas há alguns meses. Era um contador de quarenta anos, com uma cabeleira encaracolada e castanha e uma tez levemente avermelhada que fazia com que ele parecesse estar continuamente envergonhado. Enquanto conversávamos, também fiquei um pouco envergonhado, sentindo-me desajeitado e constrangido enquanto tentava explicar a ele a gravidade da sua doença. Foi só mais tarde que me dei conta de que ele tinha o rosto avermelhado porque era policitêmico — tinha mais células vermelhas no sangue do que o normal, pois o seu tumor, em particular, pode estimular a medula óssea a produzir uma quantidade exagerada de glóbulos vermelhos.

— Quer ver a sua ressonância? —perguntei a ele, a mesma pergunta que faço a todos os meus pacientes.

— Sim... — respondeu ele, meio hesitante. A ressonância fazia com que o tumor parecesse estar cheio de cobras negras — "ausências de sinal" ou "vasos de fluxo vazio" —, produzidas pelo sangue que circula pelos vasos sanguíneos potencialmente desastrosos. Eu as observei no exame com entusiasmo, pois significavam que havia uma operação desafiadora à vista. Meu paciente olhava cautelosamente para a tela do computador diante de nós enquanto eu explicava o exame para ele e discutíamos seus sintomas.

— Nunca fiquei seriamente doente antes — disse ele, entristecido. — E agora acontece isso.

— Tenho quase certeza de que é benigno — falei a ele. Muitos tumores no cérebro são malignos e incuráveis, e eu frequentemente, quando converso com pacientes com tumores no cérebro, preciso sobrepujar meus instintos de tentar reconfortá-los e fazer com que se sintam melhor. Houve ocasiões em que não consegui fazer isso e me arrependi amargamente por ser otimista demais antes de uma operação. Disse a ele que, se eu pensava que era benigno, então era quase certeza que assim seria. Em seguida fiz o meu discurso padrão sobre os riscos da operação e como elas tinham que ser justificadas pelos riscos de não fazer nada. Disse que ele morreria em questão de meses se o tumor não fosse removido.

"Consentimento livre e esclarecido" parece algo muito fácil em princípio — o cirurgião explica o balanço entre os riscos e os benefícios, e o paciente tranquilo e racional decide o que quer fazer. Bem parecido com o ato de ir ao supermercado e escolher entre a ampla quantidade de escovas de dente à venda. A realidade é muito diferente. Os pacientes estão aterrorizados e são ignorantes. Como podem saber se o cirurgião é competente ou não? Eles tentam superar seu medo acreditando que o cirurgião tem habilidades sobre-humanas.

Eu disse a ele que havia um risco de um ou dois por cento de morrer ou de sofrer um AVC se a operação fracassasse. Na verdade, eu não sabia realmente qual era a chance exata de isso acontecer, pois só havia operado poucos tumores como aquele — e exemplares tão grandes quanto o dele são muito raros —, mas não gosto de aterrorizar pacientes quando sei que eles têm que passar por uma cirurgia. O que eu sabia com certeza era que o risco de operar era muito menor do que o risco de não operar. Tudo que realmente importa é que tenho certeza absoluta de que a decisão de operar é correta, e que nenhum outro cirurgião é capaz de executar a operação melhor do que eu. Esse problema não é tão grande para mim agora que já opero tumores cerebrais há muitos anos, mas pode ser um dilema moral para um cirurgião mais jovem. Se eles não enfrentarem casos difíceis, como poderão se aprimorar? Mas o que devem fazer se têm um colega que é mais experiente?

Se os pacientes pensassem racionalmente, perguntariam ao cirurgião quantas operações ele já fez do mesmo tipo daquela cujo consentimento está pedindo, mas, na minha experiência, isso quase nunca acontece. É assustador pensar que o seu cirurgião pode não estar à altura do desafio, e é muito mais fácil simplesmente confiar nele. Como pacientes, relutamos muito em ofender um cirurgião que está prestes a nos operar. Quando eu tive que passar por uma cirurgia, percebi que nutria um temor profundo pelos colegas que iriam me tratar, apesar de saber que eles, por sua vez, estavam igualmente assustados em relação a mim, pois todas as defesas habituais do distanciamento profissional desabam quando se está cuidando de um colega. Não é surpresa o fato de que todos os cirurgiões odeiam operar outros cirurgiões.

Meu paciente escutou em silêncio enquanto eu lhe dizia que, se fizesse aquela operação em cem pessoas como ele, uma ou duas acabariam morrendo, ou ficariam com sequelas irremediáveis.

Ele fez um sinal afirmativo com a cabeça e disse o que quase todas as pessoas me dizem em resposta àquele argumento:

— Bem, todas as operações têm riscos.

Será que ele aceitaria fazer essa operação se eu lhe dissesse que o risco era de cinco por cento, ou quinze por cento, ou mesmo cinquenta por cento? Será que ele teria escolhido procurar outro cirurgião que lhe dissesse que os riscos eram menores? Será que ele teria tomado uma decisão contrária se eu não tivesse feito nenhuma piada, ou se não tivesse sorrido?

Perguntei se ele tinha alguma dúvida, mas ele fez que não com a cabeça. Pegando a caneta que lhe ofereci, ele assinou o formulário longo e complicado, impresso em papel amarelo e que se estendia por várias páginas, com uma seção especial sobre o descarte legal de partes do corpo. Ele não o leu. Nunca encontrei um paciente que o fizesse. Disse que ele seria internado para a cirurgia na segunda-feira seguinte.

✻

— Já foram buscar o paciente? — perguntei quando entrei no centro cirúrgico na manhã de segunda-feira.

— Não — disse U-Nok, uma das auxiliares do anestesista. — Nada de sangue.

— Mas o paciente já está no hospital há dois dias — eu disse.

U-Nok, uma agradável mulher coreana, sorriu como se pedisse desculpas, mas não disse nada em resposta.

— As amostras de sangue tiveram que ser enviadas novamente às seis horas da manhã de hoje — disse a anestesista quando entrou na sala. — Tiveram que ser refeitas porque as amostras de ontem estavam no sistema antigo de EPR, [1] que, por algum motivo, parou de funcionar porque o novo sistema de informática do hospital foi ativado hoje. O paciente agora, aparentemente, está com um número de registro diferente, e não conseguimos encontrar os resultados de todos os exames de sangue solicitados ontem.

— Quando vou poder começar? — perguntei, infeliz por ter que esperar quando tinha um caso perigoso e difícil para cuidar. Começar na hora marcada, com tudo em ordem, os campos cirúrgicos colocados exatamente da maneira correta e os instrumentos dispostos organizadamente, é uma maneira importante de acalmar o medo de entrar em ação.

— Umas duas horas, pelo menos.

---

1 *Electronic Patient Record*, um sistema informatizado que registra os dados do paciente e seu estado de saúde no decorrer do tempo.

Eu disse que havia um pôster no andar de baixo que dizia que o iCLIP, o novo sistema informatizado, só iria fazer os pacientes esperarem uns poucos minutos a mais.

A anestesista respondeu com uma risada. Saí da sala. Há alguns anos sairia enfurecido, exigindo que algo fosse feito, mas a minha fúria acabou sendo substituída por um desânimo fatalista, pois fui forçado a reconhecer a minha completa impotência, apenas mais um médico enfrentando mais um novo programa de computador em um hospital gigantesco e moderno.

Encontrei os residentes no corredor do centro cirúrgico, ao redor do balcão da recepção, onde um rapaz estava sentado diante do computador da recepcionista com um sorriso constrangido. Ele vestia um jaleco de PVC com os seguintes dizeres estampados em letras azuis e amistosas, tanto na frente quanto atrás: "Supervisor iCLIP".

Olhei para Fiona, minha residente mais experiente, com uma expressão interrogadora.

— Pedimos que ele encontrasse os resultados do exame de sangue do caso do tumor no cérebro, mas ele não está conseguindo — disse ela.

— Acho que vou ter que ir até o quarto do paciente e me desculpar com ele — eu disse com um suspiro. Não gosto de conversar com pacientes pela manhã, logo antes da cirurgia. Prefiro não ter que me lembrar da sua humanidade e medo, e não quero que suspeitem que eu também estou ansioso.

— Já contei a ele — respondeu Fiona, para o meu alívio.

Deixei os residentes e voltei para o meu consultório, onde minha secretária Gail agora estava reunida com Júlia, a gestora de leitos, uma das nossas enfermeiras seniores que é responsável pela tarefa ingrata de tentar encontrar leitos para os nossos pacientes. Nunca temos leitos em quantidade suficiente, e ela passa todo o seu expediente ao telefone, tentando freneticamente persuadir outros gestores de leitos a trocar um paciente por outro ou a receber de volta os pacientes que enviaram à ala neurocirúrgica para que possamos internar novas pessoas.

— Olhe! — disse Gail. Ela apontava para a tela inicial do iCLIP que havia aberto. Vi nomes bizarros, coisas como Descarte Mortuário, Óbito Reverso ou Alterações em Certidão de Nascimento — cada um com seu ícone pequeno e colorido —, passarem rapidamente conforme ela rolava a longa lista para baixo.

— Preciso usar essa lista insana sempre que quero fazer alguma coisa, qualquer coisa! — disse Gail.

Deixei que ela lutasse sozinha com aqueles ícones estranhos e sentei à minha mesa no consultório, cuidando de documentação e papelada até receber um telefonema dizendo que o paciente finalmente havia chegado à sala de anestesia.

Subi até o andar de cima, paramentei-me e encontrei Fiona no centro cirúrgico. O paciente, que agora estava anestesiado e inconsciente, fora trazido ao centro cirúrgico com um pequeno séquito de dois anestesistas, dois auxiliares de enfermagem e U-Nok, a assistente do anestesista, trazendo suportes para bolsas de soro e equipamentos de monitoramento junto com um emaranhado de tubos e cabos caindo por trás do carrinho de transporte. O rosto do paciente, agora, estava oculto sob tiras largas de esparadrapo para proteger seus olhos e manter no lugar certo os tubos de anestésicos e fios para monitorar os músculos faciais. Essa metamorfose de pessoa para objeto se reflete em uma mudança similar no meu estado mental. O pavor desapareceu e foi substituído por uma concentração que é ao mesmo tempo feroz e feliz.

O tumor estava na base do cérebro do homem, e, como havia risco de perda de um grande volume de sangue, eu havia decidido executar a operação naquela que se chama, de maneira bem simples, de posição sentada. A cabeça do paciente inconsciente é presa a um suporte que, por sua vez, é conectado a uma estrutura reluzente de metal presa à mesa de cirurgia. A mesa é aberta e sua metade superior é dobrada para cima, de modo que o paciente fique sentado com as costas eretas.

Isso ajuda a reduzir a perda de sangue durante a cirurgia e também melhora o acesso ao tumor, mas envolve um pequeno risco de desastre anestésico, já que a pressão venosa na cabeça do paciente em posição sentada está abaixo da pressão atmosférica na sala. Se o cirurgião cortar uma veia importante, pode acontecer que o ar seja sugado e chegue ao coração, com consequências potencialmente terríveis. Como acontece com todas as operações, é uma questão de ponderar riscos, contar com tecnologia sofisticada, experiência, perícia e sorte. Com os anestesistas, os auxiliares de enfermagem e U-Nok, eu e Fiona posicionamos o paciente. Levou meia hora para termos certeza de que o seu corpo inconsciente estava ereto e com a cabeça curvada para a frente, de que não havia nenhum "ponto de pressão" em seus braços e pernas que poderia originar úlceras de pressão e que todos os cabos, fios e tubos ligados ao corpo estavam livres, sem nenhuma tensão.

— Bem, mãos à obra — eu disse.

A operação transcorreu perfeitamente, praticamente sem perda de sangue. Esse tipo de tumor é o único na área de neurocirurgia em que o médico precisa remover *en bloc* — por inteiro, de uma só vez —, já que, se invadir o tumor, terá que encarar um sangramento instantâneo e torrencial. Todos os outros tumores são gradualmente "esvaziados", seja por aspiração ou remoção do material em seu interior, fazendo com que ele murche e afastando-o do cérebro, e, dessa forma, minimizando os danos ao encéfalo. Com hemangioblastomas sólidos, entretanto, você "disseca o plano" entre o tumor e o cérebro, criando uma fenda estreita com alguns milímetros de largura. Tudo isso é feito com um microscópio com magnificação relativamente alta; embora sejam minúsculos, os vasos sanguíneos podem sangrar prodigiosamente. Afinal de contas, um quarto do sangue bombeado a cada minuto pelo coração vai para o cérebro. Pensar é um processo que exige muita energia.

Se tudo correr bem, o tumor acaba sendo removido do cérebro e o cirurgião extirpa a anomalia da cabeça do paciente.

— Está fora! — grito triunfantemente para o anestesista do outro lado da mesa, agitando no ar aquele tumor pequeno e ensanguentado, não maior do que a ponta do meu polegar, preso na extremidade de uma pinça de dissecção. Não parecia valer todo aquele esforço e ansiedade.

✤

Quando as operações do dia estavam terminadas, fui ver o paciente na ala de recuperação. Ele parecia estar incrivelmente bem e desperto. Sua esposa estava ao seu lado, e os dois expressaram sinceramente toda a sua gratidão.

— Bem, tivemos sorte — disse a eles, embora eles provavelmente tenham pensado que isso era falsa modéstia da minha parte. E, até certo ponto, suponho que fosse.

Quando saí, obedientemente aplicando álcool em gel nas mãos ao passar pela porta, James, o residente de plantão na emergência, veio procurar por mim.

— Acho que você é o supervisor de plantão hoje — disse ele.

— É mesmo? Bem, o que você tem para mim?

— Um homem de quarenta e seis anos com um coágulo temporal do lado direito com extensão intraventricular em um dos hospitais locais. Parece que há uma MAV subjacente. ECG cinco. Estava falando quando foi internado.

A MAV é uma malformação arteriovenosa, uma anormalidade congênita que consiste em uma massa de vasos sanguíneos que pode causar hemorragias catastróficas, algo que frequentemente acaba acontecendo. A ECG é a Escala de Coma de Glasgow, uma maneira de avaliar o nível de consciência de um paciente. Um valor igual a cinco indicava que o paciente estava em coma e próximo da morte.

Perguntei se ele havia visto a tomografia e se o paciente já estava respirando com um ventilador.

— Sim — respondeu James. Assim, perguntei o que ele queria fazer. Ele era um dos residentes mais experientes, e eu sabia que seria capaz de lidar com esse caso por conta própria.

— Trazê-lo para cá rapidamente — disse ele. — Há uma hidrocefalia leve, então usaria um dreno de calibre largo e removeria o coágulo, sem mexer na MAV. Ela é profunda.

— Pode executar — disse. — É possível salvar o paciente, então certifique-se de que o coloquem na estrada assim que possível. Você pode inclusive dizer aos médicos locais que não adianta mandar o paciente se não o fizerem rapidamente. Aparentemente eles precisam usar as palavras mágicas "transferência emergencial" com o serviço de ambulância para que eles não percam tempo.

— Já está feito — respondeu James, alegremente.

— Esplêndido! — disse. — Mãos à obra, então. — E desci as escadas para voltar ao meu consultório.

�֍

Voltei para casa de bicicleta, parando no supermercado para fazer algumas compras. Katharine, a mais nova das minhas duas filhas, estava passando alguns dias comigo e ia fazer o jantar. Eu havia concordado em cuidar das compras. Entrei em uma longa fila diante do caixa.

"E o que foi que *vocês* fizeram hoje?", senti vontade de perguntar a eles, aborrecido pelo fato de que um cirurgião importante como eu tivesse que esperar tanto tempo depois de um dia triunfante de trabalho. Mas, em seguida, pensei em como o valor do meu trabalho como médico é medido unicamente pelo valor da vida das outras pessoas, e isso incluía as pessoas que estavam na minha frente naquela fila. Assim, praguejei comigo mesmo e me resignei a esperar. Além disso, tinha que admitir que logo estaria velho e aposentado, e que, quando isso ocorresse, não teria mais tanta importância para o mundo. Talvez fosse melhor ir me acostumando com aquela ideia.

Enquanto estava na fila, meu celular tocou. Tive uma sensação imediata de alarme, um temor instantâneo de que seria uma ligação do meu residente dizendo que houvera um problema com o caso do tumor cerebral, mas, em vez disso, ouvi uma voz que não era familiar enquanto colocava as compras no balcão e lutava para conseguir atender ao telefone.

— Você é o neurocirurgião chefe de plantão?

Chamadas de emergência geralmente são transferidas para o residente de plantão, então respondi apreensivamente.

— Sim? — disse.

— Sou um dos clínicos-gerais do pronto-socorro — disse a voz, com um toque de arrogância. — O contratado de plantão no PS disse para ligar para você a respeito de um paciente aqui. Seu residente de plantão não está respondendo ao bipe.

Fiquei imediatamente irritado. Se o caso era tão urgente, por que o próprio chefe do pronto-socorro não me ligou? Havia uma certa etiqueta quando era preciso telefonar para um colega.

— Acho isso meio difícil de acreditar — disse enquanto tentava recolher os pães doces recheados com uvas-passas e as tangerinas que havia deixado cair no chão. O pronto-socorro provavelmente só estava tentando enviar os pacientes rapidamente para as alas específicas para não estourar a meta de tempo de espera. — Eu estava conversando com ele há uns dez minutos...

O médico do pronto-socorro parecia não estar prestando atenção ao que eu dizia.

— É um homem de sessenta e sete anos com um subdural crônico agudizado... — começou ele.

Eu o interrompi e mandei que ligasse para Fiona, que não estava de plantão. Mesmo assim, eu sabia que ela ainda estava no prédio, e, em seguida, desliguei o telefone, desculpando-me com um sorriso para a garota confusa que estava no caixa.

Saí do supermercado sentindo ansiedade. Talvez o paciente estivesse muito mal; talvez James realmente não tivesse atendido o bipe. Assim, liguei para o celular de Fiona. Expliquei o problema e disse que estava preocupado que, talvez, pelo menos nessa ocasião, fosse uma transferência verdadeiramente urgente e não apenas uma tentativa de tirar um paciente do pronto-socorro.

Fui para casa. Ela me ligou meia hora mais tarde.

— Espere até você ouvir essa — disse ela, rindo. — James havia atendido a chamada e já estava a caminho do pronto-socorro. O paciente estava perfeitamente bem, e tinha oitenta e um anos, não sessenta e sete. E haviam interpretado a tomografia, que estava normal, de uma maneira totalmente errada.

— Malditas metas.

Quando cheguei em casa, já havia começado a chover. Troquei-me, vestindo minhas roupas de corrida, e dirigi-me relutantemente para o pequeno parque suburbano atrás da minha casa. Dizem que exercícios físicos ajudam a postergar a doença de Alzheimer. Após completar algumas voltas ao redor do parque, meu celular tocou.

— Mas que inferno! — falei, deixando o telefone molhado e escorregadio cair no chão enquanto tentava tirá-lo do bolso do casaco e atender à ligação.

— Aqui é James. Não consigo estancar a hemorragia — disse uma voz no chão enlameado.

— Qual é o problema? — perguntei, quando consegui pegar o telefone.

— Removi o coágulo e coloquei um dreno, mas a cavidade está sangrando bastante.

— Não se preocupe. Cubra-a com Surgicel, tampone e faça uma pausa. Vá tomar uma xícara de chá. Chá é o melhor agente hemostático! Chego aí para dar uma olhada em uns trinta minutos.

Assim, terminei a minha corrida, tomei banho e percorri o curto trajeto de volta ao hospital, mas dessa vez no meu carro, devido à chuva. Já estava escuro agora, com um vento forte, e vinha nevando bastante no norte, embora já estivéssemos em abril. Estacionei o carro na doca suja de entregas, perto da entrada do subsolo do hospital. Apesar de saber que não devo estacionar ali, isso não parece importar muito à noite, e, fazendo isso, posso chegar até o centro cirúrgico mais rapidamente do que quando paro nos estacionamentos oficiais, mais afastados.

Coloquei a cabeça por entre as portas da sala de cirurgia. James estava em pé, diante de uma das extremidades da mesa de operação, segurando a cabeça do paciente nas mãos enquanto a enrolava em ataduras. A parte da frente das suas roupas estava manchada de sangue e havia uma enorme poça de sangue vermelho escuro aos seus pés. Ficou claro que a operação havia terminado.

— Deu tudo certo? — perguntei.

— Sim. Está tudo bem — respondeu ele. — Mas levou um bom tempo.

— Você saiu para tomar uma xícara de chá para ajudar a estancar o sangramento?

— Bem, não foi exatamente chá — disse ele, apontando para uma garrafa plástica de Coca-Cola em uma das bancadas atrás dele.

— Bem, isso explica por que a hemostasia demorou tanto! — eu disse, fingindo que desaprovava o procedimento, e toda a equipe riu, felizes pelo caso estar terminado e porque agora eles poderiam ir para casa. Passei brevemente para dar uma olhada no paciente do tumor, que agora estava na UTI para passar a noite, um procedimento de rotina.

A semana havia sido bem movimentada na UTI, e havia dez pacientes naquele salão enorme e bem-iluminado, todos inconscientes — exceto por um deles —, deitados em seus leitos e conectados a uma floresta de aparelhos com luzes piscantes e mostradores digitais da cor de rubis e esmeraldas. Cada paciente tem seu próprio enfermeiro, e no meio do salão há um enorme balcão com monitores de computador e muitos membros da equipe falando ao telefone, trabalhando nos computadores ou enchendo um copo plástico com chá enquanto executavam as tarefas constantes que são necessárias na área de terapia intensiva.

O único paciente consciente era o meu caso de tumor no cérebro, que estava sentado na cama, ereto, com o rosto ainda ruborizado, mas bem desperto.

— Como está se sentindo? —perguntei.

— Bem — respondeu ele com um sorriso cansado.

— Muito bem! — emendei, pois creio que pacientes devem ser parabenizados por sobreviverem tanto quanto os cirurgiões devem receber as congratulações por um trabalho bem-feito.

— Este lugar está parecendo um pouco com uma zona de guerra — eu disse a ele, gesticulando na direção das formas despersonalizadas dos outros pacientes e toda a tecnologia e profissionais atarefados à nossa volta. Poucos — talvez nenhum — desses pacientes sobreviveriam ou sairiam sem sequelas daquilo que havia atacado seus cérebros.

— Receio que você não vá dormir muito esta noite.

Ele assentiu em resposta, e eu desci até o subsolo, sentindo-me contente.

Cheguei até o meu carro e vi uma papeleta enorme presa ao para-brisa.

"Seu carro recebeu uma trava de roda", dizia a papeleta, e havia uma longa lista abaixo daquela mensagem acusando-me de negligência, desrespeito e coisas do tipo, mandando que eu comparecesse até o Departamento de Segurança para pagar uma enorme multa.

— Eu não aguento mais isso! — Minha raiva e frustração explodiram, e eu gritei para os pilares de concreto ao meu redor. Mas, quando marchei furiosamente ao redor do meu carro, para minha surpresa, percebi não havia travas em nenhuma das rodas. Em seguida, quando voltei até o lugar onde a papeleta havia sido colocada, percebi que, ao lado da advertência, anotadas com uma esferográfica, estavam as palavras "Da próxima vez" com dois enormes pontos de exclamação.

Voltei para casa dividido entre a fúria impotente e a gratidão.

4. Melodrama

(s.) Uma peça dramática e exagerada, com apelos à emoção e, geralmente, um final feliz.

Recentemente, recebi um convite para conversar com a equipe responsável pelos roteiros de *Holby City*, um seriado televisivo de drama médico. Tomei o trem de Wimbledon para Boreham Wood, do outro lado de Londres, e fui até o elegante hotel de campo onde estavam reunidos. Havia pelo menos vinte pessoas sentadas ao redor de uma mesa longa. Estavam pensando em acrescentar uma ala de neurocirurgia, disseram eles, ao fictício Hospital Geral de Holby City, e queriam que eu conversasse com eles sobre neurocirurgia. Falei por quase uma hora sem parar, algo que não tenho dificuldades para fazer, mas provavelmente me concentrei demais nos aspectos mais sombrios e trágicos do meu trabalho.

— Você teria algumas histórias mais positivas para contar, algo a que os nossos telespectadores gostariam de assistir?

— Bem... — eu disse. — Há muitos anos, operei uma jovem mãe que estava prestes a ter um bebê e estava ficando cega...

Havia três pacientes com cirurgias agendadas para aquela quarta-feira — duas mulheres com tumores no cérebro e um rapaz com hérnia de disco na região da coluna lombar. A primeira paciente era Melanie, uma mulher de vinte e oito anos na trigésima sétima semana de gestação que havia começado a ficar cega durante as três semanas anteriores. Ela fora encaminhada como um caso emergencial para o meu departamento neurocirúrgico pelo ambulatório pré-natal do seu hospital local na tarde de terça-feira, e a ressonância mostrou um tumor. Eu estava de plantão para emergências naquele dia, então, ela foi internada sob os meus cuidados. Seu marido a trouxe para o meu hospital diretamente do ambulatório pré-natal. Na primeira vez que os vi, na tarde de terça-feira, ele estava guiando Melanie pelo corredor do hospital que levava até a enfermaria, com uma mão em seu ombro e uma mala de roupas na outra mão. Ela estava com o braço direito estendido para a frente, por medo de trombar com alguma coisa, e a mão esquerda pressionava o ventre com a criança, como se temesse que fosse perdê-la da mesma forma que estava perdendo a visão. Acompanhei-os até a entrada da enfermaria e disse que voltaria mais tarde para discutir o que iríamos fazer.

A ressonância mostrava um meningioma — um meningioma "su-prasselar" que crescia a partir das meninges, as membranas que protegem o cérebro e a medula espinhal — na base do crânio. O tumor estava se expandindo para cima e pressionando os nervos ópticos, no espaço onde eles saem dos olhos para se ligar ao cérebro. Esses tumores, em particular, são sempre benignos e costumam crescer lentamente, mas alguns deles têm receptores de estrógeno e podem por vezes se expandir bem rápido durante a gravidez, quando os níveis de estrógeno aumentam. Isso era claramente o que estava acontecendo no caso de Melanie. O tumor não apresentava risco para o bebê que ela trazia dentro de si, mas se não fosse removido rapidamente Melanie ficaria completamente cega. Isso pode acontecer numa questão de dias. Uma operação para remover um tumor como o dela é relativamente descomplicada, mas se a perda da visão antes da cirurgia for grave não há como garantir que a visão será restaurada, e existe o risco de que ela possa piorar. Certa vez deixei uma pessoa completamente cega com uma operação similar. É preciso considerar o fato de que ela já estava quase cego antes da operação, mas, mesmo assim, a situação de Melanie era praticamente a mesma.

Quando fui até a enfermaria, mais ou menos uma hora depois, encontrei Melanie sentada em sua cama e uma enfermeira ao seu lado, preenchendo os documentos da internação. O marido, com a aparência desesperada, estava sentado em uma cadeira ao lado do leito. Sentei-me aos pés da cama e me apresentei. Perguntei a ela como tudo aquilo havia começado.

— Faz três semanas. Eu arranhei a lateral do carro no portão da garagem quando voltava para casa depois do curso pré-natal — disse ela. — Não consegui entender como havia feito aquilo, mas alguns dias depois percebi que não conseguia enxergar bem com o olho esquerdo.

Enquanto ela falava, seus olhos se moviam incessantemente, com a expressão ligeiramente desfocada que as pessoas têm quando estão ficando cegas.

— Está piorando desde então — acrescentou ela.

— Preciso examinar um pouco a sua visão — eu disse. Perguntei a ela se conseguia enxergar o meu rosto.

— Sim — respondeu a moça. — Mas está todo borrado.

Ergui a mão diante do seu rosto com os dedos abertos. Perguntei quantos dedos ela conseguia enxergar.

— Não tenho certeza — disse Melanie, com um toque de desespero na voz. — Não consigo enxergar...

Eu havia trazido do meu consultório um oftalmoscópio, a lanterna especial usada para observar o interior dos olhos. Ajustei os controles do oftalmoscópio, levei o rosto até perto do dela e focalizei a retina do seu olho esquerdo.

— Olhe direto em frente — eu disse. — Não olhe diretamente para a luz, pois isso fará com que suas pupilas fiquem menores.

Os poetas dizem que os olhos são as janelas da alma, mas eles também são as janelas do cérebro: examinar a retina dá uma boa ideia do estado do cérebro, já que as duas partes estão diretamente ligadas. Os minúsculos vasos sanguíneos do olho estarão em condições bem similares aos vasos sanguíneos do cérebro. Para o meu alívio, consegui ver que a extremidade do nervo óptico em seu olho ainda parecia estar relativamente saudável, sem danos graves, e o mesmo ocorria com os vasos sanguíneos da retina. Havia uma possibilidade de que a cirurgia fizesse sua visão melhorar em vez de simplesmente impedir que ela ficasse completamente cega.

— Não parece estar tão ruim — eu disse, depois de examinar o olho direito.

— Meu bebê! O que vai acontecer com o meu bebê? — perguntou Melanie, claramente mais preocupada com seu filho do que com a própria visão.

Estendi o braço para segurar na mão dela e disse-lhe que o bebê ficaria bem. Já havia acertado com os obstetras que eles fariam uma cesariana e que ela daria à luz ao bebê assim que eu removesse o tumor. Tudo poderia ser feito com a mesma anestesia, eu disse. Tinha esperança de que a cirurgia fizesse com que sua visão melhorasse, mas avisei a ela e ao marido que não poderia garantir que isso realmente aconteceria. E também disse que havia um risco de que a operação a deixasse cega. Dependeria de o tumor estar ou não muito preso aos nervos ópticos, algo que só saberia quando operasse. A única certeza, disse, era que ela ficaria completamente cega sem a cirurgia. Acrescentei que já havia visto muitos pacientes em países pobres como a Ucrânia e o Sudão que haviam ficado cegos por causa de tumores como aquele por causa de atrasos no tratamento. Pedi a ela que assinasse o termo de consentimento. O marido se aproximou e guiou a mão da esposa com a caneta. Ela rabiscou algo ininteligível.

Aquela operação foi a primeira que executei na manhã seguinte com Patrik, o residente que estava trabalhando comigo na época. A cirurgia havia inevitavelmente causado uma grande empolgação, e um pequeno exército de obstetras, pediatras e enfermeiras com kits de ressuscitação pediátrica estava no corredor que levava ao centro cirúrgico. Médicos e enfermeiros adoram casos dramáticos como esse, e havia um certo clima de carnaval naquela manhã. Além disso, a ideia de que um bebê viria a nascer em nossas salas de neurocirurgia, lugares normalmente mais sisudos, era fascinante, e toda a equipe do centro cirúrgico estava ansiosa pelo que estava por vir. A única preocupação — que era principalmente minha, de Melanie e da sua família — era se eu seria capaz de salvar sua visão ou se eu a deixaria cega.

Ela foi levada da ala feminina até o centro cirúrgico em uma maca sobre rodas, com o marido caminhando ao seu lado, e a barriga se erguendo como uma pequena montanha sob um lençol hospitalar. O marido, lutando para conter as lágrimas, deu-lhe um beijo de despedida diante das portas da sala de anestesia e foi escoltado para fora do centro cirúrgico por uma das enfermeiras. Depois que Judith a anestesiou, Melanie foi colocada de lado e a anestesista fez uma perfuração lombar, usando uma agulha grande pela qual ela em seguida inseriu um delicado cateter branco que usaríamos para drenar todo o líquido cefalorraquidiano do interior da cabeça de Melanie. Isso abriria mais espaço no interior da cabeça — alguns poucos milímetros —, dentro do qual eu poderia operar.

Depois de raspar uma área mínima dos seus cabelos, Patrik e eu fizemos uma longa incisão curva, cerca de um centímetro atrás da linha onde os cabelos começam a crescer, e atravessando toda a testa, de um lado a outro. Pressionando firmemente com as pontas dos dedos dos dois lados da incisão para impedir que o couro cabeludo sangrasse, colocamos presilhas plásticas sobre as bordas da pele para fechar os vasos sanguíneos. Em seguida, puxamos o couro cabeludo para afastá-lo da fronte e o dobramos por cima do rosto, que já estava coberto pela fita adesiva que prendia o tubo anestésico de Judith no lugar certo. Fui instruindo Patrik durante os estágios iniciais do procedimento.

— Ela é jovem e bonita — eu disse. — Queremos um bom resultado cosmético. — Mostrei a ele como fazer uma perfuração única no crânio, atrás da órbita, que não ficaria visível, e em seguida a usar um instrumento chamado serra de Gigli, que recebeu o nome do seu inventor — uma espécie de fio cortador de queijo que faz um corte muito mais fino em ossos do que as ferramentas elétricas que normalmente usamos —, para fazer uma abertura bem pequena no crânio, logo acima do olho direito. Usar a Gigli parece ser algo brutal, pois, enquanto usamos as mãos para puxar a serra de um lado para outro, uma nuvem fina de gotículas de sangue e fragmentos de osso se ergue, e a serra faz um som de raspagem que é bem desagradável. Mas, como eu disse a Patrik, a serra faz uma osteotomia delicada e perfeita.

Depois que Patrik havia removido aquela pequena porção do osso — que media apenas três centímetros, aproximadamente —, eu assumi o controle por algum tempo e utilizei uma broca de ar comprimido para aplainar o interior do crânio de Melanie. Há uma série de protuberâncias, como uma cordilheira microscópica de montanhas, que têm entre dois e três milímetros de altura e se estendem por todo o assoalho do crânio. Aplainando-as, crio um pouco mais de espaço sob o cérebro de modo que não precise usar tanta retração quando rastejo por debaixo do encéfalo para chegar até o tumor. Mandei que Patrick abrisse as meninges com uma tesoura. O dreno lombar havia feito o seu trabalho, e a dura-máter azul-acinzentada, a mais externa das meninges, estava murcha e enrugada; o cérebro havia desabado, afastando-se dos ossos do crânio, quando o líquido cefalorraquidiano foi removido. Patrik ergueu a dura-máter com uma delicada pinça dentada e com a tesoura começou a cortar uma abertura nela. Patrik era um rapaz baixo, determinado e eloquente, de ascendência armênio-americana.

— A tesoura está cega. Não está cortando, está mascando — disse ele quando a tesoura se fechou ao redor da meninge resistente. — Dê-me outra.

Maria, a instrumentadora, foi até o seu carrinho e retornou com uma outra tesoura, com a qual Patrik agora expunha a extremidade do lobo frontal direito do cérebro de Melanie, cortando a dura-máter e dobrando-a para a frente.

O lobo frontal direito não tem nenhuma função específica na vida humana que seja claramente compreendida. De fato, as pessoas podem sofrer um certo grau de lesão nessa área sem exibir nenhuma sequela, mas danos mais significativos resultarão numa gama enorme de problemas comportamentais que estão agrupados na expressão "mudança de personalidade". Havia pouco risco de que isso acontecesse com Melanie, mas, se danificássemos a superfície do seu cérebro quando erguêssemos o lobo frontal direito alguns milímetros para alcançar o tumor, era muito provável que acabaríamos por deixá-la com epilepsia pelo resto da vida. Foi bom ver que o cérebro de Melanie, pelo resultado do dreno lombar e pela perfuração que fiz, parecia estar "frouxo", como dizem os neurocirurgiões. Havia bastante espaço para que eu e Patrik entrássemos por baixo.

— As condições parecem estar ótimas — gritei para Judith do outro lado da mesa, onde ela estava sentada diante de uma bateria de monitores, máquinas e um emaranhado de tubos e fios conectados à inconsciente Melanie. Tudo que os anestesistas conseguem ver dos pacientes são as solas dos pés. As preocupações de Judith, no entanto, incluíam não somente a vida de Melanie, mas também a do bebê que ainda estava em seu ventre, e que estava sendo submetido à mesma anestesia geral de sua mãe.

— Muito bom.

— Tragam o microscópio e um retrator para Patrik — disse, e depois que o pesado microscópio foi posicionado e Patrik se acomodou na cadeira de operação, Maria estendeu um punhado de retratores, dispostos num leque como um pequeno maço de cartas, dos quais peguei um. Fiquei em um dos lados, olhando um pouco nervosamente pelo braço assistente do microscópio.

Disse a Patrik para colocar o retrator gentilmente sob o lobo frontal de Melanie, enquanto removia o líquido cefalorraquidiano com um aspirador na outra mão. Ele puxou lentamente o cérebro para cima, movendo-o alguns milímetros.

— Procure o terço lateral da asa do esfenoide — disse a ele, e logo após falei para que o seguisse medialmente até o processo clinóide anterior. Esses são pontos de referência ósseos importantes que nos guiam conforme navegamos sob o cérebro. Patrik puxou cuidadosamente o cérebro de Melanie mais para cima.

— Aquele é o nervo direito? — ele perguntou.

Havia uma probabilidade enorme de que fosse, eu disse a ele, e a estrutura parecia estar horrivelmente estirada. Agora podíamos ver a massa avermelhada e granular do tumor, sobre a qual o nervo óptico direito, uma faixa pálida e esbranquiçada com alguns milímetros de largura, estava esticado.

— Acho que é melhor eu assumir agora — disse. — Lamento, mas com o bebê e com a visão dela num estado tão lastimável este não é exatamente um caso para treinamento.

— É claro — disse Patrik. Ele saiu da cadeira de operação e eu tomei seu lugar.

Rapidamente abri um corte no tumor à esquerda do nervo óptico, e, para o meu alívio, o tumor era maleável e foi aspirado facilmente. A verdade é que a maioria dos tumores supra-selares é assim. Não demorou muito para retirar a maior parte do tumor com o aspirador na mão direita e a pinça bipolar na outra. Gradualmente, afastei o tumor esvaziado dos nervos ópticos. Ele não estava preso aos nervos, e, depois de mais ou menos uma hora, tínhamos uma visão espetacular de ambos, o esquerdo e o direito, e da sua junção, conhecida como quiasma. A estrutura se parece com uma calça branca em miniatura, embora estivesse fina e tensionada por causa do tumor que eu havia removido. Dos dois lados estavam as grandes artérias carótidas, que transportam a maior parte do sangue que abastece o cérebro, e, um pouco mais atrás, a haste hipofisária, a frágil estrutura que conecta a hipófise ao cérebro. A hipófise é uma glândula importante que coordena todos os sistemas hormonais do corpo. Ela fica alojada em uma pequena cavidade conhecida como sela túrcica, e é por isso que um tumor como o de Melanie é chamado de meningioma "suprasselar".

— Está fora! Vamos fechar rapidamente, e os obstetras podem entrar para fazer a cesariana — anunciei para a plateia que estava reunida. Murmurei discretamente para Patrik que eu tinha fé em Deus de que a visão dela fosse se recuperar.

Assim, Patrik e eu fechamos a cabeça de Melanie e deixamos que nossos colegas cuidassem do parto do bebê. Quando saímos da sala de cirurgia, os pediatras passaram por nós, levando para o quarto um ventilador pediátrico e equipamento de ressuscitação.

Fui buscar uma xícara de café e cuidar de alguns papéis e documentos no meu consultório. Patrik ficou para acompanhar a cesariana.

Ele me telefonou uma hora mais tarde. Eu estava sentado à minha escrivaninha, ditando cartas.

— Tudo correu bem. Ela está na UTI e o bebê também.

— Ela está conseguindo enxergar? — perguntei.

— Ainda é cedo para dizer — disse Patrik. — As pupilas estão um pouco lentas...

Senti uma pontada familiar de medo no estômago. O fato de que as pupilas dos olhos não estavam reagindo apropriadamente à luz podia ser apenas um efeito anestésico temporário, mas também podia significar que os nervos estavam irreparavelmente danificados e que ela estava completamente cega, mesmo que a operação aparentemente tivesse corrido bem.

— Vamos ter que esperar para ver — respondi.

— A próxima paciente está na mesa — disse Patrik. — Vamos começar?

Saí do consultório e fui me encontrar com ele.

A segunda paciente da lista era uma mulher de cinquenta e poucos anos com um glioma temporal esquerdo maligno, um tumor canceroso oriundo do próprio cérebro. Eu a havia examinado na semana anterior no meu consultório. Ela viera acompanhada pelo marido, e os dois ficaram de mãos dadas enquanto contavam como ela havia ficado confusa e esquecida nas semanas que precederam a consulta. Expliquei a eles que a ressonância do cérebro mostrava o que era indubitavelmente um tumor maligno.

— Meu pai morreu por causa de um tumor cerebral maligno — ela me disse. — Foi terrível vê-lo ir piorando e morrer, e eu pensava que, se isso acontecesse comigo, não ia querer ser tratada.

— O problema é que isso vai acontecer com você de qualquer maneira — eu disse, com relutância. — Se eu a tratar, com um pouco de sorte você vai ter alguns anos de uma vida razoável pela frente, mas, se não fizermos nada, você terá apenas alguns meses.

Na realidade, provavelmente aquela era uma previsão otimista. O exame de imagem mostrava um tumor maligno horrendo no lobo temporal dominante — "dominante", no caso, significa o lado do cérebro responsável pela fala e pela linguagem — que já estava se aprofundando no cérebro. Era improvável que ela tivesse mais do que alguns meses de vida, independentemente do que eu fizesse; mas sempre há esperança, e sempre há alguns pacientes — infelizmente, apenas uma pequena minoria — que são pontos estatisticamente fora da curva e desafiam as médias, vivendo ainda por vários anos.

Concordamos que iríamos operar. Patrik cuidou de quase todo o procedimento, e eu o auxiliei. A operação correu suficientemente bem, embora, assim que Patrik usou a broca para abrir um buraco na cabeça da paciente e cortamos as meninges, tivéssemos visto que o tumor já estava muito espalhado, numa área maior do que a ressonância havia mostrado duas semanas antes. Removemos o máximo possível do tumor dentro dos limites de segurança, já que ele estava emaranhado com as ramificações distais da artéria cerebral média esquerda. Não achei que havíamos lhe causado algum dano sério, ainda que também não achasse que havíamos lhe trazido benefícios.

— Qual é o prognóstico para ela, chefe? — perguntou Patrik enquanto suturávamos a dura-máter e eu cortava os pontos que ele aplicara com uma tesoura.

— Alguns meses, provavelmente — respondi. Contei a ele sobre o pai da mulher e o que ela havia relatado na consulta.

— É difícil não fazer nada — eu disse. — Mas a morte nem sempre é um resultado ruim, eu acho. Uma morte rápida pode ser melhor do que uma lenta.

Patrik não disse nada enquanto continuava a fechar as meninges da mulher com suas suturas. Às vezes discuto com os meus colegas da área de neurocirurgia o que faríamos — já que somos neurocirurgiões e não temos qualquer ilusão sobre os parcos resultados que o tratamento traria — se fôssemos diagnosticados com um tumor maligno no cérebro. Geralmente digo que espero cometer suicídio, mas nunca se sabe ao certo o que você vai decidir até que as coisas realmente aconteçam.

Enquanto aplicávamos os pontos na cabeça dela, eu não esperava ter nenhum problema. Judith a colocou em sua maca, que foi empurrada por um dos seus auxiliares e pelas enfermeiras até a UTI enquanto eu me sentava e começava a redigir o relatório da cirurgia. Alguns minutos depois, Judith colocou a cabeça na porta da sala.

— Henry, ela não está acordando. E a pupila esquerda está maior do que a direita. O que você quer fazer?

Praguejei em voz baixa e rapidamente venci o curto percurso até a Unidade de Terapia Intensiva. No canto da sala vi Melanie, com um berço ao lado da cama, mas passei rapidamente por ela para examinar a segunda paciente. Com uma das mãos, abri gentilmente suas pálpebras. A pupila esquerda estava grande e negra, tão grande quanto um pires.

— É melhor fazermos uma tomografia — eu disse a Patrik, que veio correndo quando recebeu a notícia. Judith já estava reanestesiando a mulher e inserindo um tubo que ia até os seus pulmões para que ela voltasse a respirar com o auxílio de um ventilador. Mandei que

Patrik dissesse à equipe responsável pela tomografia que nós a levaríamos para fazer um exame imediatamente, e que não importava o que eles estivessem fazendo no momento. Eu não ia esperar por um auxiliar de enfermagem para levá-la até lá. Patrik foi até o balcão da enfermagem e pegou o telefone enquanto Judith e as enfermeiras desconectavam a mulher de todos os equipamentos de monitoramento que tinha atrás de si e, com a minha ajuda, levaram-na rapidamente até a sala da tomografia computadorizada. Junto com o técnico de radiologia, nós a colocamos sem demora dentro da máquina. Voltei para a sala de controle com a janela revestida de chumbo, à prova de raios-X, exibindo a sala onde a paciente estava deitada com a cabeça dentro do tomógrafo.

Impaciente e ansioso, observei os cortes axiais da tomografia aparecerem no monitor do computador, gradualmente subindo rumo à área onde eu havia operado. A tela mostrava uma enorme hemorragia numa área profunda do cérebro, no lado onde a cirurgia havia sido feita, embora ligeiramente afastada do local. Era claramente inoperável e fatal — uma hemorragia intracerebral pós-operatória, uma complicação "rara, mas reconhecida" de uma cirurgia desse tipo. Peguei o telefone na sala de controle e liguei para o marido.

— Lamento ter más notícias... — disse.

Voltei até a sala de espera do centro cirúrgico e deitei-me no sofá, olhando para o céu pelas janelas altas, esperando até que o marido e a filha da mulher chegassem.

Conversei com os dois uma hora depois, no pequeno consultório da UTI. Os dois desabaram um nos braços do outro. Vestido com os meus paramentos cirúrgicos, eu os observei, sentindo-me horrível.

Como ela ia morrer, as enfermeiras levaram a mulher até um quarto adjacente, onde ela ficou deitada, sozinha. Levei o marido e a filha até lá para que a vissem. Eles se sentaram ao lado da cama. Ela estava inconsciente e muda, os olhos fechados, com uma atadura colocada diagonalmente na cabeça, sob a qual os cabelos ensanguentados caíam. O ventilador que a mantinha viva suspirava mansamente ao lado dela.

— Tem certeza de que ela não consegue ouvir nada do que lhe dissermos? — perguntou a filha.

Disse que a mulher estava num coma profundo, mas mesmo que fosse capaz de ouvir, ela não conseguiria compreender as palavras que escutasse, pois a hemorragia estava localizada diretamente na área do cérebro que controla a fala.

— E ela vai ter que ficar no hospital? Não pode ir para casa?

Então, disse que estava convicto de que ela viria a falecer dentro de vinte e quatro horas, pois teria a morte cerebral decretada e o ventilador seria desligado.

— Ela foi tirada de nós. Subitamente. Íamos fazer muitas coisas juntos no tempo que nos restava, não é? — disse o marido, virando-se para a filha enquanto falava. — Não estávamos prontos para isso...

Ele segurava na mão da filha enquanto falava.

— Eu confiei em você — ele me disse. — E ainda confio. Tem certeza de que ela não vai mais acordar? E se ela acordar e perceber que não estamos aqui? Ficaria muito assustada, embora tenha nos dito várias vezes na semana passada que não queria ser um fardo para nós.

— Mas o amor é incondicional — disse, e ele irrompeu em lágrimas outra vez.

Conversamos por mais algum tempo. Acabei dando as costas para eles, dizendo que tinha que sair, caso contrário iria começar a chorar também. O marido e a filha riram daquilo por entre as lágrimas. Ao sair, pensei em como havia realizado o desejo da mulher, mesmo que inadvertidamente, de não querer morrer da mesma maneira que o seu pai.

De volta ao centro cirúrgico, Patrik estava tendo dificuldades para estancar o sangramento após remover a hérnia de disco do terceiro e último caso da lista. Eu o insultei e zombei em tom de brincadeira; em seguida, vesti a opa e rapidamente controlei o sangramento. Fechamos juntos a incisão do paciente e logo depois voltei à UTI para ver Melanie. Ela estava dormindo tranquilamente, com o filho recém-nascido também dormindo no berço, ao seu lado. O prontuário de observação mostrava que suas pupilas, agora, estavam reagindo à luz, e a enfermeira encarregada de cuidar dela disse que tudo estava bem. Havia um pequeno grupo de enfermeiras sorridentes e risonhas ao lado do berço, observando o bebê.

O marido dela veio correndo até onde eu estava, quase delirando de alegria.

— Ela está conseguindo enxergar de novo! O senhor fez um milagre, doutor Marsh! Ela acordou depois da operação e conseguiu enxergar o bebê! E disse que a visão está quase voltando ao normal! E o nosso filho está bem! Como podemos lhe agradecer?

Que dia! pensei quando voltava para casa. Quando contei essa história — da qual havia praticamente me esquecido até aquele momento — aos roteiristas de *Holby City* sentados ao redor da mesa do hotel, eles explodiram em gritinhos de alegria e diversão, ainda que eu não saiba se eles usaram a história de Melanie em seu seriado ou não.

5. Neuralgia do trigêmeo

(s.) Breves paroxismos de dor intensa sentidos na distribuição de um ou mais ramos do nervo trigêmeo na face.

Depois que serrei o crânio da mulher e abri as meninges, descobri, para o meu horror, que seu cérebro estava obscurecido por uma película de sangue vermelho e escuro que não deveria estar ali. Provavelmente significava que algo já dera errado com a operação. A luz do velho e surrado foco cirúrgico acima de mim era tão fraca que eu mal conseguia ver o que estava fazendo. As possíveis repercussões para o meu colega e para mim eram quase inimagináveis. Tive que me esforçar para controlar o pânico que crescia dentro de mim.

Estava operando uma mulher com uma dor facial agonizante chamada neuralgia do trigêmeo (também conhecida como *tic douloureux*) — uma condição que seus médicos consideravam inoperável. Uma equipe de televisão estava filmando a cirurgia para aparecer num noticiário nacional. Havia muitos médicos e enfermeiras me observando do alto, como deuses, através das vidraças de uma grande cúpula construída no teto, acima da mesa de cirurgia. Muitas das vidraças estavam rachadas e quebradas, e a vista do lado de fora, através das grandes janelas do centro cirúrgico, mostrava neve caindo sobre uma terra desolada, cheia de máquinas quebradas e prédios em condições precárias. Frequentemente tenho uma plateia assistindo quando opero e não gosto quando as coisas começam a ir mal, mas isso era bem pior. Eu tinha que irradiar uma autoconfiança calma e cirúrgica, e não era isso que eu sentia.

Isso aconteceu na Ucrânia, em 1995. Estava a mais de três mil quilômetros de casa, operando sem uma licença oficial — provavelmente de maneira ilegal —, fazendo no cérebro de uma mulher uma cirurgia perigosa que nunca havia sido executada naquele país antes, usando equipamentos de segunda mão que eu mesmo trouxera de

Londres alguns dias antes. Meu colega era um obscuro residente cujo professor-supervisor de neurocirurgia havia declarado, em uma entrevista ao BBC World Service, sofrer de esquizofrenia. E eu tampouco estava sendo pago para fazer aquilo. Para dizer a verdade, tudo aquilo estava custando muito caro, e o dinheiro vinha do meu próprio bolso.

Resmunguei comigo mesmo, ainda meio infeliz, enquanto tentava fazer com que minhas mãos parassem de tremer:

— Por que diabos estou fazendo isso? Isso tudo é realmente necessário?

❀

A primeira vez que estivera em Kiev fora quatro anos antes, no inverno de 1992, quase que por acidente. Eu era neurocirurgião contratado havia cinco anos e já tinha uma carreira ampla e movimentada. Foi alguns meses antes do colapso da União Soviética. Um empresário inglês, que esperava conseguir vender equipamentos médicos na Ucrânia, ligou para o meu hospital para saber se havia algum neurocirurgião disposto a embarcar com ele numa viagem a Kiev. Havia um famoso hospital neurocirúrgico em Kiev, e ele queria levar alguns neurocirurgiões britânicos até lá para darem palestras sobre as modernas cirurgias no cérebro e o equipamento necessário para executá-las. O operador dos ramais ficou um pouco confuso com o pedido e encaminhou a chamada para Gail, minha secretária, que tem a merecida reputação de saber como resolver a maioria dos problemas. Eu estava no meu consultório, e a cabeça dela surgiu pelo vão da porta.

— Quer viajar para a Ucrânia na próxima quinta-feira?

— Claro que não. Estou ocupado demais, e tenho consultas nesse dia.

— Oh, aceite. Você sempre comenta sobre o interesse que tem pela Rússia, mas nunca viajou para lá.

Gail geralmente é a primeira pessoa a reclamar se eu cancelo uma consulta, porque é ela quem vai ter que lidar com as chamadas dos pacientes decepcionados — e por vezes irritados — para reorganizar os horários. Assim, tive que levar o conselho dela a sério.

E foi dessa forma que, junto com dois colegas, viajei para a recém-independente Ucrânia. Ela nunca tinha sido um país independente antes, e ninguém tinha muita certeza do que ia acontecer com o desmoronamento da União Soviética. O que todos sabiam era que o país estava imerso no caos e com a economia perto de entrar em colapso. As fábricas estavam todas fechadas e grande parte da população parecia estar desempregada, além disso, as condições hospitalares eram dignas de um pesadelo.

Havíamos chegado a Kiev no começo da manhã, após tomar um trem em Moscou na noite anterior. A ferrovia atravessa uma das longas pontes sobre o grande rio Dnieper, que corta a cidade de Kiev, e, conforme nos aproximávamos da margem ocidental íngreme do rio, avistamos as cúpulas douradas do monastério de Lavra, acima de nós, recebendo a luz do sol nascente — um contraste dramático com as estações ferroviárias escuras pelas quais passamos durante a noite e os prédios residenciais na periferia da cidade. Estava deitado na minha cama, sob um cobertor fino, acordando várias vezes durante a noite, escutando o som rítmico e antiquado de um trem correndo sobre trilhos aparafusados, viajando através da Rússia em direção ao sul, parando em estações com iluminação precária onde ouvia anúncios incompreensíveis ecoando sobre plataformas vazias e cobertas de neve.

Tudo aquilo parecia maravilhosamente estranho e, ainda assim, estranhamente familiar. Suponho que isso acontecia por causa da literatura russa na qual havia mergulhado no passado. Ficamos em Moscou apenas por algumas horas. Tempo suficiente para ficar na Praça Vermelha no escuro, sob a neve que caía, onde, apesar da queda do comunismo, uma imensa bandeira vermelha ainda tremulava, ainda que frouxamente, da Torre Spassky do Kremlin. Tempo suficiente para degustar uma refeição esplêndida em um hotel no qual entramos após atravessar três fileiras de guardas armados, e onde encontramos corredores compridos e malcuidados, com carpetes finos e desgastados e uma quantidade impressionante de garotas incrivelmente bonitas procurando por trabalho. Tempo suficiente para compreender que, com o colapso da moeda russa, o rublo, as poucas centenas de dólares que trazíamos em nossos bolsos nos transformavam virtualmente em milionários, se comparados aos russos empobrecidos que encontrávamos.

Chegando em Kiev, fomos levados para o Instituto de Pesquisa em Neurocirurgia, um prédio enorme e feio com os infindáveis corredores que são o flagelo de todos os grandes hospitais. Os corredores eram sombrios e mal-iluminados. Nas paredes era possível ver amostras sérias dos triunfos da neurocirurgia soviética, com fotografias granuladas em branco e preto de homens heroicos envergando os chapéus altos de cozinheiro que os cirurgiões soviéticos costumavam usar intercaladas com foices e martelos, estrelas vermelhas, *slogans* inspiradores e fotografias de cenas da Grande Guerra Patriótica, nome que os russos dão à Segunda Guerra Mundial. Mas tudo, desde o próprio prédio até as imagens nas paredes e o ar estagnado que cheirava a tabaco barato e a um desinfetante estranho de aroma enjoativo, transmitia uma sensação de cansaço e desbotamento. Fomos levados até o gabinete do acadêmico Romadanov, um homem idoso, imponente e bastante importante: o diretor do instituto. Era alto, com uma cabeça grande e uma grande cabeleira branca, e usava um casaco branco de colarinho alto abotoado ao redor do pescoço. Mesmo assim, ele parecia tão cansado e desbotado quanto os corredores, e, na realidade, viria a falecer dali a alguns meses. Depois das apresentações habituais — todas conduzidas por um intérprete —, sentamos ao redor da longa mesa de reuniões em seu gabinete.

— Por que vocês vieram aqui? — perguntou ele, irritado. — Para fazer turismo? Para se divertirem vendo todos os nossos problemas? Esta é uma época muito difícil para nós.

Tentamos responder diplomaticamente e falamos sobre amizade, colaboração profissional e cooperação internacional. Ele não pareceu ter se convencido, e, é claro, estava totalmente certo em sua avaliação.

Em seguida, fomos conhecer as instalações do famoso instituto, guiados por um dos assistentes do diretor.

— Este é o maior hospital neurocirúrgico do mundo — fomos informados. — Há oito departamentos, cinco pavimentos e quatrocentos leitos.

Estava impressionado! O meu hospital, uma das maiores unidades neurocirúrgicas na Grã-Bretanha, tinha somente cinquenta leitos. Subimos e descemos escadas, atravessamos corredores e visitamos cada um dos departamentos idênticos, um após o outro.

Começamos pelo térreo.

— Este é o departamento dos Tumores da Fossa Posterior — informou o assistente.

Conforme passávamos pelas portas, os membros da equipe vinham nos receber, trocar apertos de mão e ser fotografados conosco. Fui instruído sobre toda a ampla gama de operações que ocorria no departamento, embora qualquer pergunta mais detalhada que eu fizesse recebesse respostas relativamente vagas. Passamos exatamente pelo mesmo ritual nos sete outros departamentos. Quando perguntei se poderíamos ver os centros cirúrgicos, disseram que eles estavam sendo reformados e estavam fechados. Não vimos um único paciente.

Fizemos nossas palestras. As poucas perguntas após os discursos mostravam uma completa e irrestrita falta de entendimento sobre o que estávamos tentando explicar, depois disso voltamos ao nosso hotel. Constrangidos e fascinados, passamos timidamente por algumas mulheres e nos reunimos em um dos nossos quartos para beber uísque do frigobar, confusos e chocados pela discrepância surreal entre o que havíamos visto e aquilo que nos diziam enquanto visitávamos o hospital.

No dia seguinte fui levado para o Hospital de Emergências na zona leste da cidade. Havia pedido para ver como os profissionais lidavam com casos de trauma, e os meus guias — com certa relutância — concordaram em me levar. Chegamos no fim da tarde. A luz começava a esmaecer. O hospital tinha dez andares, aparentemente com oitocentos leitos. Fora inaugurado apenas dez anos antes, mas já parecia degradado. Chegamos até lá após atravessar uma terra de ninguém cheia de prédios quebrados e aquelas gigantescas e incompreensíveis tubulações que sempre parecem cercar prédios soviéticos, nas quais a neve branca e pura estava começando a cair de um céu plúmbeo. Em um dos lados havia um precário mercado a céu aberto, com casebres surrados de telhados de zinco exibindo pilhas tristonhas de cosméticos baratos e vodca. Carros decrépitos de marcas como *Lada*, *Moskvitch* e *Volga* estavam estacionados em completa desordem. Tudo era cinzento e descorado de uma maneira que só as cidades soviéticas conseguem ser. Cobrar o aluguel ilegal pago pelos comerciantes do mercado era, ouvi posteriormente, uma parte importante do trabalho do diretor do hospital e uma fonte de renda útil para os funcionários da administração de saúde da cidade.

O fornecimento de eletricidade havia sido cortado e uma grande parte do hospital estava mergulhada na mais completa escuridão. Todo o lugar cheirava a amônia — o estoque de desinfetante havia se esgotado e a amônia era a única substância disponível para limpeza. O prédio parecia estar quase desabitado. Fui levado até um dos centros cirúrgicos escuros — um lugar imenso e cavernoso, com uma grande janela que dava vista para o que parecia ser um campo bombardeado. Era possível ver flocos de neve por ali, capturados sob a luz mortiça da janela. Havia uma operação em curso. Um cirurgião estava "operando" um homem paralisado — resultado de um acidente ocorrido alguns anos antes, pelo que me disseram, que o deixara paralisado do pescoço para baixo. Havia ao lado dele uma pequena bandeja de instrumentos que pareciam ter vindo de algum ferro-velho. O paciente estava deitado de lado e parcialmente coberto com cortinas velhas com uma estampa floral desbotada. O cirurgião havia inserido várias agulhas grandes na coluna do paciente e injetava no canal medular, por essas agulhas, soro fisiológico resfriado. Isso, aparentemente, deveria estimular a medula espinhal a se recuperar. Os movimentos reflexos nas pernas paralisadas do homem que as injeções produziram foram recebidos com gritos de empolgação e vistos como evidências de que o tratamento estava funcionando.

Enquanto caminhava por um corredor particularmente escuro e desolador, um rapaz veio correndo até mim como um cãozinho bastante entusiasmado. Era o cirurgião que eu vira "operando" o homem paralisado.

— Este é o Departamento Neurocirúrgico — anunciou ele num inglês capenga. — Há três departamentos de neurocirurgia de emergência. Sou Igor Kurilets, diretor do Departamento de Emergências Raquimedulares.

Esperava que a longa e tediosa descrição continuasse. Estava me familiarizando rapidamente com a litania de departamentos, leitos e conquistas com a qual uma pessoa é saudada ao visitar um hospital ucraniano, e esperava que alguém me garantisse que as cirurgias de coluna de emergência da Ucrânia eram iguais ao resto do mundo, senão melhores.

— Tudo terrível aqui! — disse ele.

Gostei de Igor imediatamente. Além do acadêmico Romadanov, ele foi o único médico que encontrei na minha primeira visita que parecia capaz de admitir abertamente que a situação médica na Ucrânia — pelo menos na área da neurocirurgia — era medonha. A União Soviética sempre se distinguiu na produção de armas e foguetes, mas fracassou miseravelmente em criar um atendimento de saúde decente. Embora houvesse institutos de pesquisa com nomes impressionantes e milhares de professores universitários, a realidade era composta por médicos maltreinados e hospitais mal-equipados que frequentemente não eram muito melhores dos encontrados no Terceiro Mundo. A União Soviética, costumava-se dizer, é "o Alto Volta com foguetes". E o Alto Volta, nome que o país tinha na época, hoje Burkina Faso, era o mais pobre da África. A maioria dos médicos com quem conversei, movidos por um misto de vergonha, patriotismo, inveja e constrangimento, sentiam-se compelidos a negar isso e não recebiam muito bem pessoas como Igor, que se atreviam a denunciar que o rei estava nu. A cultura soviética nunca estimulou as críticas, e sempre se esforçou bastante para isolar seus cidadãos do resto do mundo. Apesar da queda da União Soviética, a recém-independente Ucrânia ainda tinha os mesmos líderes do passado, mas o país e seu povo foram expostos subitamente ao mundo exterior e ao enorme abismo que havia se desenvolvido entre a medicina ocidental e a da Europa Oriental.

Antes de deixar Kiev nessa primeira visita, participei de uma reunião no Ministério da Saúde. Um burocrata sem expressão, com o rosto rosado, um secretário qualquer de um departamento qualquer disso ou daquilo, andou ao redor da mesa comprida distribuindo seu cartão de visitas, onde todos os seus títulos sem importância estavam cuidadosamente enumerados. Os burocratas mais importantes, pelo que eu havia percebido, tinham tantos títulos e cargos oficiais que era preciso mais do que um cartão para listar todos. Esse homem era apenas um burocrata de um cartão só, e assim, claramente, não era tão importante.

Logo perdi o interesse no que estava sendo dito. Além disso, tudo tinha que ser traduzido lentamente, o que tornava a situação duplamente entediante. A sala, revestida com painéis baratos de compensado como a maioria dos escritórios do governo soviético, tinha janelas altas que davam vista para um parque bem atraente. A neve começava a cair outra vez. Um camburão da polícia de choque vomitava policiais fortemente armados em uniformes cinzentos com cães pastores ao lado. Tanto os cães quantos os homens pareciam estar saltando da traseira do veículo com grande entusiasmo. Quando estávamos a caminho do Ministério da Saúde, havíamos visto uma passeata do Partido Nacionalista Ucraniano do lado de fora do Parlamento, que ficava nas proximidades. Assim, talvez os policiais e seus cães estivessem ansiosos por uma boa briga. O empresário inglês que havia me trazido à Ucrânia estava sentado ao meu lado e se aproximou para sussurrar ao meu ouvido, dizendo que os policiais da tropa de choque eram os cafetões das garotas que havíamos visto no hotel.

Houve um diálogo inconsequente e sem sentido sobre aumentar a cooperação médica internacional. No final, comentei que ficaria feliz em cuidar dos detalhes para que um neurocirurgião ucraniano viesse a Londres para trabalhar comigo, mas acrescentei que essa pessoa poderia ser somente o doutor Kurilets, o diretor do obscuro e pouco importante Departamento de Emergências Raquimedulares. Algum tempo depois ele me disse que recebera esse cargo como uma forma de punição, já que a medicina soviética tinha pouco interesse em pessoas deficientes ou paralisadas. Eu sabia que era muito improvável que Igor, com seu posto tão baixo na hierarquia do sistema, conseguisse permissão para sair do país, mas era algo que valia a pena tentar. E eu não estava nem um pouco disposto a convidar um dos professores universitários idosos e dissimulados. O burocrata pareceu ficar perplexo, e eu retornei a Londres via Moscou naquela mesma tarde.

Um ano mais tarde, eu já havia quase me esquecido das enormes esperanças que trouxera comigo quando deixara Kiev quando, de maneira bastante inesperada, um cartão de Natal mandado por Igor chegou para mim, junto com uma carta do acadêmico Romadanov pedindo-me que recebesse Igor em Londres e mostrasse a ele como era a neurocirurgia moderna.

O que havia começado, da minha parte, como turismo casual ficou mais sério quando Igor começou a enfrentar a resistência do *establishment* médico ucraniano. Depois de passar três meses trabalhando comigo em Londres ele retornou e descobriu que seu patrono, o acadêmico Romadanov, havia morrido. Em vez de encontrar uma nova fonte de apadrinhamento e apoio (uma condição essencial na sociedade ucraniana e conhecida como "um teto sobre a sua cabeça"), Igor começou a declarar publicamente que a neurocirurgia ucraniana era primitiva e atrasada, e que era necessário fazer uma revolução. A situação piorou por estar em curso uma luta um tanto bizantina pela sucessão do posto do acadêmico Romadanov. O cargo vinha com mordomias importantes, tais como um apartamento espaçoso e um carro com chofer. O próprio chefe de Igor esperava conseguir o cargo, e a insubordinação de Igor não aumentava suas chances.

Os anos seguintes foram realmente muito difíceis para Igor conforme ele lutava para reorganizar e modernizar seu departamento de acordo com o modelo ocidental. Houve uma longa série de denúncias oficiais, investigações e telefonemas ameaçadores. Durante um tempo ele dormiu em um quarto diferente a cada noite. Não consigo nem imaginar como ele foi capaz de suportar tudo isso.

Percebi que o meu desejo relativamente ingênuo de ajudar Igor causara tantos problemas quanto resolvera, e mesmo assim não poderia simplesmente abandoná-lo. Assim, cada vez que seus "detratores" tentavam, como ele mesmo dizia, "derrubá-lo" — fechar seu departamento ou demitir os membros de sua equipe —, eu fazia o que podia para ajudá-lo, embora admita que ficava a uma distância longa e segura. E quando eu realmente ia até Kiev, sabia que sempre poderia escapulir de volta para casa, por mais desagradáveis que fossem alguns dos meus encontros com os burocratas mais graduados. Com a ajuda de Igor, escrevi artigos que foram publicados em jornais ucranianos e convoquei coletivas de imprensa. Levei equipamentos médicos de segunda mão para Kiev e trouxe os residentes de Igor a Londres para trabalharem comigo. Executei cirurgias cerebrais que nunca haviam sido feitas na Ucrânia. Em retrospecto, dadas as condições ruins de operação e a hostilidade implacável do *establishment* médico, o que fiz naqueles anos me parece hoje ser algo que chegava às raias da loucura. Certamente foi necessário desenvolver uma autoconfiança e independência que subsequentemente eu viria a perder.

Apesar do início favorável e do meu pânico estarrecedor, a cirurgia na mulher com neuralgia do trigêmeo foi um grande sucesso, e ela apareceu no noticiário televisivo nacional no dia seguinte para dizer que aquela era a primeira vez em muitos anos que não sentia dor nenhuma. Tomei um avião de volta à Polônia para buscar meu carro, que havia deixado com um amigo. Havia trazido comigo o microscópio que usara na cirurgia até a sua casa na parte ocidental da Polônia, e Igor viera da Ucrânia em um velho furgão para me buscar, juntamente com o equipamento.

A caminho do aeroporto, fizemos um desvio para irmos até o Mercado da Bessarábia, na área central de Kiev. O Mercado da Bessarábia de Kiev é o equivalente do Les Halles ou do Covent Garden — um enorme prédio do século XIX com um teto de vidro apoiado por suportes de ferro fundido. Sob o teto há um mercado, com mulheres ferozes, mas amigáveis, com lenços de cores vivas na cabeça, que ficam atrás de belas pirâmides de frutas, legumes e conservas. Há uma seção de flores — os ucranianos dão flores uns aos outros em qualquer ocasião social — e uma seção de carnes, com cabeças inteiras de porcos, montes de carne fresca e os quartos traseiros de leitões pendurados em ganchos como se fossem calças. Há uma certa autenticidade e crueza, uma beleza rústica naquele lugar que é típica da Ucrânia, mas que agora estava começando a desaparecer com a chegada dos supermercados. Igor disse que o Mercado da Bessarábia só continuava funcionando porque se tornara uma espécie de atração turística. Ele subitamente ficou bastante animado e apontou para um dos estandes que vendiam peixe.

— Muito raros! — disse ele, apontando para três longas enguias defumadas em um armário de vidro. Ele comprou uma das enguias e a deu de presente para mim. O cheiro era horrível.

— Muito incomum! — disse ele, orgulhosamente. — Estão no Livro Vermelho!

— O que é o Livro Vermelho? — perguntei.

— Livro dos animais que logo vão morrer. Não resta nenhum. Você tem sorte por ter um — disse ele, alegremente.

— Mas Igor, esta pode ser a última enguia ucraniana! — disse, olhando para a criatura longa e que outrora já fora bonita, que nadara cintilante em algum rio remoto da Ucrânia e agora estava defumada, morta e embalada em uma sacola plástica da Giorgio Armani. Peguei a sacola das mãos de Igor e guardei-a cuidadosamente na minha mala.

Ao retornar a Londres, alguns dias depois, joguei a enguia defumada no quintal da minha casa, pois não conseguia suportar a ideia de comê-la, e pensei que uma raposa itinerante, que com frequência via passar por ali silenciosa no início das manhãs, poderia gostar dela. A enguia havia desaparecido no dia seguinte, mas fiquei um pouco entristecido quando descobri, mais tarde, que ela estava embaixo de um arbusto. Havia sido rejeitada até mesmo pela raposa. Assim, cavei um buraco e a enterrei, a última enguia ucraniana, em um canteiro cheio de mato do outro lado do jardim.

6. *Angor animi*

(s.) A sensação de estar em meio ao ato de morrer,

diferente do medo da morte ou do desejo pela morte.

Assim como eu havia ido pela primeira vez à Ucrânia por curiosidade e não por causa de qualquer desejo em particular de ajudar os ucranianos — embora eu já esteja trabalhando lá há mais de vinte anos —, me tornei médico não por causa de uma vocação profunda, mas devido a uma crise na minha vida.

Até os vinte e um anos de idade eu havia seguido o caminho que parecia ter sido claramente preparado pela minha família e por minha educação. Era uma época na qual as pessoas com a minha criação podiam simplesmente presumir que havia um emprego à sua espera — e a única questão era decidir o que se queria fazer. Eu havia recebido uma educação particular e privilegiada em uma escola famosa, com muitos anos dedicados ao latim e ao grego, e depois ao inglês e à história. Passei dois anos cuidando dos meus próprios interesses após terminar a escola, e depois de passar vários meses editando documentos sobre impostos medievais na Agência de Registros Públicos (um emprego arranjado pelo meu pai por intermédio de seus muitos contatos), passei um ano como professor voluntário de literatura inglesa em um rincão remoto da África Ocidental. Em seguida, fui para Oxford estudar política, filosofia e economia.

Creio que eu estava destinado a ter alguma carreira acadêmica ou administrativa. Durante todos esses anos, não recebi praticamente nenhuma educação científica. Com exceção de um bisavô materno, que era médico em um vilarejo da região rural da Prússia nas primeiras décadas do século passado, não havia nada de médico nem científico na história da minha família. Meu pai era um importante acadêmico e advogado inglês especializado em direitos humanos, e minha mãe era uma refugiada da Alemanha nazista que provavelmente seria filóloga se não houvesse se recusado a juntar-se à divisão feminina da Juventude de Hitler — a Liga das Moças Alemãs. Por isso, sua admissão na universidade foi negada. Além daquele médico na Prússia, meus ancestrais dos dois lados da família eram professores, clérigos e comerciantes (ainda que meu tio fosse um piloto de caças Messerschmitt em um esquadrão de combate até ser derrubado em 1940).

Quando estava em Oxford, me apaixonei, um amor não correspondido. Movido pelo desespero e pela autopiedade, para o profundo desgosto do meu pai, abandonei a universidade e fugi para trabalhar como auxiliar de enfermagem em uma cidade de mineradores no norte da Inglaterra, tentando emular a viagem de Jack Nicholson para o Alasca ao final do filme *Cada um Vive como Quer*. Fiquei lá por seis meses, passando os dias tirando e colocando pacientes em mesas de cirurgia, limpando paredes e equipamentos e auxiliando os anestesistas.

Morava num pequeno quarto de um velho hospital comunitário com um teto de ferro corrugado nas margens lamacentas do poluído rio Wansbeck. Ficava a alguns quilômetros do litoral, onde as praias eram negras por causa do carvão marinho. Havia uma enorme usina de energia movida a carvão mineral que do meu quarto eu podia ver a distância, com suas chaminés altas despejando fumaça branca e vapor ao vento, perto do mar. À noite o vapor que se erguia era iluminado pelos holofotes ao redor das pilhas de carvão ao lado dos salões das turbinas, e eu conseguia ver buldôzeres sobre elas, rastejando sob as estrelas. Escrevia poesias egocêntricas de segunda categoria, nas quais descrevia aquela vista como sendo ao mesmo tempo o céu e o inferno. Cheio de melodramas juvenis, me via vivendo em um mundo que era vermelho como o sangue e branco como a neve — embora as cirurgias que eu visse não fossem particularmente sangrentas e o inverno fosse ameno, sem neve.

Sentia-me profundamente solitário. Em retrospecto, é óbvio que estava tentando externar minha própria infelicidade trabalhando em um hospital, um local de doenças e sofrimento, e talvez no processo estivesse me curando da angústia adolescente e daquele amor não correspondido. Era também um ritual de rebeldia contra o meu pobre e bem-intencionado pai, que até então havia sido o principal responsável por determinar o caminho que a minha vida seguiria. Depois de passar seis meses nessa rotina, apenas queria voltar para casa — para a minha família, mas também para uma carreira profissional de classe média, desde que eu mesmo pudesse escolher qual fosse. Após seis meses observando cirurgiões operando, decidi que era isso que iria fazer. Achava aquela violência controlada e altruísta profundamente atraente. Parecia envolver entusiasmo e estabilidade no emprego, uma combinação de habilidades manuais e mentais, assim como poder e *status* social. Mesmo assim, foi somente oito anos mais tarde, quando era um médico-residente, que vi minha primeira operação de aneurisma e descobri a minha vocação.

Por sorte, a minha faculdade em Oxford permitiu que eu voltasse para completar meus estudos após passar um ano fora, e posteriormente fui aprovado para estudar medicina na única faculdade médica de Londres que aceitava alunos sem quaisquer qualificações científicas. Após ter sido rejeitado por todas as outras escolas de medicina de Londres, já que não tinha as boas notas nos exames de ciências do Ensino Médio, telefonei para a Royal Free Medical School. Pediram que eu comparecesse ao campus no dia seguinte para uma entrevista.

Fui entrevistado por um escocês idoso que fumava cachimbo, o coordenador da Faculdade de Medicina, em um escritório pequeno e apertado. Ele iria se aposentar dali a algumas semanas e talvez tenha me admitido na faculdade de medicina como uma espécie de piada, ou comemoração, ou talvez porque estivesse com a cabeça em outro lugar. Perguntou se eu gostava de pescar com iscas artificiais. Respondi que não. Ele disse que era melhor encarar a medicina como uma espécie de ofício, nem arte e nem ciência — uma opinião da qual vim a partilhar anos depois. A entrevista levou cinco minutos, e ele me ofereceu uma vaga na Escola de Medicina, para iniciar dali a três semanas.

A seleção de alunos para as escolas de medicina se transformou num processo mais rigoroso desde então. Creio que a escola de medicina do gigantesco hospital londrino onde hoje trabalho utilize dinâmicas de grupo com atores contratados, junto com outros procedimentos, para selecionar os médicos do futuro. Os candidatos nervosos devem demonstrar seu talento para dar más notícias dizendo a um ator que o seu gato acabou de ser atropelado por um carro. Se o candidato não levar a situação a sério, pelo que dizem, o resultado é uma rejeição imediata. Acredito que não haja comprovação se esse processo é melhor do que aquele pelo qual passei. Aparentemente os atores ajudam a selecionar os melhores candidatos.

Entrei no que era chamado de primeiro período do curso de medicina, um curso intensivo de um ano em ciências básicas, que levou ao segundo período que era o curso universitário padrão de medicina, com duração de cinco anos. Aquele foi o último ano no qual a faculdade ofereceu o essa etapa do curso, e o departamento era uma espécie de terra de ninguém em termos científicos e acadêmicos, com as matérias sendo lecionadas por uma boa quantidade de cientistas excêntricos e com frequência amargurados — apesar de muitos deles estarem em início de carreira e progredirem rapidamente para outros lugares. Um deles se tornou um famoso articulista científico; outro acabou se tornando político e presidente do Partido Conservador. Os restantes eram professores mais velhos quase com idade para se aposentar, alguns dos quais nem se incomodavam de mostrar seu desprezo pela mistura, digamos, heterogênea de alunos matriculados no bacharelado — um corretor de ações, uma princesa saudita, um vendedor de caminhonetes Ford — com outros alunos mais jovens que tinham tido resultados ruins nas provas de qualificação do Ensino Médio (e um deles, soubemos depois, havia falsificado suas notas). Passávamos nossos dias dissecando e desmontando grandes coelhos brancos nas aulas de biologia, titulando soluções nas aulas de química e sem conseguir entender as aulas de física. Alguns dos docentes eram inspiradores, outros risíveis. A atmosfera era carregada de ansiedade, chegando às raias da histeria

— todos nós estávamos desesperados para nos tornarmos médicos, e a maioria se sentia fracassada por um motivo ou outro, embora, até onde consiga me lembrar, todos tenham passado no exame final.

Em seguida, passei dois anos de estudos pré-clínicos na escola de medicina — anatomia, fisiologia, bioquímica e farmacologia —, seguidos por três anos como aluno clínico no hospital. A anatomia envolvia dividir os alunos em grupos pequenos, e cada grupo recebia um cadáver embalsamado que lentamente desmantelávamos durante todo o ano. Não eram muito atraentes no início do processo, e, ao final do ano, haviam se transformado em algo repulsivo. Os corpos eram guardados na em uma sala — que era um espaço comprido e com o pé-direito alto no andar superior do prédio, com claraboias e meia dúzia de carrinhos de transporte em cada lado, com formas sinistras cobertas por lonas. O lugar tinha um forte cheiro de formol.

No primeiro dia do curso, empunhando nossos manuais de dissecação recém-comprados e alguns instrumentos em um pequeno estojo de tecido, nós nos enfileiramos, com um toque de nervosismo, nas escadas que levavam à sala de anatomia. As portas foram abertas com um floreio pelo assistente responsável pelo lugar, e entramos para que os nossos respectivos e intactos cadáveres nos fossem apresentados. Essa era uma parte tradicional da educação médica que remontava a centenas de anos, mas que hoje em dia já foi quase completamente abandonada. Um cirurgião tem que reaprender a verdadeira anatomia desde o início — a anatomia de um corpo vivo e cheio de sangue é bem diferente da carne cinzenta e oleosa dos cadáveres embalsamados para a dissecação. A anatomia que aprendemos com as dissecações talvez tivesse valor limitado, mas era um importante rito de iniciação que marcava nossa transição do mundo leigo para o mundo das doenças e da morte, talvez nos acostumando a ele. Também era um processo bastante sociável, já que era preciso sentar com outros alunos ao redor de um cadáver, manipulando e cortando tecido morto, aprendendo as centenas de nomes que tinham que ser aprendidos — das veias, artérias, ossos, partes dos órgáos e suas inter-relações. Lembro-me de sentir uma fascinação particular pela anatomia da máo. Havia no departamento de anatomia um saco plástico com mãos decepadas em vários estágios de dissecação, e eu gostava de usá-las como modelos para criar desenhos elaborados e coloridos, em uma imitação de Vesalius.

Em 1979 adentrei as alas do hospital onde havia treinado usando o longo jaleco branco de um residente, diferente do jaleco branco curto de um estudante de medicina. Estava me sentindo muito importante. Percebi, para minha confusão, que outros hospitais faziam com que seus alunos de medicina usassem jalecos longos e os residentes vestissem jalecos curtos. Como se fosse um distintivo, eu trazia orgulhosamente comigo um *pager* — conhecido coloquialmente como bipe — no bolso da lapela do jaleco, juntamente com um estetoscópio, um torniquete para coleta de sangue e um formulário de medicamentos nos bolsos laterais. Ao se formar na escola de medicina, era preciso passar um ano como interno — uma espécie de "faz-tudo" — trabalhando seis meses na ala de cirurgia e outros seis com medicina interna. Se quisesse uma carreira na medicina hospitalar, como cirurgião ou especialista — ao contrário de ser um clínico geral —, você tentava conseguir um emprego no hospital universitário onde havia sido treinado quando era aluno para se tornar conhecido aos olhos dos médicos veteranos, e a sua carreira dependia inteiramente do respaldo e da aprovação deles para ter sucesso.

Eu gostaria de ser cirurgião — pelo menos, achava que queria —, e, assim, consegui um emprego em uma "firma" cirúrgica, o nome que se usava no meu hospital universitário. A firma consistia em um supervisor, dois residentes (um veterano e um em início de carreira) e o interno. Eu trabalhava no regime "1 em 2", o que significava um turno normal cinco dias por semana, mas eu também estaria de plantão em noites intercaladas e também a cada dois fins de semana. Meu predecessor me entregou o bipe junto com alguns conselhos sobre como manter o meu chefe feliz e como ajudar os pacientes que estavam morrendo — assuntos que não haviam sido abordados durante as aulas e que não constavam nos livros.

Eu gostava da sensação de poder e importância que os longos turnos de trabalho me davam. Mas, na realidade, tinha poucas responsabilidades. Passava meus dias e noites registrando pacientes, preenchendo formulários e procurando chapas de raios-X perdidas. Geralmente dormia apenas o suficiente, e acabei me acostumando a ser incomodado durante a noite. Vez ou outra auxiliava no centro cirúrgico, o que se resumia a passar várias horas em pé, mantendo os abdomens dos pacientes abertos com retratores enquanto meus superiores reviravam suas entranhas. Pensando bem, depois de trinta anos, o senso de importância que eu tinha naquela época chegava a ser risível.

Por mais que gostasse de fazer parte do pequeno exército de residentes do hospital, conforme os meses como interno se passavam, eu tinha cada vez menos certeza do que pretendia fazer com a minha carreira médica. A realidade da área cirúrgica mostrou-se bastante diferente das impressões superficiais que tivera quando trabalhara como auxiliar de enfermagem. A cirurgia parecia envolver partes do corpo malcheirosas e desagradáveis, esfíncteres e fluidos corporais que eu achava quase tão repugnantes quanto alguns dos cirurgiões que lidavam com isso, embora houvesse alguns professores de cirurgia no hospital cuja influência foi indispensável para que eu realmente me tornasse um cirurgião. Era a gentileza que eles demonstravam no trato com os pacientes, tanto quanto suas habilidades técnicas, que eu achava inspiradora. Nunca assisti a nenhuma cirurgia neurológica quando era aluno de medicina ou interno. A sala da neurocirurgia era uma área proibida, e as pessoas falavam a respeito com estupefação, quase com medo.

Meus seis meses seguintes como interno transcorreram num hospital velho e dilapidado na região sul de Londres. O prédio havia abrigado uma casa de ofícios para pessoas pobres no século XIX, e dizia-se que ainda não havia escapado da má reputação anterior com as pessoas das redondezas. Era o tipo de hospital que tornava incompreensível a devoção do povo britânico ao NHS, o Sistema Nacional de Saúde do Reino Unido, com pacientes abrigados como gado nos quartos da velha casa de ofícios — cômodos amplos e feios, com centenas de leitos enfileirados de ambos os lados. O departamento de emergência ficava no térreo e a Unidade de Terapia Intensiva ficava no primeiro andar, logo acima, mas só havia um elevador em todo o prédio, a quatrocentos metros de distância, seguindo pelo corredor principal. Se um paciente tivesse que ser transferido com urgência do departamento de emergência para a UTI, cabia ao interno de plantão, com a ajuda de um auxiliar de enfermagem, empurrar a maca do paciente pelo corredor, indo de uma extremidade do prédio até a outra, pegar o elevador e depois empurrar o paciente e a maca novamente por toda aquela distância. Eu tentava fazer isso o mais rápido possível, afastando as pessoas da minha frente pelo corredor e operando o elevador velho e envelhecido, criando uma sensação de drama e urgência. Duvido que fosse clinicamente necessário, mas era assim que se fazia na TV, e era bem divertido. Mesmo com poucas horas de sono à noite, havia o refeitório e o bar dos médicos, que ficavam sob os cuidados de uma gentil senhora espanhola que conseguia me preparar uma refeição a qualquer hora da noite. Havia até mesmo um gramado diante do prédio principal onde podia jogar *croquet* com outros internos quando tínhamos tempo.

Aquele era um trabalho mais movimentado e com mais responsabilidades que o meu primeiro emprego como interno da cirurgia, e com muito menos supervisão. Aprendi muito sobre medicina prática rapidamente, mas as lições nem sempre eram agradáveis. Eu estava no degrau mais baixo da pequena hierarquia da empresa. Minha função era examinar todos os pacientes — a maioria dos quais era internada pelo departamento de emergência — e cuidar daqueles que já haviam sido transferidos para as enfermarias. Aprendi rapidamente que não devia ligar para os meus superiores por causa de um paciente sem havê-lo examinado pessoalmente antes. Havia feito isso logo no meu primeiro plantão noturno, pedindo conselhos ao meu superior antes de examinar o paciente que as enfermeiras haviam me chamado para atender, e em resposta recebi uma enxurrada de insultos e reprimendas. Assim, ansioso e inexperiente, examinava todos os pacientes, tentava decidir o que fazer e só me atrevia a ligar para os meus superiores se realmente tivesse muitas dúvidas.

Certa noite, pouco tempo depois de eu haver começado, recebi um telefonema no meio da madrugada para examinar na enfermaria um homem de meia-idade que estava com dificuldades para respirar, um problema bastante comum nas alas mais movimentadas. Saltei da cama e vesti o meu jaleco (eu dormia vestido, pois um médico raramente conseguia dormir mais do que uma ou duas horas sem que o chamassem para ir ao departamento de emergência ou às enfermarias). Andei pela longa ala Nightingale com seus vinte leitos de cada lado, frente a frente. Formas agitadas e roncadoras estavam deitadas em cada um. Havia duas enfermeiras sentadas a uma escrivaninha no meio do quarto, um pequeno facho de luz na escuridão, cuidando da papelada. Elas apontaram para o paciente que queriam que eu examinasse.

— Ele chegou ontem com suspeita de IM— disse uma delas. "IM" é a abreviação para infarto do miocárdio, ou ataque cardíaco.

O homem estava sentado na cama, ereto. Parecia estar aterrorizado. A pulsação estava acelerada, assim como a sua respiração. Encostei o estetoscópio em seu peito e escutei o coração e o som da respiração. Fiz um ECG — um eletrocardiograma, que mostra o ritmo do coração. Todas as condições pareciam estar normais para mim, assim eu o reconfortei e disse que não havia nada de errado com o seu coração.

— Há alguma coisa que não está certa, doutor — disse ele. — Tenho certeza disso.

— Tudo está bem, você está apenas ansioso — disse, um pouco impaciente, querendo voltar para a minha cama. Ele me olhava com uma expressão desesperada quando virei as costas para ir embora. Ainda consigo ouvir aquela respiração arrastada agora, o som me perseguindo como uma acusação, enquanto eu me afastava por entre os leitos com suas formas encolhidas e agitadas. Ainda consigo me lembrar de ouvir, quando cheguei à porta da enfermaria, que a respiração dele parou abruptamente e todo o salão ficou subitamente em silêncio. Voltei correndo até a cama, em pânico, e encontrei seu corpo caído sobre o colchão.

— Chamem o resto da equipe! — gritei para as enfermeiras enquanto começava a socar o peito do paciente. Depois de alguns minutos meus colegas entraram na enfermaria com os olhos ainda inchados pelo sono, e passamos meia hora sem conseguir fazer com que o coração dele voltasse a bater. Meu superior olhou para os traços do ECG que eu havia feito.

— Parece que havia indícios de taquicardia ventricular — disse ele com um tom de reprovação. — Não percebeu isso? Você devia ter me ligado.

Eu não disse nada em resposta.

Costumava-se chamar de *angor animi* — a angústia da alma — a sensação que algumas pessoas têm, quando estão sofrendo um ataque cardíaco, de que estão prestes a morrer. Mesmo agora, mais de trinta anos depois, consigo ver claramente a expressão de desespero com a qual o homem me olhou quando virei as costas.

✂

Havia uma intensidade ligeiramente cruel e estimulante no trabalho, e eu logo perdi o altruísmo simples que tinha quando era aluno de medicina. Naquela época era fácil simpatizar com os pacientes porque eu não era responsável pelo que acontecia com eles. Mas a responsabilidade vem com o medo do fracasso, e os pacientes se tornam uma fonte de ansiedade e estresse, assim como o orgulho ocasional quando há um sucesso. Eu lidava com a morte diariamente, com frequência na forma de tentativas de ressuscitação e de vez em quando com pacientes que sangravam até morrer devido a hemorragias internas. A realidade da ressuscitação cardiopulmonar é muito diferente do que aparece na TV. As tentativas são na maioria episódios violentos e desesperados, e o procedimento pode resultar na quebra das costelas de pacientes idosos que poderiam ser deixados para morrer em paz.

Assim, acabei me empedernindo da maneira que os médicos devem se empedernir, e passei a encarar pacientes como uma raça inteiramente diferente dos pomposos e invulneráveis jovens médicos como eu. Agora que estou chegando ao fim da minha carreira, esse distanciamento começou a se desfazer. Tenho menos medo do fracasso; consegui aceitar sua existência e sentir-me menos ameaçado por ele, e provavelmente aprendi com os erros que cometi no passado. Posso me atrever a ser um pouco menos distante. Além disso, com o avançar da idade, não consigo mais negar que sou feito da mesma carne e sangue que os meus pacientes, e que sou igualmente vulnerável. Deste modo, hoje sinto uma piedade ainda mais profunda por eles do que no passado — e sei que, cedo ou tarde, também ficarei preso como eles a um leito em um hospital abarrotado de gente, temendo pela minha vida.

Depois de terminar o meu ano como interno, retornei ao hospital universitário no norte de Londres para trabalhar como clínico geral na Unidade de Terapia Intensiva. Havia decidido, com uma convicção cada vez menor, tentar passar pelo treinamento para me tornar cirurgião, e trabalhar em uma UTI geralmente era visto com um primeiro passo bastante útil. O trabalho envolvia principalmente preencher formulários, conectar bolsas de soro, colher sangue e, ocasionalmente, executar processos invasivos mais empolgantes, como são chamados, tais como inserir drenos torácicos ou agulhas de soluções intravenosas nas grandes veias do pescoço. Todas as instruções práticas eram dadas pelos médicos mais experientes. Foi enquanto trabalhava na UTI que entrei no centro cirúrgico e vi a operação de aneurisma que desencadeou a minha epifania cirúrgica.

Agora que sabia exatamente o que queria fazer, minha vida ficou muito mais fácil. Alguns dias depois, fui procurar o neurocirurgião que eu havia observado enquanto ele clipava o aneurisma e falei que queria ser neurocirurgião. Ele disse que eu deveria me candidatar para uma vaga de residência em neurocirurgia em seu departamento, que seria anunciada em breve. Conversei também com um dos chefes de cirurgia dos quais fui aluno. Um homem excepcionalmente gentil — o tipo de professor de cirurgia que eu quase chegava a reverenciar —, ele acionou seus contatos para que eu fosse conhecer dois dos neurocirurgiões mais experientes do país, tanto para me apresentar a eles como neurocirurgião aspirante como também para planejar a minha carreira. A neurocirurgia era um mundo pequeno naquela época, com menos de cem neurocirurgiões formados em todo o Reino Unido. Um dos cirurgiões veteranos com quem fui conversar estava no Hospital Real de Londres, na região do East End. Um homem bastante afável. Encontrei-o em seu consultório, fumando um charuto. As paredes estavam cheias de fotografias de carros de corrida, pois, como fiquei sabendo, ele era o chefe da equipe médica da Fórmula 1. Contei a ele sobre o meu desejo profundo de ser neurocirurgião.

— O que a sua esposa acha disso? — foi a primeira pergunta que ele fez.

— Acho que ela pensa que é uma boa ideia — disse.

— Bem, minha primeira esposa não conseguiu aguentar essa vida, então nos separamos — respondeu ele. — O treinamento em neurocirurgia envolve uma vida dura, como você deve saber.

Algumas semanas depois fui até Southampton para conversar com outro neurocirurgião veterano. Ele foi igualmente amistoso. Já desenvolvendo uma calvície, com cabelos e bigode ruivos, ele se parecia mais com um fazendeiro jovial do que com a imagem que eu esperava ver em um neurocirurgião. Ele estava sentado diante de uma escrivaninha coberta de prontuários e anotações sobre pacientes que quase o ocultava completamente. Falei a ele sobre a minha ambição em ser neurocirurgião.

— O que a sua esposa acha disso? — perguntou ele. Garanti que tudo ficaria bem. Ele ficou em silêncio por algum tempo.

— Operar é a parte fácil, sabia? — disse ele. — Quando tiver a minha idade, você perceberá que todas as dificuldades estão relacionadas com a tomada de decisões.

7. Meningioma

(s.) Um tumor benigno que surge a partir da membrana fibrosa que reveste o cérebro e a medula espinhal; geralmente de crescimento lento, produz sintomas exercendo pressão sob o tecido nervoso subjacente.

Na manhã de segunda-feira levantei às sete horas, ouvindo o som da chuva forte. Era fevereiro e o céu, que aparecia escuro pelas janelas do meu quarto, estava com cor de chumbo. Havia uma longa lista de cirurgias à minha espera, mas eu duvidava que conseguiria chegar até o fim, pois o hospital estava novamente transbordando e estava difícil abrir novos leitos. O dia terminaria com o infortúnio de ter que me desculpar com pelo menos um paciente que passara o dia inteiro esperando, impedido de ingerir qualquer alimento, faminto e ansioso na expectativa de que houvesse um leito pós-operatório disponível, porque sua cirurgia teria que ser adiada.

Assim, maldizendo o tempo, com o vento e a chuva contra mim, e resmungando contra a disponibilidade de leitos do hospital, peguei a bicicleta e fui para o trabalho. Cheguei atrasado para a reunião matinal e sentei-me ao lado de um colega, um neurorradiologista cuja interpretação de exames de imagem do cérebro — uma habilidade muito difícil — é a melhor que já vi em ação, e de cujos conselhos eu dependo para não cometer erros. Pedi a Anthony, o residente que estava de plantão para as internações de emergência durante a noite, para apresentar os casos. Ele estava sentado diante do computador da sala, esperando pela minha chegada. Anthony ainda era bastante inexperiente e tinha a tendência de ser muito arrojado, uma característica que não é tão incomum num cirurgião, mas que a maioria dos neurocirurgiões acaba perdendo conforme fica mais experiente.

— Não houve nada de muito interessante na noite passada — respondeu ele.

Eu o encarei e, irritado, disse que os problemas simples do dia a dia frequentemente são os mais importantes.

Ele pareceu ficar magoado com o meu comentário, e por um momento me arrependi dos meus maus modos.

— Esta é uma mulher de noventa e seis anos que vivia sozinha e começou a levar tombos em casa — disse ele. — Ela tem estenose aórtica grave. Dá para ouvir o murmúrio cardíaco aos pés da cama. Tem hemiparesia do lado esquerdo, mas está completamente orientada.

Perguntei a um dos médicos menos experientes que estava sentado na primeira fileira qual seria o diagnóstico mais provável.

— A única condição que podemos tratar em alguém com essa idade é um subdural crônico — respondeu ele, confiante.

Perguntei-lhe sobre o significado da estenose aórtica.

— Significa que uma anestesia geral provavelmente a mataria.

Pedi a Anthony para nos mostrar a tomografia. Ele se virou para o teclado do computador. Digitou uma série de senhas, mas levou vários minutos até que o *website* que nos ligava aos hospitais locais, de onde era encaminhada a maioria dos nossos pacientes, aparecesse. Enquanto ele se ocupava com o computador, os outros residentes riam e faziam piadas sobre os sistemas de informática do hospital, ao mesmo tempo que tentavam ajudá-lo a localizar os exames daquela paciente.

— O software de transferência de exames é uma bosta... tente atualizar, Anthony. Não, vá para "visualizar", depois em "galeria"... parece não estar funcionando. Arraste para a esquerda. Não funciona. Tente voltar para a tela de login...

Após algum tempo a tomografia cerebral daquela senhora subitamente apareceu na parede à nossa frente. Mostrava uma grossa camada de líquido entre o crânio e a superfície do cérebro, distorcendo o hemisfério cerebral direito.

Era mais uma pessoa idosa com um subdural crônico — a emergência mais comum na área de neurocirurgia. O restante do cérebro não parecia tão ruim para alguém da sua idade, e muito menos atrófico do que acontecia com a maioria das pessoas com noventa e seis anos.

— Meu pai morreu com a mesma idade, e com Alzheimer — disse aos residentes. — Na tomografia, o cérebro dele parecia um queijo suíço. Não restava muita coisa.

— E então, Anthony? Qual é o problema? — prossegui.

— Um problema ético. Ela diz que prefere morrer do que ter que abandonar sua casa e ir para um asilo.

— Bem, isso é compreensível. Já trabalhou em uma ala psicogeriátrica ou num asilo?

— Não — respondeu ele.

Comecei a falar sobre a época em que trabalhara como auxiliar de enfermagem psicogeriátrica. Gerenciar uma ala com vinte e seis homens idosos e duplamente incontinentes não era fácil.

Conforme a população vai envelhecendo, haverá mais escândalos na mídia sobre abusos nos lares de pessoas idosas. Em 2050, um terço da população da Europa terá mais de sessenta anos. O meu primeiro chefe na área de cirurgia — um senhor bastante gentil — terminou seus dias em um asilo devido à demência. Sua filha me disse que ele vivia dizendo que queria morrer, mas estava em excelente forma física, e levou muito tempo até finalmente falecer. Ele costumava tomar um banho frio de imersão todas as manhãs quando era mais jovem.

— Bem, não podemos simplesmente deixar que ela morra — disse um dos residentes na fileira de trás, interrompendo o meu monólogo.

— Por que não? — disse. — Se é isso que ela quer.

— Mas ela pode estar deprimida. Talvez mude de ideia.

Discutimos a questão por algum tempo. Indiquei que aquele comentário se aplicava bem a pessoas mais jovens que ainda tinham muitos anos pela frente se não cometessem suicídio, mas não tinha certeza de que isso se aplicaria a uma senhora de noventa e seis anos com poucas chances de voltar para casa.

Perguntei a Anthony quais seriam as chances, em sua opinião, dela voltar a ter uma vida independente em sua própria casa se a operássemos.

— Não muito boas, considerando a idade — respondeu ele. — Suponho que ela conseguiria voltar a viver sozinha por algum tempo, mas ainda iria acabar em um asilo cedo ou tarde, se a estenose aórtica não acabar com ela antes disso.

— Então, o que devemos fazer? — perguntei à sala. A resposta foi um silêncio desconfortável. Aguardei por algum tempo.

— A única parente é uma sobrinha. Vai chegar ainda hoje — disse-nos Anthony.

— Bem, quaisquer decisões terão que esperar até mais tarde.

Meu colega da radiologia se aproximou e comentou discretamente:

— Eu sempre acho que esses casos são os mais interessantes de todos. Os mais jovens sempre querem operar — disse ele, indicando a fileira de residentes com um meneio de cabeça. — Todos querem casos grandes e empolgantes. E isso até se justifica na idade deles, mas as discussões sobre esses casos corriqueiros são fascinantes.

— Bem, eu era exatamente assim, algum tempo atrás — respondi.

— O que você acha que vai acontecer com ela?

— Não sei. Ela não é minha paciente. — Voltei a concentrar minha atenção nos médicos que estavam reunidos. — Ainda temos dez minutos. Vamos dar uma olhada nos casos que estão na minha lista para hoje?

Dei o nome da paciente para Anthony e ele exibiu uma ressonância magnética na parede, com mais sucesso do que no caso anterior. A ressonância mostrava um tumor gigantesco (um meningioma benigno) que comprimia o lado esquerdo do cérebro da paciente.

— Ela tem oitenta e cinco anos — comecei. — Quando iniciei na neurocirurgia, há trinta e dois anos, quando vocês todos ainda usavam fraldas, nós simplesmente não operávamos pacientes dessa idade. Qualquer pessoa com mais de setenta anos era simplesmente considerada velha demais. Agora parece não haver limite de idade.

Com isso, revelei a eles o histórico, a história de vida daquela paciente.

Eu havia examinado a senhora Seagrave várias semanas antes, no consultório. Era uma viúva bastante eloquente e articulada de um eminente médico, e veio acompanhada por três pessoas bastante profissionais e igualmente articuladas — duas filhas e um filho. Tive que ir até outra sala para trazer mais cadeiras. A paciente, uma mulher baixa e dominadora, com longos cabelos grisalhos, bem-cuidada e que aparentava ser mais jovem do que realmente era, marchou para o interior do consultório com uma postura autoritária. Sentou-se na cadeira ao lado da minha escrivaninha, e os três filhos se sentaram em uma fileira de frente para mim, um coro bastante cortês, mas determinado. Como acontece com a maior parte das pessoas com problemas que lhes afetam a parte frontal do cérebro, ela tinha muito pouca noção, se é que tinha alguma, das próprias dificuldades.

Após me apresentar pedi a ela, com a simpatia reservada de um médico que está ansioso por ajudar, mas também ansioso para evitar as exigências emocionais que os pacientes fazem a seus médicos, que me falasse sobre os problemas que a tinham levado a fazer uma ressonância do cérebro.

— Estou perfeitamente bem! — declarou ela, com a voz ácida. — Meu marido era professor de ginecologia em St. Anne's. Você o conheceu?

Eu disse que não. Ele ocupara o cargo antes que eu começasse a trabalhar lá.

— É revoltante que eles não me deixem dirigir — disse ela, indicando com um gesto os filhos sentados à sua frente. — Não consigo ficar sem meu carro. Isso é algo muito machista. Se eu fosse homem, eles me deixariam dirigir.

— Mas a senhora tem oitenta e cinco anos... — disse.

— Isso não tem nada a ver com o problema!

— E precisamos considerar também a questão do tumor no cérebro — acrescentei, apontando para o monitor na minha mesa. — Chegou a ver a sua ressonância?

— Não — disse ela. — Bem, isso é interessante.

Ela ficou por algum tempo observando cuidadosamente a imagem, que mostrava a enorme massa, do tamanho de uma laranja grande, comprimindo-lhe o cérebro. — Mas realmente preciso que me deixem dirigir. Não consigo cuidar da minha vida sem o carro.

— Se a senhora me der licença, gostaria de fazer algumas perguntas aos seus filhos — disse.

Perguntei sobre as dificuldades que a mãe deles apresentara em meses recentes. Creio que eles ficaram um pouco reticentes em concentrar a atenção nos problemas da mãe com ela presente no consultório — e ela os interrompia constantemente, rechaçando o que diziam e, acima de tudo, reclamando do fato de que os filhos não a deixavam dirigir. Pelo que os três diziam, percebi que a mãe havia ficado confusa e acometida por esquecimentos. No início, de maneira até bastante natural, eles atribuíram isso à idade, mas sua memória havia piorado de maneira progressiva, e ela foi examinada por um geriatra, que pediu o exame. Tumores cerebrais como o dela são raros, mas são reconhecidos como uma causa de demência e podem estar surpreendentemente grandes quando começam a causar problemas. Ainda assim, além do tumor, havia a possibilidade de que ela estivesse sofrendo da doença de Alzheimer, e uma cirurgia para remover a anomalia, fiz questão de dizer para eles, não era garantia de que sua mãe viria a melhorar. E também havia um risco muito grande de que ela acabasse piorando. A única maneira de ter certeza de que o tumor era o responsável pelos problemas da mãe seria removendo-o. Seria uma questão de ver o quanto o tumor estava aderido à superfície do cérebro, e até a operação ser executada era impossível saber se seria fácil ou difícil separar o tumor do tecido encefálico com o qual ele estava em contato. Se estivesse muito aderido, o cérebro seria atingido e ela poderia ficar com o lado direito do corpo paralisado e incapaz de se comunicar, já que cada metade controla o lado oposto do corpo e a função da fala se localiza no lado esquerdo do órgão.

— Você não pode remover apenas uma parte do tumor? — perguntou uma das filhas. — E deixar a parte que está presa ao cérebro?

Expliquei que isso raramente funcionava, pois esses tumores frequentemente são massas sólidas e, se uma camada rígida do tumor for deixada para trás, o cérebro continua sendo comprimido e o paciente não melhora. E o tumor pode voltar a crescer.

— Bem, com que frequência o tumor fica preso dessa maneira ao cérebro? — perguntou a outra filha.

— Não há um número exato, deve ser algo em torno de vinte por cento das vezes.

— Então há uma chance em cinco de que ela piore?

Na verdade, a probabilidade talvez fosse um pouco maior do que isso, pois toda vez que se abre a cabeça de um paciente há entre um e dois por cento de chance de uma hemorragia catastrófica ou infecção, e o risco se torna maior em alguém com a idade dela. A única certeza era que ela iria piorar lentamente se não fizéssemos nada — mas, acrescentei com certa hesitação, esperando que a senhora Seagrave não percebesse, que por estar em uma idade avançada, talvez, o melhor a fazer fosse não operar e aceitar o fato de que o corpo dela iria se deteriorar lentamente antes de morrer.

Uma das filhas perguntou se havia algum tratamento além da cirurgia que poderia ajudar. Como a senhora Seagrave continuava a interromper, reclamando da monstruosa injustiça de não ter permissão para dirigir, expliquei que a radioterapia e a quimioterapia não tinham resultado com tumores desse tipo. Ficou relativamente claro que a mãe não era capaz de acompanhar aquela conversa.

— O que você faria se fosse a sua mãe? — perguntou o filho.

Hesitei antes de responder, porque não tinha certeza da resposta. Claro, essa é a pergunta que todos os pacientes devem fazer a seus médicos, mas é também aquela que a maioria reluta em perguntar, já que sugere que os médicos poderiam fazer uma escolha diferente para si comparada à que recomendam a seus pacientes.

Respondi lentamente que tentaria persuadi-la a fazer a operação se nós — e nesse ponto fiz um gesto indicando os quatro membros da família — sentíssemos que ela estava perdendo sua independência e evoluindo para necessitar de cuidados institucionais. Mas mencionei que isso era muito difícil — que tudo dependia da incerteza e da sorte. Estava sentado de costas para a janela com os três filhos diante de mim enquanto falava, e perguntei-me se eles conseguiam ver ao longe, atrás de mim, o grande cemitério municipal, do outro lado do estacionamento do hospital.

Concluí a reunião dizendo-lhes que não era necessário tomar uma decisão imediata. Passei-lhes o telefone da minha secretária e sugeri que entrassem em contato, informando o que iriam fazer depois que houvessem decidido. Eles saíram da sala em fila, eu tirei as três cadeiras do consultório e fui buscar o próximo paciente na sala de espera. Soube alguns dias mais tarde pela minha secretária Gail que a família havia decidido — não sei quanta persuasão foi necessária para aquela paciente — que eu devia fazer a operação.

Ela foi internada no hospital para a cirurgia três semanas após a consulta. Na noite anterior à operação, entretanto, o anestesista — que era bem jovem e com pouca experiência — pediu um exame chamado ecocardiograma. De acordo com o anestesista, poderia haver problemas com o coração da paciente devido à idade, embora ela não apresentasse sintomas de doenças cardíacas. Esse exame era quase que certamente desnecessário, mas, sendo um cirurgião com um conhecimento mínimo de anestesia, não estava em posição de discutir. Mandei que os meus residentes implorassem à cardiologia para fazer aquele exame na manhã seguinte, bem cedo. Assim, em vez de operar, passei uma manhã bastante irritado, deitado no sofá da sala dos cirurgiões, observando o céu cinzento pelas janelas altas e esperando que o exame ficasse pronto. Um ou outro pombo ocasional passava voando, e às vezes conseguia ver aviões de passageiros ao longe, abrindo caminho por entre as nuvens baixas rumo a Heathrow.

O exame, apesar dos pedidos dos meus residentes, só ficou pronto às quatro da tarde. Como a operação poderia durar várias horas e depois do meu horário de trabalho posso fazer apenas operações de emergência, tive que explicar à paciente angustiada e chorosa, quando finalmente chegou às portas do centro cirúrgico em uma cadeira de rodas, acompanhada pela filha irritada, que teria que cancelar a operação. Prometi que ela seria colocada em primeiro lugar na minha próxima lista, e assim ela foi levada de volta à enfermaria e eu pedalei de volta para casa de mau humor. Acrescentá-la à minha próxima lista de cirurgias significaria ter que cancelar algumas das outras operações já planejadas para o dia.

Depois de ter discutido o caso com os residentes na reunião da manhã de segunda-feira, fui até o balcão da recepção do centro cirúrgico. O anestesista — um outro profissional que não aquele que havia pedido o ecocardiograma — estava lá com Mike, um dos residentes da minha equipe, que me encarou com uma expressão sombria.

— Nas culturas da senhora Seagrave que fizemos quando ela foi internada na semana passada cresceu SARM (Staphylococcus aureus resistentes à meticilina), e a cirurgia foi cancelada — disse Mike. — A sala de cirurgia vai ter que passar por uma limpeza de uma hora depois da operação dela. Não conseguiremos completar a lista se ela for a primeira, então reorganizei a sequência e ela ficou por último.

— Bem, acho que vou ter que quebrar a minha promessa de que ela seria a primeira a ser operada — respondi. — Mas não faz muito sentido, não é? Eles a testam para verificar se há SARM no dia anterior à cirurgia e o resultado só chega dias depois. Se houvéssemos operado conforme o planejado na semana passada, não precisaríamos dessa limpeza de uma hora, não é?

— A filha da senhora Seagrave estava ameaçando nos processar ontem à noite — disse ele. — Disse que somos completamente desorganizados.

— Receio que ela esteja certa, mas abrir um processo contra nós não vai ajudar em nada, não é?

— Não — respondeu ele. — Só serve para nos irritar. E a situação é mesmo bem irritante.

— Por quê?

— A anestesista veio aqui e disse que teríamos que cancelar a cirurgia dela.

— Ah, pelo amor de Deus. Por quê? — explodi.

— Porque ela foi colocada no final da lista. E por isso não conseguiremos terminar antes das cinco da tarde.

— Quem foi a anestesista que disse isso?

— Não sei. Uma loira magra. Acho que ela é a nova substituta.

Percorri os poucos metros até a sala de anestesia e coloquei a cabeça pelo vão da porta. A anestesista Rachel e seu residente estavam apoiados na lateral da bancada que se estendia pela parede da sala, tomando café em copos de isopor, esperando pela chegada do primeiro paciente.

— Por que o último caso da lista foi cancelado? — perguntei. A anestesista realmente era nova — uma médica recentemente indicada para substituir a minha anestesista habitual, que estava em licença-maternidade. Havíamos cuidado de algumas listas juntos e ela parecia ser uma pessoa competente e agradável.

— Não vou começar um meningioma daquele tamanho às quatro da tarde — declarou ela, virando-se para mim. — Não há uma creche onde eu possa deixar meu filho à noite.

— Mas não podemos cancelar — protestei. — A cirurgia dela já foi cancelada uma vez!

— Bem, eu não vou voltar atrás.

— Você terá que pedir a algum dos seus colegas, então.

— Acho que eles não vão aceitar. Não é uma emergência — respondeu ela, com um tom de voz lento e definitivo.

Por alguns momentos fiquei embasbacado. Pensem em como, poucos anos antes, um problema como esse nunca chegaria a acontecer. Sempre tento terminar a lista num horário razoável, mas, no passado, todos aceitavam o fato de que ocasionalmente a lista de cirurgias se estenderia até tarde. No NHS pré-moderno, os médicos contratados nunca contabilizavam suas horas de trabalho — simplesmente seguiam trabalhando até que suas tarefas estivessem concluídas. Senti um impulso quase incontrolável de assumir o papel de um cirurgião furioso e contrariado, e quis vociferar da mesma forma que faria no passado: "Foda-se a creche! Você nunca mais vai trabalhar comigo!".

Mas aquela seria uma ameaça vazia, pois não tinha o poder de escolher quem anestesia os meus pacientes. Além disso, os cirurgiões não podem mais agir dessa maneira e sair impunes. Invejo a maneira pela qual a geração que me educou podia aliviar o intenso estresse do seu trabalho perdendo a paciência, às vezes de maneira bastante escandalosa, sem medo de serem repreendidos por assédio moral e *bullying*. Dei meia-volta e caminhei pelo corredor, tentando encontrar uma maneira de resolver o problema. A solução apareceu imediatamente na forma de Julia, a gestora de leitos, que vinha pelo corredor do centro cirúrgico à minha procura.

— Internamos na enfermaria os dois pacientes para as cirurgias de coluna de rotina da sua lista de hoje, mas não temos leitos para eles no pós-operatório, pois houve muitas internações de emergência ontem à noite. O que deseja fazer? — perguntou ela, parecendo aflita. Estava segurando o diário com a longa lista de pacientes que precisavam ser internados, receber alta ou ser transferidos e os números de telefone de gestores de leitos de outros hospitais, que provavelmente estariam igualmente estressados e relutantes em aceitá-los, porque também teriam poucos leitos disponíveis.

— Se não temos leitos para colocá-los depois, então não posso operá-los — disse, comemorando por dentro, pois isso significava que a cirurgia da senhora Seagrave começaria cedo o suficiente e poderia ser concluída antes das cinco da tarde. — Você vai ter que mandá-los para casa. Pelo menos essas cirurgias não são urgentes.

Assim, a lista de pacientes estava agora suficientemente truncada. Dois pacientes, que estavam em jejum desde a meia-noite em preparação para suas cirurgias apavorantes, receberiam uma xícara de chá como consolo e seriam mandados de volta para casa.

Caminhei relutantemente pela ala até chegar à sala onde os pacientes que seriam operados naquele dia estavam esperando. Como o hospital tem uma carência crônica de leitos, cada vez mais pacientes são trazidos para cirurgias na manhã da sua operação. Essa prática é o padrão em hospitais privados e funciona muito bem, pois haverá um quarto e um leito onde cada paciente pode ser colocado. Em um hospital sobrecarregado como o meu, entretanto, esse não é o caso. Assim, quando entrei naquela sala de espera, encontrei quinze pacientes, todos aguardando para fazer uma cirurgia importante, todos apinhados em uma sala do tamanho de uma cozinha pequena, ainda vestidos com seus casacos úmidos pelas chuvas de fevereiro, o que dava a sensação de que aquela sala apertada fervia.

Mike estava ajoelhado diante do paciente que seria o primeiro da lista, já que a operação da senhora Seagrave teria que ser feita no período da tarde. Estava explicando a ele o termo de consentimento. Tinha uma voz relativamente alta, então, todos os outros pacientes provavelmente ouviram o que ele dizia.

— Devo alertá-lo de que há alguns riscos nessa cirurgia, e esses riscos incluem a possibilidade de morte, um AVC grave, uma hemorragia grave ou infecções sérias. Basta assinar aqui, por favor.

Ele entregou o termo de consentimento — um documento que se tornou tão complicado nos últimos tempos que chegava até mesmo a incluir um sumário — ao paciente juntamente com uma caneta, e o homem rapidamente rabiscou sua assinatura, sem olhar para ele.

Desculpei-me com as duas mulheres cujas cirurgias de coluna tinham sido canceladas. Expliquei que houvera várias internações de emergência durante a noite, e elas educadamente assentiram, compreendendo a situação, embora tenha notado que uma delas estava chorando.

— Vamos tentar trazê-las de volta assim que for possível — disse. — Mas, no momento, receio que não saiba dizer quando isso vai acontecer.

Não gosto de dizer aos pacientes que suas cirurgias foram canceladas no último minuto, da mesma forma que não gosto de dizer a pessoas que elas têm câncer e vão morrer. Fico ressentido por ter que pedir desculpas por algo sobre o qual não tenho responsabilidade, e mesmo assim os pobres pacientes não podem simplesmente ser mandados embora do hospital sem que alguém lhes diga alguma coisa.

Conversei rapidamente com o homem com dor facial, de cujo caso cuidaria primeiro, e em seguida com a senhora Seagrave, que estava esperando no canto com a filha ao seu lado.

— Lamento muito pelo que aconteceu na semana passada — disse. — E lamento por não podermos cuidar da sua operação primeiro, mas prometo que será feita esta tarde. — As duas me olharam com uma expressão um pouco desconfiada.

— Bem, esperamos que assim seja — disse a filha com uma expressão amarga. Virei-me para olhar para todos os pacientes que estavam apinhados naquela saleta.

— Lamento por tudo isso — disse a elas, fazendo um gesto que indicava toda a sala. — Mas não temos leitos disponíveis no momento.

Ao dizer isso, reprimindo a vontade de fazer um discurso inflamado sobre o governo e a administração do hospital, apanhei-me pensando mais uma vez em como os pacientes neste país raramente se queixam. Mike e eu saímos dali e fomos para o centro cirúrgico.

— Acha que me desculpei o bastante? — perguntei a ele.

— Sim — respondeu ele.

O primeiro caso era uma descompressão microvascular, conhecida pela abreviação DMV. Era a mesma cirurgia que havia feito diante das câmeras em Kiev. O homem sofria de neuralgia do trigêmeo há muitos anos, e os medicamentos analgésicos tradicionais foram ficando cada vez menos eficientes. A neuralgia do trigêmeo é uma condição rara — as vítimas sofrem espasmos excruciantes de dor em um dos lados do rosto. Dizem que é como receber um forte choque elétrico ou sentir uma faca de metal em brasa ser pressionada contra o rosto. No passado, antes que os tratamentos efetivos fossem disponibilizados, reconhecia-se que algumas pessoas que sofriam desse mal acabariam cometendo suicídio por causa da dor. Quando introduzi essa operação na Ucrânia na década de 1990, vários dos pacientes que tratei, por não terem condições de custear os medicamentos, diziam que haviam chegado perto de se matarem.

A operação envolve expor um lado do cérebro através de uma abertura minúscula no crânio atrás da orelha e afastar gentilmente uma pequena artéria que geralmente comprime o nervo sensitivo da face — o trigêmeo. A pressão da artéria sobre o nervo é responsável pela dor, embora o mecanismo exato não seja compreendido. É uma cirurgia microscópica bastante delicada, mas, desde que você saiba o que está fazendo, o procedimento é tecnicamente descomplicado. Apesar de Mike ter razão em assustar o paciente com o termo de consentimento — e eu houvesse mencionado os mesmos riscos a ele quando o examinei no meu consultório, algumas semanas antes —, tive apenas uns poucos problemas nas várias centenas de cirurgias do tipo que realizei, e não esperava ter nenhuma dificuldade nesse caso.

Quando entrei na cabeça dele e comecei a usar o microscópio cirúrgico, encontrei uma veia anormalmente grande que bloqueava o acesso ao nervo trigêmeo. Quando comecei a me aproximar do nervo, numa parte profunda do crânio conhecida como ângulo ponto-cerebelar, a veia se rompeu, e o resultado foi uma hemorragia torrencial de sangue venoso escuro e arroxeado. Estava operando em uma profundidade de seis ou sete centímetros, através de uma abertura de dois centímetros de diâmetro, em um espaço com apenas uns poucos milímetros de amplitude, ao lado de vários nervos e artérias vitais. O sangramento oculta toda a visão, e é preciso operar às cegas, como um piloto perdido dentro de uma nuvem, até conseguir controlar o ponto de sangramento.

— Aspirador! — gritei para a enfermeira enquanto tentava absorver o sangue com um aspirador microscópico e identificar de onde vinha aquele sangramento.

Não era exatamente uma emergência que colocava a vida do paciente em risco, mas foi muito difícil estancar o sangramento. É preciso encontrar o ponto da hemorragia e cobri-la com pequenos pedaços de gaze hemostática, que são pressionados com as pontas de instrumentos microscópicos. Esses instrumentos, por sua vez, têm as empunhaduras em ângulo, de modo que as suas mãos não bloqueiem a visão, à espera de a veia trombosar.

— Não adianta perder a calma por causa de uma hemorragia venosa — disse a Mike enquanto observava, com um pouco de ansiedade, a poça de sangue que se agitava pelo microscópio. — Isso sempre acaba estancando quando aplicamos hemostáticos absorvíveis. — Mas, ao dizer isso, comecei a me perguntar se essa seria a minha segunda fatalidade com esse tipo de operação. Há mais de vinte anos, operei um paciente idoso com neuralgia do trigêmeo recorrente, e ele morreu por causa de um AVC decorrente da operação várias semanas depois.

Depois de vinte minutos, apesar dos meus esforços, o enorme recipiente do aspirador na extremidade da mesa estava cheio até o gargalo com sangue vermelho-escuro, e Jenny, a enfermeira assistente, teve que trocá-lo por um vazio. O paciente havia perdido um quarto de todo o sangue que circulava em seu corpo. Após algum tempo, com meus instrumentos pressionados sobre a veia cheia de hemostático, o rasgo acabou se fechando e o sangramento parou. Enquanto estava ali, com as mãos imóveis pressionando os instrumentos microscópicos contra a veia rota, eu certamente estava preocupado com o sangramento, mas estava igualmente preocupado com a possibilidade de que não haveria tempo suficiente para fazer a cirurgia da senhora Seagrave. A ideia de cancelar sua operação pela segunda vez e enfrentar a paciente e a filha novamente não era agradável. Percebendo que estava começando a sentir os efeitos da pressão com o tempo, senti-me forçado a demorar ainda mais do que talvez fosse necessário para me certificar de que o sangramento havia parado. Se a hemorragia começasse novamente depois que eu fechasse a cabeça do paciente, o resultado seria quase que certamente fatal. Às duas da tarde eu estava satisfeito com a hemostasia, o nome que os cirurgiões usam para identificar o controle da hemorragia.

— Vamos chamar o próximo caso — disse para a anestesista. — Você tem uma residente experiente, então, ela já pode começar o caso seguinte na sala de anestesia enquanto terminamos aqui.

— Receio que não podemos — respondeu ela. — Temos somente um assistente de anestesista.

— Mas que inferno... mande buscar logo o paciente.

— O supervisor dos assistentes de anestesistas estabeleceu a nova regra de que não podemos iniciar o próximo caso até que o anterior esteja fora da mesa. Não é seguro.

Bufei e disse que nunca tivemos nenhum problema com casos simultâneos no passado.

— Bem, não há nada que você possa fazer a respeito. E, de qualquer maneira, você devia fazer listas de cirurgia mais realistas.

Eu podia ter explicado que não havia como prever aquela hemorragia anormal. Podia ter explicado que, se planejasse somente listas de cirurgia com brechas para situações inesperadas, dificilmente conseguiria completar meus trabalhos. Mas não disse nada. Agora já não era provável que conseguíssemos iniciar a operação da senhora Seagrave em menos de uma hora depois de terminar com o primeiro caso. Teria que operar às pressas se quisesse acabar às cinco da tarde, algo que odeio fazer. Se a operação realmente passasse das cinco da tarde, a equipe do centro cirúrgico teria que permanecer no local, é claro, mas se eu passasse do horário com muita frequência isso significaria que, no futuro, ficaria cada vez mais difícil iniciar casos perto do fim do expediente. A ideia de cancelar a cirurgia mais uma vez, entretanto, era ainda pior.

Terminamos o primeiro caso, e a anestesista começou a despertar o homem.

— Acho que podemos chamar o próximo agora — disse ela a um dos enfermeiros, que saiu da sala para passar o recado. Sabia que haveria um intervalo de tempo antes que a senhora Seagrave estivesse na mesa, então, fui até o meu consultório para cuidar de alguns papéis. Voltei ao centro cirúrgico depois de vinte minutos e olhei para a sala de anestesia, esperando ver os anestesistas ocupados com a senhora Seagrave. Para a minha consternação, vi que a sala estava vazia, com exceção de um assistente que eu não reconhecia.

Perguntei a ele o que havia acontecido com a paciente, mas ele simplesmente deu de ombros e não disse nada em resposta. Assim, fui até a sala de espera para ver o que havia acontecido à senhora Seagrave.

— Onde está a senhora Seagrave? — perguntei à enfermeira.

— Foi se trocar.

— Mas por que ela já não estava trocada?

— Não podíamos permitir isso.

— Como assim? — perguntei, exasperado. — Quem proibiu?

— Foi o governo — respondeu a enfermeira.

— O governo?

— Bem, o governo diz que não podemos colocar pacientes de sexos diferentes na mesma sala de espera vestidos com as camisolas cirúrgicas.

— Por que não lhes damos roupões?

— Nós sugerimos isso há um bom tempo. A gerência diz que o governo não permitiria.

— O que devo fazer então? Reclamar com o primeiro-ministro?

A enfermeira sorriu.

— Aqui está ela — disse a enfermeira quando a senhora Seagrave surgiu, acomodada em uma cadeira de rodas e sendo empurrada pelo corredor pela filha. Estava vestida com uma daquelas camisolas cirúrgicas abertas que mal chegam a cobrir as nádegas do paciente. Talvez o governo tivesse razão, afinal de contas.

— Ela teve que se trocar no banheiro — disse a filha, revirando os olhos.

— Eu sei. Não há instalações separadas para pacientes que chegam na manhã da operação — disse. — Bem, de qualquer forma, o tempo está passando. Eu mesmo vou levá-la ao centro cirúrgico.

Assim, segurei a cadeira de rodas e a empurrei rapidamente pelo corredor.

A enfermeira responsável por aquela ala veio correndo atrás de mim pelo corredor, empunhando as anotações da senhora Seagrave.

Naquele momento já eram três horas da tarde e a anestesista estava com uma expressão de desagrado.

— Eu mesmo vou cuidar de tudo — garanti a ela apressadamente. — Pele a pele.

Mike ficou decepcionado porque eu iria deixá-lo como auxiliar. Eu havia dito que ele iria fazer aquela cirurgia e eu o auxiliaria. Agora ele teria que ocupar o posto de assistente.

— Parece ser descomplicado. Vai ser fácil — acrescentei. Era uma mentira, e eu não esperava que Rachel acreditasse. Poucos anestesistas acreditam no que os cirurgiões lhes dizem.

E assim, às três e meia, nós começamos.

✄

Mike fixou a cabeça da paciente à mesa de cirurgia e raspou os cabelos do lado esquerdo.

— Essas são cirurgias em que ninguém sabe realmente o que vai acontecer — murmurei para Mike, tentando manter a voz baixa para que Rachel não ouvisse. — Ela pode começar a sangrar como um porco no matadouro. O tumor pode estar extremamente aderido, e por isso a cirurgia pode levar horas. E no final restará um cérebro em estado lastimável e a paciente estará com sequelas, ou o tumor pode simplesmente saltar da cabeça e sair correndo pela sala de cirurgia.

Com bisturis, brocas e presilhas, nós trabalhamos juntos, avançando pelo couro cabeludo e o crânio da viúva do eminente ginecologista falecido. Depois de cerca de quarenta minutos, estávamos operando as meninges com uma tesoura pequena para expor o cérebro e o tumor meníngeo que o comprimia.

— Parece bem promissor — disse Mike, escondendo bravamente a sua decepção por não estar no comando da cirurgia.

— Sim — concordei. — Não está sangrando muito, e parece que vamos conseguir aspirá-lo sem problemas. — Peguei o meu aspirador de metal e o enfiei no tumor. O aparelho fez um ruído desagradável de sucção conforme o tumor foi desaparecendo, descolando gentilmente do cérebro.

— Que beleza! — disse Mike.

Depois de alguns minutos exclamei alegremente para Rachel:

— Quarenta minutos para abrir a cabeça. Dez minutos para remover o tumor. Saiu tudo e o cérebro parece estar perfeito!

— Maravilha — disse ela, embora eu duvidasse que ela houvesse me perdoado.

Deixei que Mike fechasse a cabeça da senhora e sentei-me a um canto da sala de cirurgia para redigir a ficha operatória. Levamos mais quarenta minutos para terminar a cirurgia, e por volta das cinco da tarde a paciente já estava sendo levada rumo à UTI.

Mike e eu saímos do centro cirúrgico e fomos até as enfermarias para examinar nossos pacientes. Com exceção dos dois casos cirúrgicos que havíamos concluído, havia apenas um punhado de pacientes, recuperando-se sem complicações de cirurgias na coluna feitas dois dias antes. Assim, a visita à enfermaria durou apenas alguns minutos, e nós seguimos até a UTI. Examinar pacientes ao final da lista de operações, ter certeza de que eles estão, de acordo com o jargão da área, "despertos e completamente orientados com uma ECG de 15", é uma parte importante do dia do neurocirurgião.

A senhora Seagrave estava sentada em sua cama, com as costas semieretas, suportes para bolsa de soro, seringas, monitores e com telas que piscavam ao seu lado. Com tanta tecnologia é difícil acreditar que algo possa dar errado, mas o que realmente importa é que uma enfermeira acorde o paciente a cada quinze minutos para se certificar de que ele está alerta e que não está entrando em um estado de coma causado por uma hemorragia pós-operatória. Uma enfermeira estava limpando o sangue e o pó de osso dos cabelos da paciente. Havia terminado a operação às pressas e me esquecido de lavar e passar o secador de cabelos, algo que geralmente faço quando os pacientes são mulheres.

— Tudo correu perfeitamente — disse, inclinando-me levemente sobre ela pela lateral da cama. A senhora Seagrave estendeu a mão para segurar na minha, com força.

— Obrigada — disse ela, com uma voz um pouco rouca devido à intubação.

— Tiramos tudo, e definitivamente era benigno — disse.

Levantei-me e fui ver o homem com a neuralgia do trigêmeo que estava na cama ao lado. O homem estava dormindo, e eu o balancei gentilmente. Ele abriu os olhos e me fitou, um pouco grogue.

— Como está o seu rosto? — perguntei.

Cuidadosamente, ele tocou a bochecha. Antes da cirurgia, fazer isso lhe causaria uma agonia das mais terríveis.

— A dor sumiu — disse ele, com a voz marcada pela surpresa, e sorriu alegremente. — Isso é maravilhoso!

— A operação foi um sucesso — disse. — Realmente havia uma artéria sobre o nervo. Considere-se curado.

Não achei que seria necessário mencionar a hemorragia grave.

❧

Desci as escadas até o meu consultório para verificar se teria que cuidar de mais documentos, mas, pelo menos uma vez, Gail deixou a sala vazia. Aquele tinha sido um bom dia. Não havia perdido a paciência. Havia concluído a minha lista. Os pacientes estavam bem. A patologia era benigna. Consegui cancelar as duas cirurgias de coluna do início da lista em vez daquela que ficou para o final. Não houve problemas significativos com os pacientes na recuperação. O que mais um cirurgião poderia querer?

Ao sair cruzei com Anthony, que estava chegando para o plantão da noite. Perguntei sobre a senhora com o subdural crônico que queria morrer.

— Acho que eles operaram — foi a resposta. Ele foi para a enfermaria e eu saí do hospital, já de noite. A filha da senhora Seagrave estava em pé diante da entrada do hospital, ao lado do corrimão onde eu prendo a corrente da minha bicicleta, fumando um cigarro.

— Como foi? — perguntou ela ao me ver.

— Tudo ocorreu muito bem — respondi. — Ela pode ficar um pouco confusa por alguns dias, mas creio que irá se recuperar muito bem.

— Parabéns! — disse ela.

Eu falei que aquela situação era mais uma questão de sorte, mas ela provavelmente não acreditou em mim. Nunca acreditam nisso quando uma operação transcorre bem.

— Desculpe-me por ter perdido a paciência com o seu residente ontem... — começou ela.

— Não se preocupe com isso — respondi, sentindo-me alegre. — Sei exatamente como é ser um familiar furioso.

8. Papiloma do plexo coroide

*(s.) Um tumor benigno do plexo coroide, uma estrutura
composta por tufos de vilosidades no interior do sistema
ventricular, que produz o líquido cefalorraquidiano.*

Trinta anos atrás, os hospitais britânicos sempre tinham um bar para os residentes onde você podia tomar um drinque ao final de um longo dia de trabalho, ou onde — se tivesse tempo — você poderia passar a noite fumando e bebendo quando estivesse de plantão, ou jogando nas máquinas de *Space Invaders* ou *Pacman* em um canto da sala.

Eu trabalhava como interno da área de ginecologia, e havia me formado médico havia apenas quatro meses. Ainda levaria dezoito meses até que visse a operação que me convenceu a me tornar neurocirurgião. Estava no bar certa noite, bebendo cerveja e batendo papo com colegas, provavelmente discutindo pacientes e suas doenças daquela maneira ligeiramente presunçosa comum aos médicos jovens quando eles conversam entre si. Provavelmente também estava me sentindo um pouco culpado por não voltar para casa mais rapidamente para ver a minha esposa Hilary e nosso filho de três meses, William, quando o meu bipe anunciou uma chamada externa. Fui até o telefone mais próximo e Hilary me disse, desesperada, que o nosso filho havia sido internado no hospital local, seriamente doente, com algum tipo de problema no cérebro.

Lembro-me claramente de como corri do hospital até a estação de metrô, e, ao sair do trem, enjoado pela ansiedade, saí em disparada pelas ruas escuras e desertas de Balham — era inverno e já estava bem tarde da noite — até chegar ao hospital local. Chegando lá encontrei Hilary, aflita em uma sala de espera tranquila, com o nosso bebê dormindo um sono agitado em seus braços, e um dos chefes da pediatria que havia esperado pela minha chegada. Ele me disse que William estava com hidrocefalia aguda e seria transferido para o hospital infantil de Great Ormond Street no dia seguinte para se submeter a uma tomografia cerebral.

Minha esposa e eu passamos as semanas seguintes naquele estranho mundo em que as pessoas entram quando temem pela vida de um filho — o mundo exterior, o mundo real, se transforma num mundo fantasma, e as pessoas que estão nele ficam remotas e indistintas. A única realidade é o medo intenso, um medo guiado por um amor impotente e esmagador.

Ele foi transferido numa tarde de sexta-feira — que nunca é um bom dia para ficar seriamente doente —, e o exame de tomografia foi organizado. Como eu mesmo era médico e como o residente que estava cuidando de William, por uma estranha coincidência, era um amigo de Hilary dos tempos do colégio, tive permissão para ficar na sala de controle do tomógrafo. Era estranho ouvir os dois técnicos tagarelando alegremente sobre uma festa em que estiveram, distantes e sem qualquer interesse pelo pequeno bebê envolto em um cobertor que podia ser visto pela janela da sala de controle, deitado na enorme máquina mecânica em forma de rosquinha, com a mãe, que parecia exausta e desesperada, sentada ao seu lado. Observei as imagens surgindo na tela do computador conforme o escâner subia lentamente pela cabeça de William. Elas exibiam hidrocefalia aguda e um tumor imediatamente no centro do seu cérebro.

Ele foi levado de volta à enfermaria ao final do exame. Fui informado de que o cirurgião assistente viria vê-lo mais tarde. Agora, William estava obviamente — ou, pelo menos, parecia óbvio para mim — inconsciente e muito mal, mas o residente de cirurgia disse que ele estava apenas sob efeito do sedativo que recebera para fazer a tomografia. A tarde passou, e escureceu fora do hospital. E, assim, fomos informados de que o assistente só viria na próxima segunda-feira. Em uma espécie de estado de fuga, perambulei pelos compridos corredores do hospital, agora quase vazios, sentindo-me impotente e tentando encontrar o cirurgião — o homem que parecia ter se tornado tão mítico quanto os neurocirurgiões do meu próprio hospital —, e após algum tempo, desesperado, sem conseguir aguentar mais aquela situação, abandonei minha esposa e meu filho e fui para casa, onde estraçalhei uma cadeira da cozinha diante dos meus pais amedrontados e jurei processar o hospital se alguma coisa acontecesse com William.

Enquanto fracassava estrondosamente em lidar com a situação, o cirurgião, como vim a saber mais tarde, apareceu, deu uma olhada em William e levou Hilary para fora da sala. Em seguida, pela fontanela, inseriu drenos de emergência no cérebro de William para aliviar o acúmulo de pressão — pelo menos, em retrospecto, posso alegar que tinha razão em ficar tão assustado. Fomos informados de que uma operação para remover o tumor teria lugar dali a cinco dias. Esses cinco dias foram uma tortura.

Quando voltei para casa na noite anterior à cirurgia, um gato preto surgiu subitamente diante do meu carro, a algumas centenas de metros da nossa casa. Os pneus do meu carro passaram por cima dele. Nunca havia matado um animal dessa forma, e isso jamais voltou a acontecer. Desci do carro e fui dar uma olhada na pobre criatura. O animal jazia na sarjeta, obviamente morto, com a boca e os olhos abertos, voltados na direção da lua que brilhava no céu claro do inverno. Lembrei-me de que a etiqueta com o nome de William que ele usava ao redor do pulso tinha o rosto de um gato, já que ele estava num hospital infantil, e era assim que gostavam de fazer as coisas por lá. Não sou um homem supersticioso, mas achei aquilo bem assustador.

William passou pela cirurgia em uma quarta-feira de manhã. Hilary e eu passamos muitas horas andando de um lado para outro na região central de Londres enquanto a operação transcorria. Foi uma lição útil para mim, quando me tornei um cirurgião plenamente qualificado, saber o quanto as famílias dos meus pacientes sofrem quando estou operando.

A operação foi um sucesso e William sobreviveu, pois o tumor se mostrou ser um papiloma do plexo coroide benigno, embora o laudo da patologia dissesse que era maligno. Vim a saber mais tarde que poucos tumores nessa idade são benignos, e que mesmo com tumores benignos os riscos de uma cirurgia em crianças tão novas são imensos. Anos depois, quando estava treinando para ser neurocirurgião pediátrico, observei uma criança sangrar até morrer na mesma sala de cirurgia onde meu filho havia sido tratado, quando meu chefe — o mesmo cirurgião que salvara a vida do meu filho — fracassou ao tentar operar um tumor similar.

Familiares ansiosos e furiosos são um fardo que todos os médicos precisam suportar, mas ser uma dessas pessoas foi uma parte importante da minha educação médica. Médicos, sempre digo aos meus residentes com uma risada, nunca sofrem o bastante.

9. Leucotomia

(s.) Secção cirúrgica de tratos de fibras nervosas brancas no cérebro: originalmente chamada de lobotomia pré-frontal; uma ocorrência disso.

Meu departamento tem a felicidade incomum de dispor de uma sala de espera para os cirurgiões ao lado do centro cirúrgico. A sala é mobiliada com dois grandes sofás de couro vermelho que comprei pouco depois de sairmos do antigo hospital. Quando nosso departamento foi transferido do velho hospital para um bloco recentemente construído no hospital principal, a alguns quilômetros de distância, todo o segundo andar do novo prédio foi dedicado à neurocirurgia. Conforme o tempo passou, entretanto, a administração começou a reduzir o nosso espaço e um dos centros neurocirúrgicos foi convertido para a execução de cirurgias bariátricas — operações feitas em pessoas morbidamente obesas. Os corredores e quartos estavam começando a se encher com rostos que não eram familiares e pacientes obesos sendo levados de um lado para outro em macas. O departamento não passava mais a sensação de ser a nossa casa, e tive medo de estar começando a ter aquela perspectiva um pouco alienada e institucionalizada que aflige muitos dos funcionários que trabalham em hospitais enormes e modernos.

Estava sentado no sofá de couro vermelho certo dia, lendo um livro, enquanto o meu residente começava a operar um caso. Havíamos desenvolvido o hábito de manter a porta da sala trancada, pois havia muitos estranhos presentes no centro cirúrgico agora. Enquanto estava sentado no meu sofá, alguém começou a bater e forçar a porta. Senti-me cada vez mais tolo, sentado ali e recusando-me a abrir a porta. Após algum tempo, para a minha consternação, a porta foi aberta à força e quatro médicos — dos quais não reconhecia nenhum — entraram na sala com sanduíches nas mãos. Constrangido, me levantei.

— Este é o gabinete da neurocirurgia! — disse, sentindo-me como um bufão pomposo. — Vocês não são bem-vindos aqui.

Eles me olharam, surpresos.

— A administração disse que todas as instalações seriam compartilhadas — disse um deles, olhando-me com desprezo.

— Bem, a administração nunca discutiu isso conosco — retruquei. — Se vocês tivessem seu próprio gabinete, não ficariam ressentidos se outras pessoas o invadissem sem pedir licença?

— Somos cirurgiões — disse um deles, dando de ombros, mas eles saíram da sala. E eu também saí, determinado a defender o pouco que restava do nosso território neurocirúrgico.

Juntei-me ao meu residente na sala de cirurgia, onde assumi a operação. Era um caso anormalmente difícil, e acabei lesando o nervo facial esquerdo do paciente enquanto removia o tumor. Talvez isso fosse acontecer de qualquer maneira — é algo que chamamos de uma "complicação reconhecida" para aquela cirurgia em particular —, mas sei que não estava com a cabeça no lugar para executar uma operação tão perigosa e delicada, e quando examinei o paciente no dia seguinte, ao passar pela enfermaria, e vi o seu rosto paralisado — paralisado e desfigurado —, senti uma vergonha profunda. Não é um consolo muito grande saber que desde então meus colegas e eu fomos deixados em paz na sala do sofá vermelho, o nosso pequeno oásis, embora acredite que tenha me tornado um objeto de antipatia entre vários dos outros cirurgiões do hospital.

Por razões que nunca chegaram a ser esclarecidas, todas as janelas nos gabinetes do bloco do centro cirúrgico, incluindo a sala com os sofás de couro vermelho, ficam a um metro e meio do chão. Tudo o que se consegue ver por elas, depois de se sentar, é o céu, com um avião ocasional abrindo caminho por entre as nuvens a caminho de Heathrow ou, com mais frequência, um pombo; às vezes uma gaivota e, muito raramente, um pequeno falcão. Passei muitas horas deitado no maior dos dois sofás lendo periódicos da área médica, esforçando-me para continuar acordado, esperando pelo início da próxima cirurgia, observando as nuvens cinzentas pelas janelas altas. Em anos recentes, os intervalos entre o fim de uma cirurgia e o início da próxima ficaram cada vez maiores. O problema é que não podemos começar a operação até sabermos que haverá um leito no qual iremos colocar o paciente após a cirurgia, e frequentemente esse não é o caso. A torrente de iniciativas, planos e ordens do governo e da administração hospitalar para que trabalhemos de maneira mais eficiente dá a sensação de ser algo parecido com uma dança das cadeiras — a música muda a todo momento, e, com a última onda de reformas, o governo trocou até mesmo a orquestra —, mas sempre há mais pacientes do que camas, e, assim, passo muitas horas deitado em um sofá, olhando com amargura para as nuvens e os pombos passarem de um lado para outro.

Eu estava deitado no sofá, esperando que o próximo caso se iniciasse e vadiando com um livro. Meu colega que opera nos mesmos dias que eu estava sentado esperando, assim como eu, que o seu próximo paciente fosse anestesiado.

— Percebo que fomos informados que toda a cultura do NHS deve mudar, especialmente depois que todos aqueles pacientes morreram no Hospital de Stafford por conta de maus tratos. Que palhaçada. O problema é quem está no comando — disse ele.

Lembro-me de quando, na época em que ainda era estudante, passei vários meses trabalhando como auxiliar de enfermagem na ala psicogeriátrica de um dos enormes hospitais psiquiátricos de longa permanência que havia nas redondezas de Londres. A maioria dos pacientes sofria de demência profunda. Alguns vinham do mundo exterior com doenças degenerativas no cérebro, outros eram esquizofrênicos que já haviam passado a maior parte de suas vidas no hospital e agora, na porção final delas, estavam afundando. Ir trabalhar às sete da manhã para enfrentar uma sala com vinte e seis senhores duplamente incontinentes em camas era uma educação e tanto, assim como era dar-lhes banho, barbeá-los, alimentá-los, ajudá-los com suas excreções e prendê-los em cadeiras geriátricas. Conheci alguns enfermeiros que não tinham qualquer talento para aquele trabalho e outros que eram incrivelmente pacientes e gentis, em particular um incrível homem originário do Caribe chamado Vince Hurley, que era o enfermeiro responsável por aquela ala. Era um trabalho miserável e pouco gratificante, e aprendi muito sobre as limitações da gentileza humana — e da minha, em particular.

Contaram-me que no século XIX, quando aquele hospital severo que mais parecia uma prisão foi construído, havia também uma fazenda no terreno amplo e que os pacientes trabalhavam nessa fazenda, mas quando trabalhei lá o terreno se resumia a uma série de campos extensos e vazios. Em vez de se ocupar com as tarefas da fazenda, alguns dos pacientes agora recebiam algo chamado Terapia Ocupacional. Esse processo envolvia três terapeutas ocupacionais — senhoras de meia-idade com roupões marrons — que duas vezes por semana conduziam uma fila de homens idosos e dementes a passos trôpegos rumo aos campos ao redor do hospital. Era 1976, o ano da grande seca, no qual tudo ao redor do hospital exibia tons queimados de amarelo e marrom, os rostos dos pacientes igualmente queimados em tons de vermelho, já que a maioria deles tomava o medicamento antipsicótico Largactil, que é fotossensibilizante. Os pacientes recebiam uma bola de futebol e eram deixados a sós; a maioria sentava-se e ficava olhando para o nada. As três terapeutas também se sentavam. Um paciente catatônico em particular — havia sido lobotomizado muitos anos antes — conseguia ficar sentado e imóvel por horas, e servia também como apoio para uma das terapeutas enquanto ela se acomodava sobre a grama seca, com as costas confortavelmente apoiadas contra as dele enquanto cuidava do seu tricô.

Foi enquanto trabalhava lá que vim a conhecer o nome do famoso hospital neurocirúrgico onde iria me especializar e posteriormente me tornar o neurocirurgião-chefe. Na década de 1950, muitos dos pacientes dos quais cuidava — como o catatônico Sydney — eram enviados àquele hospital e submetidos ao procedimento psicocirúrgico conhecido como lobotomia frontal, ou leucotomia. Era o tratamento da moda na época para esquizofrenia, e, supostamente, transformava esquizofrênicos agitados e alucinados em pessoas mais calmas. A operação envolvia seccionar os lobos frontais do restante do cérebro com uma faca de um formato especial, e era completamente irreversível. Felizmente tal procedimento ficou obsoleto com o desenvolvimento de medicamentos à base de fenotiazina, como o Largactil.

Os homens lobotomizados, pelo que eu percebia, pareciam ser os pacientes mais afetados entre todos — eram apalermados, apáticos, e se comportavam como zumbis. Fiquei chocado ao descobrir, quando observei sorrateiramente alguns prontuários, que não havia evidências de qualquer espécie de avaliação pós-operatória ou da progressão do tratamento. No prontuário de todos os pacientes que haviam sido lobotomizados havia uma breve anotação que dizia "Adequado para lobotomia. Transferir para o AMH". A próxima anotação dizia: "Retornou do AMH. Remover os pontos de fio de seda preta em nove dias", e só isso. Poderia haver alguma anotação ocasional anos mais tarde declarando, por exemplo, "Chamado para examinar. Briga com outro paciente. Laceração no couro cabeludo suturada", mas, com exceção das anotações feitas na época da primeira internação do paciente no hospital, geralmente com um episódio de psicose aguda, o campo de anotações do prontuário estava vazio, apesar de os pacientes estarem no hospital havia muitas décadas.

Dois anos antes, uma Comissão de Saúde fora criada em resposta a um escândalo na imprensa por causa de acusações de brutalidade feitas por um estudante que, de maneira bem similar a mim, havia trabalhado como assistente de enfermagem em um hospital psiquiátrico de longa permanência. Por essa razão fui encarado com uma desconfiança considerável pelos outros funcionários do hospital, e levou algum tempo até que conseguisse convencê-los de que não estava ali para espioná-los. Eu suspeitava que algumas coisas eram escondidas de mim, mas enquanto estive lá vi pouquíssimos, se é que posso chamar assim, atos de crueldade.

Fiquei surpreso certa manhã, enquanto dava colheradas de mingau para um senhor idoso sem dentes, quando vi o enfermeiro-chefe entrar no refeitório. Ele me disse que eu ficaria de folga naquela tarde, mas não deu nenhuma razão para isso. Trazia consigo um grande saco da lavanderia cheio de ternos antigos, já usados, mas limpos, alguns de risca-de-giz, e várias peças de roupa de baixo. Todos os pacientes eram duplamente incontinentes, assim nós os deixávamos de pijama o dia inteiro, pois era mais fácil trocá-los e mantê-los limpos, mas meus companheiros da enfermagem e eu recebemos instruções de que todos os pacientes deveriam estar vestidos com ternos e roupas íntimas. Assim, os nossos pobres e dementes pacientes foram todos vestidos em ternos folgados de segunda mão, colocados em suas cadeiras geriátricas, e eu fui para casa. Quando voltei para o turno da noite, no dia seguinte, vi que todos os pacientes estavam novamente de pijama e que a ala onde trabalhava havia voltado ao normal.

— A Comissão veio aqui ontem — disse-me Vince, com um sorriso maroto. — Ficaram impressionados com os ternos. O enfermeiro-chefe não queria que você estivesse por perto para não dar com a língua nos dentes.

Vince foi uma das pessoas mais impressionantes que conheci durante a minha longa carreira na área médica. Trabalhar naquela ala, com aqueles casos sem solução, e tratá-los com tanta gentileza e tato era algo notável. Às vezes ele ficava atrás de um dos homens balbuciantes, dementes e incontinentes e, com as mangas do jaleco arregaçadas para cima, apoiava as mãos no espaldar alto da cadeira do paciente.

— Qual é o sentido disso tudo? — dizia ele com um suspiro. — É isso que eu quero saber. Qual é o sentido disso tudo?

E nós ríamos e continuávamos a cuidar das tarefas do dia — alimentar os pacientes, dar-lhes banho, colocá-los e tirá-los das privadas e, após algum tempo, colocá-los na cama para dormir.

Trinta e cinco anos depois, aquele hospital ainda continua no mesmo lugar, mas a área ao redor foi vendida e se transformou num elegante campo de golfe. Os pacientes dos quais cuidei devem ter morrido há muito tempo.

— O que você está lendo? — perguntou o meu colega, vendo que havia um livro sobre o meu colo.

— Algo incompreensível sobre o cérebro — disse. — Escrito por um psicólogo norte-americano especializado em tratar transtornos obsessivo-compulsivos com terapias de grupo baseadas na combinação de meditações budistas com a mecânica quântica.

Ele bufou.

— Porra, isso é ridículo! Não foi você que fez uma psicocirurgia para tratar TOC?

Era verdade. Havia herdado a operação do meu predecessor, mas fiquei feliz em abandoná-la. Envolvia causar lesões no núcleo caudado e no giro do cíngulo dos lobos frontais; uma espécie de microlobotomia, sem os efeitos terríveis da lobotomia. Os psiquiatras me diziam que a operação realmente funcionava. Na época aquilo parecia ser um método ainda em estágio experimental, mas os exames funcionais recentes de alta tecnologia em pacientes com TOC mostram que essas são realmente as áreas envolvidas. A psicocirurgia foi proibida por lei na Califórnia, e assim alguns californianos desesperados que haviam desenvolvido tendências suicidas porque não conseguiam parar de lavar as mãos — o medo da sujeira é um dos problemas mais comuns em quem tem TOC — costumavam vir ao Reino Unido em busca do tratamento. Lembro-me de que um deles teve que calçar três pares de luvas antes de conseguir tocar a caneta que eu lhe entreguei para assinar o termo de consentimento que me permitia queimar alguns buracos em seu cérebro. Enquanto contava ao meu colega sobre a minha experiência com a psicocirurgia, uma enfermeira entrou na sala.

— Doutor Marsh — disse ela com um olhar reprovador, pois eu estava deitado no sofá e vestido com os paramentos do centro cirúrgico. — O próximo paciente diz que seu tumor está no lado direito, mas o termo de consentimento diz que a cirurgia será no esquerdo.

— Ah, pelo amor de Deus! — disse. — Ele tem um tumor parietal no lado esquerdo, por isso confunde a direita com a esquerda. Se quiser saber, isso se chama síndrome de Gerstmann. Ele é a última pessoa que tem o direito de opinar onde a operação será feita! Já consentiu amplamente. Eu mesmo conversei com ele ontem à noite. E com a família também. Ande logo com isso.

— Algumas pessoas não acham que a síndrome de Gerstmann realmente exista — disse o meu colega, que conhece bastante a respeito de assuntos como esse, do outro lado da sala.

— O senhor precisa ir conversar com ele — disse a enfermeira.

— Isso é ridículo — resmunguei enquanto me levantava do sofá. Caminhei até a sala de anestesia, um percurso curto, passando pelo centro cirúrgico onde Kobe, o auxiliar de enfermagem, estava fazendo a limpeza após a primeira cirurgia, limpando o sangue do chão com um esfregão, deixando linhas borradas no chão. Havia a pilha habitual de lixo — vários milhares de libras em equipamentos de uso único espalhados ao redor da mesa de cirurgia, esperando para serem ensacados e enviados para o descarte. Empurrei as portas que levavam até a sala de anestesia onde o paciente idoso estava deitado em uma maca.

— Senhor Smith, bom dia! — disse. — Fiquei sabendo que o senhor quer que eu faça a cirurgia do lado direito da sua cabeça.

— Oh. Doutor Marsh! Obrigado por vir. Bem, pensei que era no lado direito — respondeu ele, com a voz desaparecendo no ar em meio à incerteza.

— A sua fraqueza está na direita — disse. — Mas isso significa que o tumor está no lado esquerdo do seu cérebro. Cada hemisfério controla o lado oposto do corpo, como o senhor sabe.

— Oh — respondeu ele.

— Bem, posso operar o direito se o senhor quiser, mas será que não prefere que eu mesmo decida qual será o lado em que vou trabalhar?

— Não! Não! — disse ele, rindo. — Você decide.

— Bem, será o lado esquerdo então — disse.

Saí da sala de anestesia. A enfermeira agora diria à anestesista que ela já podia começar a operação. Voltei para o sofá de couro vermelho.

Quarenta minutos depois, a enfermeira voltou para dizer que o próximo paciente já estava anestesiado, e mandei meu residente começar a cirurgia. Os residentes trabalham em períodos tão curtos que ficam desesperados para adquirir experiência em cirurgia, mesmo com os procedimentos mais básicos. Assim, sinto-me obrigado a deixar que eles cuidem de todas as aberturas e fechamentos, já que essa é uma parte simples e relativamente segura da neurocirurgia, embora preferisse poder cuidar disso por conta própria. A ansiedade intensa que sinto quando estou supervisionando os meus residentes, entretanto — muito maior do que quando eu mesmo faço a operação —, faz com que seja impossível sair do centro cirúrgico quando eles estão operando qualquer coisa que não sejam os casos mais simples, e há tantos documentos e papelada para trazer do meu consultório que me sinto compelido a ficar na sala com o sofá de couro vermelho.

Eu vou entrar e sair várias vezes da sala de cirurgia para observar, com um pouco de inveja, o que eles estão fazendo, e somente me paramento quando o cérebro do paciente é alcançado e a cirurgia se torna mais intrincada e perigosa. O ponto no qual assumo o comando vai depender da experiência do residente e da dificuldade do caso.

— Como está indo? — perguntarei quando entrar na sala de cirurgia, colocando os meus óculos de leitura e uma máscara facial para observar o interior da incisão.

— Tudo bem, doutor Marsh — responderá o meu residente, querendo que eu vá embora, sabendo muito bem que adoraria afastá-lo dali e assumir o controle da operação.

— Tem certeza de que não precisa de mim? — perguntarei cheio de esperança, e em geral receberei a resposta de que tudo está sob controle. Se realmente for assim, eu dou as costas para a mesa de cirurgia e percorro os poucos metros que me levam de volta à sala de espera.

❊

Espreguicei-me no sofá e continuei a ler o meu livro.

Como neurocirurgião prático, sempre achei que a filosofia do "problema mente/cérebro" era confusa, e, no final das contas, uma perda de tempo. Nunca me pareceu ser realmente um problema, apenas uma fonte de espanto, admiração e profunda surpresa que a minha consciência, o meu senso de identidade, o "eu" que se sente tão livre quanto o ar, que estava tentando ler o livro mas, ao invés disso, estava observando o céu pelas janelas altas, aquele que agora escreve estas palavras, na realidade, é a comunicação eletroquímica de cem bilhões de células nervosas. O autor do livro parecia estar igualmente embasbacado pelo "problema mente/cérebro", mas conforme comecei a ler sua lista de teorias — funcionalismo, epifenomenalismo, materialismo emergente, interacionismo dualístico... ou seria dualismo interacionístico? — rapidamente caí no sono, esperando a enfermeira voltar e me acordar, dizendo-me que era hora de voltar para a sala de cirurgia e começar a operar o cérebro daquele senhor.

10. Trauma

(s.) Qualquer ferimento ou lesão física.

(psicol.) Um evento emocionalmente doloroso e danoso.

Eu havia chegado cedo e tive que esperar até que os residentes estivessem ali. A era dos jalecos brancos acabou há muito tempo, e, em vez disso, os jovens médicos chegam vestindo as roupas de lycra de ciclismo ou, se ficaram de plantão à noite, usando os paramentos cirúrgicos que ganharam popularidade com os seriados médicos na TV.

— Houve somente uma internação ontem à noite — disse a médica de plantão, sentada na frente da sala diante do teclado do computador. Ela era bem diferente dos outros residentes, geralmente cheios de juventude e entusiasmo. Falava com um tom de voz irritado e desaprovador. Isso invariavelmente, tinha um efeito arrefecedor nas reuniões quando era sua vez de apresentar os casos. Nunca entendi por que ela queria se especializar em neurocirurgia.

— É um homem de quarenta anos — disse ela. — Parece que caiu da bicicleta ontem à noite. Foi encontrado pela polícia.

— Acidente de bicicleta? — perguntei.

— Sim. E, como você, não usava um capacete para pedalar — disse ela, com um olhar de reprovação. Conforme falava, ela digitava no teclado e as camadas de uma enorme tomografia em preto e branco começaram a surgir da escuridão, como uma sentença de morte, na parede branca à nossa frente.

— Vocês não vão acreditar — interrompeu um dos residentes. — Eu estava aqui ontem à noite e atendi à ligação. Eles enviaram a tomografia em um CD, mas, por causa dessa merda toda do governo sobre confidencialidade, mandaram dois táxis. Dois táxis! Um com a porra do CD e outro com a porra da papeleta com a senha da criptografia! Em uma emergência! Dá para ser mais idiota do que isso?

Todos nós rimos, com exceção da médica que apresentava o caso, que esperou até nos acalmarmos.

— A polícia disse que ele estava falando quando o encontraram — continuou ela. — Mas, quando foi internado no hospital local, o paciente começou a convulsionar. Em seguida, foi intubado, ventilado e levado para fazer a tomografia.

— Esse aí já era — disse alguém no fundo da sala enquanto examinávamos a tomografia.

— Espero que não sobreviva — disse a residente de plantão. Fiquei bastante surpreso, pois eu sabia, dadas algumas experiências anteriores, que ela acreditava em tratar os pacientes, mesmo aqueles com um prognóstico tão ruim.

Olhei para os residentes da primeira fileira.

— Bem — disse a uma das médicas do grupo, uma garota de cabelos escuros que havia acabado de começar no departamento, e que só ficaria conosco durante dois meses. — Há várias anormalidades na tomografia. Veja quantas você consegue identificar.

— Há uma fratura craniana frontal, e apresenta afundamento. O osso foi pressionado contra o cérebro.

— O que aconteceu com o cérebro?

— Há sangue presente. Contusões.

— Sim. As contusões no lado esquerdo são tão grandes que chamamos isso de explosão lobar. Toda aquela área do cérebro foi destruída. E o que diz do outro lado?

— Há contusões também, mas não tão grandes.

— Sei que, no início, ele estava falando e, em teoria, pode acabar se recuperando, mas às vezes após algum tempo temos hemorragias intraparenquimatosas como esta, e a tomografia mostra que houve danos cerebrais catastróficos. Qual é o prognóstico? — perguntei à novata.

— Não é nada bom — disse ela.

— Nada bom em quanto? —perguntei. — Cinquenta por cento? Noventa por cento?

— Há uma chance de recuperação.

— Oh, deixe disso! Com os dois lobos frontais arrebentados desse jeito? Não há a menor esperança. Se operarmos para cuidar da hemorragia ele pode até sobreviver, mas ficará com sequelas graves, sem fala e provavelmente com alterações horríveis de comportamento. Se não operarmos, ele morrerá de maneira rápida e pacífica.

— Bem, a família vai querer que algo seja feito. A escolha é deles — respondeu ela.

Disse a ela que o desejo da família seria inteiramente determinado pelo que ela lhes contasse. Se dissesse, "Podemos operar e remover os tecidos danificados e talvez ele sobreviva", eles obviamente iriam querer que operássemos. Ao invés disso, se ela falasse, "Se operarmos, não há uma chance realista de que ele volte a ter uma vida independente. Ficará com sequelas profundas. Acham que *ele* gostaria de sobreviver dessa forma?", a família provavelmente daria uma resposta inteiramente diferente. O que ela realmente estaria perguntando era o seguinte: "Vocês o amam o bastante para cuidar dele, especialmente se estiver incapacitado?", e, ao dizer isso, ela não lhes daria nenhuma possibilidade de escolha. Em casos como esse nós frequentemente fazemos a cirurgia, pois é mais fácil do que agir com honestidade, e significa que podemos evitar um diálogo doloroso. Você pode achar que a operação foi um sucesso porque o paciente deixou o hospital com vida, mas se vier a vê-los anos mais tarde — como frequentemente acontece comigo — vai perceber que a operação foi um desastre humano.

A sala ficou em silêncio por um momento.

— A escolha foi por fazer a operação — disse a residente, rigidamente. Aparentemente, o paciente estava sob os cuidados de um dos meus colegas, e uma das regras implícitas da medicina inglesa é que ninguém nunca deve criticar ou desautorizar um colega que está no mesmo nível hierárquico. Assim, fiquei em silêncio. A maioria dos neurocirurgiões fica cada vez mais conservadora conforme envelhece — o que significa que recomendam cirurgias para menos pacientes do que quando eram mais jovens. Isso certamente aconteceu comigo, mas não apenas porque sou mais experiente do que era no passado e mais realista em relação às limitações da cirurgia. Ocorre que também me tornei mais disposto a aceitar que pode ser melhor deixar alguém morrer do que operar quando há somente uma chance muito pequena de que a pessoa volte a ter uma vida independente. Não desenvolvi um talento para prever o futuro, mas fiquei menos ansioso em relação a como posso ser julgado pelos outros. O problema, claro, é que com frequência não sei exatamente qual é a chance de que uma boa recuperação aconteça, porque o futuro é sempre incerto. É muito mais fácil operar todos os casos e dar as costas ao fato de que esses tratamentos sem critério podem resultar em pessoas que sobrevivem às cirurgias com danos cerebrais horríveis.

Saímos da sala de reunião e nos espalhamos pelo hospital para começar mais um dia de trabalho — rumo às salas de cirurgia, às enfermarias, ao ambulatório e aos consultórios. Fui até o corredor do raio-X com o meu colega da neurorradiologia. Os neurorradiologistas passam os dias analisando tomografias de cérebro e de coluna, mas em geral não lidam diretamente com os pacientes. Acho que ele deve ter iniciado uma carreira na neurocirurgia, mas era uma alma muito gentil para a vida de cirurgião, e, assim, decidiu se tornar neurorradiologista.

— Minha esposa é psiquiatra, como você sabe — disse ele. — Quando ela estava em treinamento, trabalhou por algum tempo em uma unidade de pacientes com danos cerebrais. Eu concordo com você nesse caso; muitos pacientes com lesões na cabeça têm uma vida horrível. Se os neurocirurgiões fizessem um acompanhamento das lesões de cabeça mais graves que trataram, tenho certeza de que seriam mais criteriosos com os pacientes que operam.

Desci até o meu consultório, onde encontrei a minha secretária Gail xingando mais uma vez o computador enquanto tentava acessar um dos bancos de dados do hospital.

Percebi que havia uma folha de papel ao lado do seu teclado, impressa em cores cafonas e com letras maiúsculas floreadas.

"Certificamos para os devidos fins que...", começava o cabeçalho. O documento declarava que Gail havia participado de um evento chamado Seminário MaST.

— O que é isso? —perguntei, apontando para a folha de papel.

— Treinamento Obrigatório e Estatutário de Atualização e Reciclagem — disse ela. — Foi uma perda de tempo total. Só foi suportável porque alguns dos seus colegas estavam lá e passaram o tempo todo tirando sarro da cara do palestrante, que era um completo inútil. Depois que acabou, disseram que a experiência profissional dele é com serviços de bufê para eventos. Não fazia a menor ideia do que estava dizendo. Simplesmente foi treinado para recitar aquilo. Você está escalado para a sessão de hoje, já esqueceu? — emendou ela com um tom reprovador e irônico na voz. — É obrigatório para todos os membros da equipe, e isso inclui os médicos assistentes.

— É mesmo? — respondi, mas era verdade que havia recebido uma carta do diretor clínico algumas semanas antes. A carta dizia que ele fora informado de que eu não havia participado do Treinamento Obrigatório e Estatutário de Atualização e Reciclagem, e que a minha participação era realmente obrigatória e estatutária. O fato de que ele conseguiu encontrar tempo para me escrever mostrava claramente que o curso MaST tinha uma importância vital.

Assim, saí do hospital sob o sol do fim de agosto e cruzei um dos vários estacionamentos, esquivei-me por pouco de ser atropelado por uma longa fila de lixeiras de plástico com rodinhas que estavam sendo puxadas pela rua perimetral por um homem de aparência entediada que guiava um pequeno trator e me apresentei no Centro de Treinamento e Desenvolvimento, uma casa móvel grande e frágil cujo piso tremia conforme caminhava a passos irritados pelo corredor onde o seminário MaST iria ocorrer. Estava atrasado, e já havia cerca de quarenta pessoas de cara amarrada sentadas em carteiras — um grupo composto por enfermeiros, faxineiros, balconistas, médicos e, sem dúvida, outros membros da gigantesca burocracia que forma um dos centros do NHS. Peguei uma cadeira e sentei-me no canto da sala, ao fundo. O palestrante, um rapaz com a barba ruiva cuidadosamente aparada e a cabeça raspada, veio e me entregou uma brochura denominada "Apostila MaST". Senti-me como se houvesse voltado à escola e recusei-me a receber aquilo; assim, com um suspiro, ele pacientemente a deixou no chão, ao meu lado, e voltou para a frente da sala, virando-se para encarar sua plateia.

O seminário estava programado para durar três horas, e me acomodei para dormir um pouco. Os longos plantões que cumpri quando era residente, num passado distante, me ensinaram a arte de dormir em praticamente qualquer superfície.

Na metade do programa houve um *coffee-break* antes de voltarmos ao seminário para aprender sobre os procedimentos em caso de incêndio e princípios de atendimento ao cliente. Quando saímos da sala, li uma mensagem no meu telefone celular, que havia obedientemente desligado. Uma das pacientes na ala feminina estava morrendo, e a enfermeira responsável me ligara para dizer que a família queria conversar comigo. Assim, retornei ao hospital e subi até lá.

A paciente em questão era uma mulher de mais de quarenta anos com câncer de mama e que havia desenvolvido um tumor secundário no cérebro. O tumor fora operado e removido por um dos residentes mais experientes uma semana antes, mas dois dias após a cirurgia — que transcorreu sem qualquer eventualidade — ela sofreu um AVC de grandes proporções. Agora, estava morrendo. Eu havia percebido no início da semana, com um certo choque, que ninguém tinha conversado com a família a respeito disso. O cirurgião responsável pela operação estava de licença, assim como o residente da minha equipe. Eu estava ocupado com minhas próprias cirurgias, e nenhum membro do pequeno exército de residentes que cumpriam seus plantões se sentiu suficientemente envolvido com a paciente — que eles não conheciam — para conversar com a família. Assim, havia agendado para conversar com eles às nove da manhã, esquecendo-me de que deveria estar participando do seminário MaST.

Encontrei o marido e a mãe idosa da paciente sentados tristemente ao lado da cama da mulher, espremidos no espaço estreito entre o leito dela e o de outra paciente em uma baia de seis camas. Ela estava inconsciente, e sua respiração era pesada e irregular. Havia outras cinco pacientes no quarto, com pouco mais de meio metro entre seus leitos, que podiam observá-la morrendo aos poucos.

Eu odeio dar más notícias a pacientes e suas famílias em quartos como esse, sendo ouvido por outros, escondidos atrás de cortinas finas. Também odeio falar com pacientes e suas famílias — "clientes", de acordo com as normas do NHS — em pé, mas não havia cadeiras vazias naquela baia, e assim acabei ficando em pé, melancólico, diante da paciente e sua família enquanto conversava com eles. Pareceu-me inapropriado sentar-me na cama; além disso, acredito que isso agora seja proibido pelas regras de controle de infecções.

— Lamento por não ter conversado com vocês antes — comecei. — Receio que ela tenha sofrido um AVC após a cirurgia. O tumor estava preso a uma das principais artérias do cérebro, e quando isso acontece, mesmo que tenhamos sucesso em remover o tumor, às vezes um AVC ocorre na artéria alguns dias depois.

O marido e a mãe me olharam em silêncio.

— O que vai acontecer? — perguntou a senhora idosa.

— Bem... — disse, hesitando. — Acho que ela provavelmente...

Hesitei mais uma vez, e baixando a voz, tendo plena consciência de que os outros pacientes estavam prestando atenção e decidindo se devia usar um dos muitos eufemismos para a morte. — Acho que ela provavelmente virá a morrer, mas não tenho como dizer se isso vai acontecer nos próximos dias ou se levará mais tempo.

A mãe começou a chorar.

— O pior pesadelo de qualquer pai é ter que viver mais do que seus filhos — disse.

— Ela é a minha única filha — respondeu a mãe por entre as lágrimas. Estendi a mão e coloquei-a sobre o ombro da senhora.

— Lamento muito — disse.

— Não é sua culpa — respondeu ela. Não havia mais nada a dizer; assim, após algum tempo fui procurar a enfermeira responsável por aquela ala.

— Acho que a senhora T está morrendo — disse. — Podemos colocá-la em um quarto separado?

— Eu sei — disse a enfermeira. — Estamos tentando, mas estamos desesperados por leitos no momento, e teremos que mudar vários pacientes de lugar.

— Estou passando a manhã inteira na reunião do MaST sobre atendimento ao cliente — disse.

A enfermeira bufou.

— Fazemos um atendimento de merda hoje em dia — disse ela, enfaticamente. — Costumava ser bem melhor.

— Mas os pacientes sempre comentam sobre o quanto as coisas são boas aqui, comparadas aos hospitais locais — disse. Ela não falou nada e continuou caminhando, eternamente ocupada.

✄

Voltei para o Centro de Treinamento e Desenvolvimento. A segunda sessão já havia começado. A apresentação em PowerPoint agora mostrava uma longa lista dos princípios de atendimento e serviço ao cliente.

— Comunique-se efetivamente — eu li. — Preste atenção aos detalhes. Aja rapidamente. — Fomos aconselhados também a desenvolver a empatia.

— Vocês devem manter a compostura e a calma — disse-nos Chris, o palestrante. — Pensem com clareza e mantenham a concentração. Suas emoções podem afetar a maneira com que se comportam.

Era muito estranho, pensei enquanto o ouvia falar, depois de trinta anos lutando contra a morte, desastres e inúmeras crises e catástrofes, após observar pacientes sangrarem até a morte nas minhas mãos, ter discussões furiosas com colegas, conversas horríveis com parentes, momentos de total desespero e de profunda alegria — em resumo, uma típica carreira em neurocirurgia —, era muito estranho ouvir um rapaz com experiência em serviços de bufê para eventos dizendo que eu devia desenvolver a empatia, manter a concentração e a calma. Assim que a lista de presença passou pelas pessoas e eu a assinei, confirmando que o NHS já podia declarar que eu havia passado pelo treinamento de empatia e autocontrole, pelas classificações de abusos e de extintores de incêndio, juntamente com muitas outras coisas das quais eu já havia me esquecido, saí rapidamente da sala, apesar dos protestos de Chris, que dizia que ainda não havia terminado.

❦

Na manhã seguinte, enquanto contava a Gail sobre o meu treinamento, um residente veio até a porta. Parecia estar ansioso e infeliz. Era um dos médicos da ala de neurologia — uma ala para pessoas com doenças no cérebro que não precisam de cirurgia. São doenças como esclerose múltipla ou mal de Parkinson, ou doenças obscuras e estranhas, às vezes intratáveis, que os neurologistas acham profundamente fascinantes e que colecionam como borboletas raras, falando sobre elas em seus periódicos.

— Desculpe por interromper... — começou ele.

— Não precisa se desculpar — respondi, apontando para as pilhas de anotações e documentos na minha escrivaninha e no chão ao meu redor. — Acho ótimo poder me distrair um pouco.

— Durante o fim de semana internamos uma mulher de cinquenta e nove anos com disfasia progressiva e depois convulsões, e, na ressonância, parece que ela tem ADEM.

— ADEM? Não parece um termo muito cirúrgico — eu disse.

— Encefalomielite Disseminada Aguda (ADEM) — respondeu ele. Em outras palavras, uma inflamação súbita e catastrófica de todo o cérebro e da medula espinhal.

Eu disse a ele que não achava que a cirurgia poderia ajudar no caso.

— Sim, mas ela rebaixou hoje pela manhã e a pupila esquerda está midriática, e a tomografia mostra um edema cerebral difuso. Pensamos que ela poderia precisar de uma descompressão.

Busquei o teclado do meu computador. Parecia que o cérebro da mulher havia ficado tão inchado que ela estava começando a morrer devido à pressão acumulada em sua cabeça; o cérebro inchado estava comprimido, por assim dizer, no interior do crânio. Uma pupila "midriática" — termo que utilizamos quando a pupila de um dos olhos fica tão grande e não volta a se contrair mesmo que uma luz seja apontada diretamente para ela — é o primeiro sinal do que pode ser um processo que pode rapidamente se tornar fatal. O fato de que ela havia "rebaixado" — ficado inconsciente — significava que, se algo não fosse feito muito rapidamente para reduzir a pressão em sua cabeça, ela iria morrer nas próximas horas, ou mesmo antes disso.

A tomografia mostrava que todo o cérebro, mas sobretudo o lado esquerdo, estava hipodenso por um inchaço grave; o termo médico usado para essa situação é edema cerebral. O edema era uma reação à Encefalomielite disseminada aguda, embora a verdadeira causa da Encefalomielite Disseminada Aguda não seja conhecida.

Algumas partes do cérebro podem ser removidas sem que o paciente fique incapacitado, mas, se eu removesse a parte inchada do cérebro dessa mulher, ela inevitavelmente ficaria com sequelas, incapaz de falar ou mesmo de compreender a linguagem.

— Que tal uma craniectomia descompressiva? — perguntou o residente de neurologia. Essa é uma operação em que se remove a parte de cima do crânio do paciente para dar mais espaço ao cérebro inchado. Pode ser a diferença entre a vida e a morte, mas não havia motivo para remover metade do crânio daquela mulher se ela fosse ficar com sequelas de qualquer maneira. — Pode ser que ela se recupere bem.

— É mesmo? — perguntei.

— Bem, há uma possibilidade...

Fiquei em silêncio por alguns momentos e olhei tristemente para a tomografia. Percebi que ela tinha quase a mesma idade que eu.

— Hoje não é meu dia de cirurgia — comentei, após algum tempo. — Suponho que podemos dar a ela o benefício da dúvida.

Eu disse também que tentaria pedir a um dos meus colegas que cuidasse da operação, e fiz alguns telefonemas. Acomodei-me para cuidar da papelada outra vez — a operação em questão era tosca e simples, mas preferiria poder cuidar dela pessoalmente em vez de ler relatórios e ditar cartas infindáveis. Como todos os cirurgiões, tudo que quero fazer é operar.

Após algum tempo subi até o centro cirúrgico para ver como o meu colega estava progredindo.

Fiquei confuso ao ver que a luz na sala de anestesia anexa à de cirurgia estava apagada e a sala estava às escuras. Isso era muito incomum. Abri a porta e fiquei assustado ao entrar — havia um corpo envolto em uma mortalha na maca sobre a qual os pacientes ficam deitados enquanto esperam para ser anestesiados. Um lençol estava preso ao redor daquele corpo sem vida e amarrado com um enorme nó, que deixava a cabeça oculta. Parecia uma figura de uma pintura medieval da Dança da Morte.

Sentindo-me bastante incomodado, passei por aquele cadáver inexplicável e coloquei a cabeça pelo vão das portas da sala onde meu colega, os enfermeiros e anestesistas estavam iniciando a operação na mulher com ADEM. Apanhei-me num dilema: será que houvera uma morte na mesa? De onde viera aquele corpo? Mortes durante uma cirurgia são muito raras — só tive que enfrentar este que é o mais horrível dos desastres cirúrgicos quatro vezes em toda a minha carreira —, e a atmosfera na sala de cirurgia após um desses episódios era sempre triste e sombria. As enfermeiras às vezes ficavam em prantos, e eu mesmo também ficava à beira das lágrimas, especialmente se o paciente morto fosse uma criança. Mesmo assim, meu colega e a sua equipe pareciam estar todos bastante animados, e, pelo que senti, riam de mim silenciosamente. Sentia-me constrangido demais para perguntar por que havia um cadáver na sala de anestesia. Se realmente houvesse ocorrido uma morte na mesa, eu não queria ofendê-los ao chamar a atenção para o fato. Em vez disso, perguntei como ele planejava fazer a craniotomia descompressiva.

Ele estava em pé ao lado da cabeça da paciente, iluminado intensamente pelos focos cirúrgicos. Os cabelos da mulher haviam sido raspados, e ele agora estava pintando a cabeça escalpelada e despersonalizada com a solução antisséptica marrom à base de iodo.

— Oh, vai ser uma grande craniotomia descompressiva bifrontal — disse ele. Pretendia serrar a parte da frente do crânio da mulher para permitir que o cérebro inchasse além dos limites ósseos. Em seguida, bastaria simplesmente fechar o couro cabeludo com alguns pontos e, se a paciente sobrevivesse, mais tarde, quando o inchaço regredisse, recolocaria o osso removido do crânio.

Estava me sentindo bastante desconfortável, quase assustado, enquanto conversava. Podia sentir atrás de mim, na sala de anestesia escura, a poucos centímetros de distância, a presença sinistra do corpo envolto em lençóis. Perguntei o que ele faria com a foice cerebral, a camada de meninges que separa os dois hemisférios cerebrais e que poderia lesar o cérebro da mulher conforme inchava para fora do crânio aberto.

— Dividi-la, depois de ligar o seio sagital anteriormente — respondeu ele. Continuamos com aquela conversa técnica por algum tempo até que consegui reunir a coragem para perguntar sobre o cadáver.

— Oh — disse ele, com uma risada, e o resto da equipe de cirurgia riu junto com ele. — Você percebeu! É só um doador de órgãos. Um paciente com lesão na cabeça e morte cerebral que estava na UTI. Ou melhor, o que restou dele. É aquele ciclista de duas noites atrás. Não conseguiu sobreviver, mesmo com a cirurgia. Provavelmente foi melhor assim. A equipe de transplantes ganhou na loteria ontem à noite. Coração, pulmões, fígado e rins. Pegaram tudo, em ótimas condições. Estavam exultantes. Acabaram os procedimentos mais tarde do que o esperado e os auxiliares estavam trocando de turno, então, ainda não chegaram para levá-lo embora.

11. Ependimoma

*(s.) Um tumor cerebral que deriva das células não
nervosas que revestem as cavidades ventriculares do cérebro.*

Havia poucas cirurgias a fazer e muita papelada esperando por mim em meu consultório, organizada em uma série de pilhas ameaçadoras por Gail — suspeito que com uma certa alegria mórbida, pois vivemos num estado constante de guerra tentando jogar a papelada de uma sala para outra. Deletei muitos dos e-mails da administração do hospital sem sequer ler. Entre as cartas havia uma enviada por um médico de um hospital em Lincolnshire pedindo conselhos sobre uma de minhas pacientes — uma jovem que operei três vezes nos últimos dez anos devido a um tumor cerebral chamado ependimoma, que havia se tornado recorrente, tornando-se mais agressivo e maligno em cada ocasião. Ela já havia passado por toda a radioterapia e quimioterapia possíveis e agora estava internada em seu hospital local como caso terminal, com dores de cabeça intensas por causa de uma nova recidiva do tumor. O médico me pedia para dar uma olhada na tomografia mais recente e ver se havia mais alguma coisa a ser feita, pois a família tinha dificuldade em aceitar o fato de que a garota estava chegando ao fim da vida.

Conheci Helen no decorrer dos anos e acabei me afeiçoando a ela. Talvez isso tenha sido um erro. Ela era sempre encantadora e parecia conseguir lidar muito bem com a sua doença, embora de vez em quando me perguntasse se isso ocorria porque ela tinha uma perspectiva irreal sobre suas possibilidades. A negação nem sempre é uma coisa ruim. Sua família era bastante dedicada a ela, e, apesar de me agradecerem efusivamente sempre que os via, eles me observavam com um misto tão intenso de esperança e desespero que seus olhares me causavam a sensação de estar sendo pregado na parede por martelos pneumáticos.

— A família foi informada por um neurocirurgião de outro hospital que, se o tumor for submetido a uma nova cirurgia, ele poderá tratá-lo com terapia fotodinâmica, e eles estão desesperados para que você faça a cirurgia para que ela possa fazer esse tratamento — acrescentava o médico de Lincolnshire em sua carta. A tomografia mais recente de Helen acompanhava a carta em um CD, e, depois da demora e dos xingamentos de sempre, consegui visualizá-lo no computador do meu consultório. As imagens mostravam uma recidiva extensa do tumor no lobo temporal direito do cérebro — uma área na qual, em teoria, eu podia operar novamente, embora mais cirurgias, mesmo que fossem bem-sucedidas, só funcionariam, na melhor das hipóteses, por mais algumas semanas ou meses de vida.

Estava claro que a esperança da família havia sido inflada falsamente — estava comprovado que a terapia fotodinâmica não trazia benefícios, e fiquei irritado por isso ter sido sugerido. Não era provável, entretanto, que a família aceitasse que nada mais podia ser feito, e eu sabia que eles iriam querer qualquer coisa, mesmo que significasse apenas algumas semanas de vida. Com pouco entusiasmo, telefonei ao meu residente e pedi que cuidasse dos preparativos para que a paciente fosse transferida para o nosso hospital.

No decorrer do dia seguinte, até a noite, recebi uma série de telefonemas e mensagens de texto sobre a paciente e os problemas aparentemente insuperáveis envolvidos em transferi-la de um hospital para outro. Diziam que Helen estava inconsciente e precisaria ser transferida com um ventilador e, quando chegasse, teríamos que recebê-la em um leito de UTI. Não tínhamos leitos disponíveis na UTI. Sugeri aos médicos locais que tentassem a unidade de neurocirurgia mais próxima, mesmo sabendo que meus colegas de lá não iriam gostar muito do meu plano de operar uma paciente com um prognóstico tão desalentador. Ainda assim, disse a mim mesmo que eles não conheciam a família. Em seguida fui informado de que ela já estava melhor e que não precisaria mais de um leito na UTI. Liguei então para o residente da minha equipe, que disse que tínhamos leitos na enfermaria e que conseguiríamos interná-la. Às dez horas da noite, o hospital de Lincolnshire me ligou para dizer que haviam sido informados pela gestora de leitos do meu hospital que não havia vagas para internação.

Em um estado cada vez maior de irritação, fui pessoalmente até o hospital para encontrar um leito e conversar com a enfermeira encarregada das internações. Encontrei-a — uma enfermeira da mais alta competência com quem trabalho há anos — ao lado do balcão da enfermagem.

— Por que não podemos receber a paciente de Lincolnshire? — perguntei.

— Desculpe, doutor Marsh. Estamos esperando a ambulância de Londres trazer outro paciente e não podemos aceitar uma nova paciente até que o leito esteja vago — respondeu ela.

— Mas ela está vindo de um lugar que fica a cento e cinquenta quilômetros daqui! — disse, quase gritando. — Vai chegar no meio da porra da noite se você insistir em esperar até que a ambulância busque o outro paciente antes.

A enfermeira me fitou com um olhar cheio de ansiedade, e fiquei com medo de que ela fosse irromper em lágrimas.

— Escute, apenas mande que tragam a paciente — disse, esforçando-me para falar de maneira mais gentil. — Se houver algum problema, diga que tudo é culpa minha, e que fui eu que insisti...

Ela fez que sim com a cabeça e não disse nada, obviamente insatisfeita por eu lhe pedir para quebrar algum protocolo administrativo sobre internação de pacientes. Senti-me incapaz de perguntar o que ela iria fazer, relutando em pressioná-la ainda mais. Dei meia-volta e fui para casa. No passado isso nunca teria acontecido; um leito extra sempre acabaria sendo encontrado, e ninguém questionaria as minhas instruções.

Helen finalmente veio no meio da noite, embora, quando cheguei ao hospital pela manhã, ninguém soubesse em qual das alas ela havia sido internada, e eu tivesse de ir para a minha reunião matinal sem conseguir examiná-la. Na reunião, disse ao residente de plantão para exibir a tomografia da paciente. Apresentei um resumo do histórico de Helen.

— Por que vocês acham que estou operando esse caso perdido? — perguntei aos residentes. Ninguém fez menção de tentar responder. Assim, expliquei a situação da família e disse que eles achavam impossível aceitar que nada mais podia ser feito.

Com cânceres que progridem lentamente, às vezes é muito difícil saber quando parar. Os pacientes e suas famílias desenvolvem expectativas irreais e começam a pensar que podem receber tratamento eternamente, que o fim nunca vai chegar e que a morte pode ser eternamente adiada. Agarram-se à vida. Comentei na reunião sobre um problema similar que ocorrera algum tempo antes com uma criança de três anos, um filho único gerado por fertilização *in vitro*. Eu havia operado o garoto para retirar um ependimoma, ele tinha ficado bem e passado por radioterapia em seguida. Quando o tumor retornou — como sempre acontece quando há um ependimoma — dois anos depois, operei novamente e ele recorreu mais uma vez, em uma parte mais profunda do cérebro, logo em seguida. Recusei-me a operar novamente; pareceu-me não haver sentido. A conversa com os pais foi horrível; eles não aceitaram o que eu lhes disse e encontraram outro neurocirurgião que operou o garoto três vezes no decorrer do ano seguinte, e ainda assim ele morreu. Os pais, então, tentaram me processar por negligência. Foi uma das razões pelas quais parei de trabalhar com a pediatria. O amor, enfatizei para os meus residentes, pode ser muito egoísta.

— É por isso que você vai operar essa paciente? Está preocupado com a possibilidade de ser processado?

Na verdade, não estava preocupado com a possibilidade de ser processado, mas preocupava-me com a possibilidade de ser um covarde, ou simplesmente preguiçoso. Talvez quisesse operar porque não conseguiria confrontar a família e dizer a eles que havia chegado a hora de Helen morrer. Além disso, os especialistas em câncer consideram um sucesso estrondoso se os medicamentos mais recentes e caros conseguirem manter um paciente vivo por mais alguns meses.

— O que é terapia fotodinâmica? — perguntou outra pessoa.

— Apontar um laser para o tumor — explicou meu colega Francis. — O laser penetra somente um milímetro, e está comprovado que essa terapia é inútil. Recomendar algo assim atualmente é bastante dúbio.

Ele olhou para mim e emendou:

— Acho que você perdeu o juízo. Esta vai ser a quarta cirurgia, ela já passou por radioterapia e o tumor voltará a crescer daqui a algumas semanas. Há um risco alto de osteomielite do retalho ósseo, e aí você terá que removê-lo e deixá-la com um buraco enorme sob o couro cabeludo, e ela morrerá de maneira lenta e dolorosa por causa de algum fungo.

Eu não podia negar que aquela possibilidade existia. Virei-me para a fileira de residentes sentados no fundo da sala e perguntei se algum deles já vira um *fungus cerebri*.

Parecia que ninguém havia visto um desses, e eu esperava que nenhum deles chegasse a ver. Eu só vira uma vez, na Ucrânia. Se você tiver que remover o retalho ósseo depois de operar um tumor maligno porque ele foi infectado e não o recolocar no lugar, o paciente morrerá lentamente conforme o tumor recorrer, pois a anomalia pode se expandir para fora através da fenda no crânio sob o couro cabeludo. O paciente fica parecido com um alienígena de *Jornada nas Estrelas,* com um pedaço a mais de cérebro. Você não morre rapidamente por causa do aumento da pressão intracraniana, algo que acontece quando o crânio está intacto.

— É possível colocar uma placa de metal no lugar? — perguntou um dos residentes.

— Provavelmente ela vai acabar infectando também — disse.

— Se o osso infecciona, por que não deixá-lo lá mesmo?

— E correr o risco de que a cabeça do paciente comece a transbordar pus? Talvez se o paciente estiver em casa, mas não podemos permitir uma infecção aberta numa enfermaria — disse Francis. — Bem, espero que dê tudo certo, mas ainda acho que você perdeu o juízo. Simplesmente diga "não".

❖

Fiz a operação ainda naquela manhã. Encontrei um emaranhado deprimente de tumor, cérebro agonizante e vasos sanguíneos, e não consegui fazer quase nada. Enquanto ajudava meu residente a dar os pontos naquele couro cabeludo frágil para fechar o corte, me arrependi amargamente da fraqueza que demonstrei quando concordei em operar. Esses pensamentos foram interrompidos pelo anestesista.

— Uma das administradoras passou aqui hoje cedo — disse ele. — Estava muito irritada por você ter autorizado a internação de pacientes quando não havia leitos, e disse que você não devia estar operando este caso.

— Isso não é da conta dela — grunhi. — Sou eu que tomo as decisões clínicas aqui, não ela. Talvez ela queira ir conversar com a família e dizer a eles que chegou a hora de Helen morrer, ou que não temos nenhum leito...

Minhas mãos estavam começando a tremer com a irritação, e tive que me esforçar para me acalmar e prosseguir com a operação.

Quando o couro cabeludo estava suturado, meu residente e eu nos afastamos um pouco e olhamos para a cabeça da garota.

— Não vai cicatrizar muito bem, não é? — comentou ele, ainda jovem o bastante para apreciar o drama e a tragédia da medicina.

— Você nunca viu um *fungus* — respondi.

Posteriormente me sentei com a família em uma das saletas da ala dedicada a "dar notícias ruins". Fiz o melhor que pude para extinguir todas as esperanças que eles pudessem ter, algo que ia contra qualquer razão para operá-la em primeiro lugar, e, portanto, não fiquei feliz comigo mesmo. Disse a eles que não acreditava que a operação faria qualquer diferença útil e era apenas uma questão de tempo até que Helen morresse.

— Sei que você não ficou feliz por ter que operá-la novamente — disse o irmão de Helen quando terminei. — Mas queremos que saiba que estamos muito gratos. Nenhum dos outros médicos nos dava ouvidos. Ela sabe que vai morrer. Só quer viver um pouco mais, apenas isso.

Enquanto ele falava percebi que aquela era uma bela manhã de primavera, e até mesmo o jardim apático do hospital parecia ter um pouco de esperança.

— Bem, se tivermos sorte, talvez ela ganhe mais alguns meses — disse, tentando diminuir a força do golpe, já me arrependendo da maneira com que havia conversado com eles alguns minutos antes, sem conseguir encontrar um equilíbrio entre a esperança e a realidade.

Deixei-os na saleta com os joelhos apertados, já que os quatro estavam espremidos no sofá pequeno, e me apanhei pensando, mais uma vez, enquanto caminhava pelo corredor escuro do hospital, sobre como nos agarramos com tanta força à vida, e que haveria muito menos sofrimento se não o fizéssemos. A vida sem esperança seria algo incrivelmente difícil, mas, no fim das contas, a esperança pode acabar nos transformando em idiotas.

✂

O dia seguinte foi ainda pior. Nenhum de nós conseguiu fazer as tradicionais piadas sardônicas durante a reunião matinal. O primeiro caso foi o de um homem que morreu como resultado de um atraso em sua transferência para a nossa unidade, algo que poderia ter sido facilmente evitado; outro foi o de uma mulher jovem que entrou em estado de morte cerebral após uma hemorragia. Olhamos amargurados para a tomografia dela.

— Isso é um cérebro morto — um dos meus colegas explicou aos residentes. — O cérebro parece vidro moído.

O último caso era o de um garoto que havia tentado se enforcar e que sofreu danos no cérebro por hipóxia.

— Podemos analisar alguns casos menos deprimentes? — pediu alguém, mas não havia mais nenhum, e a reunião chegou ao fim.

Quando eu estava saindo, um dos neurologistas veio pelo corredor à minha procura. Estava vestido com um terno completo — calças, camisa e colete, uma raridade para médicos contratados da era moderna —, mas, em vez da jovialidade e positividade de sempre, ele parecia um pouco hesitante.

— Posso lhe pedir para examinar um paciente? — perguntou.

— É claro — respondi entusiasticamente, sempre interessado em encontrar mais pacientes que pudessem passar por cirurgias e esperando que fosse um tumor benigno, mas a expressão dele me deixou um pouco preocupado.

— Os exames estão no PACS — disse ele, e nós fomos até a sala de visualização onde o residente dele abriu um exame do crânio no PACS, o sistema digital de raios-X, em um dos computadores.

— Ela tem só trinta e dois anos, receio — explicou o neurologista.

— Oh, meu Deus — disse. A tomografia mostrava um grande e inconfundível tumor maligno na parte frontal do cérebro.

— Parece que esta semana não vai ser das melhores.

Voltamos à enfermaria onde a paciente estava deitada em um leito, por trás das cortinas. Havia feito a tomografia há vinte minutos, e o neurologista acabara de lhe contar — em termos gerais — o que o exame mostrava. Uma mãe jovem, com dois filhos, que vinha sofrendo com dores de cabeça havia algumas semanas. O marido estava sentado ao lado da cama. Ficou óbvio que os dois estavam chorando.

Sentei-me no leito e esforcei-me para explicar o tratamento de que ela precisaria. Tentei lhe dar um pouco de esperança, mas não podia fingir que ela iria se curar. Com essas conversas horríveis, especialmente quando as más notícias são reveladas de maneira tão súbita, todos os médicos sabem que os pacientes assimilarão apenas uma pequena parte do que lhes for contado. Mandei-a para casa com uma prescrição de corticoides — que fariam suas dores de cabeça melhorar rapidamente — e cuidei dos preparativos para que a operação fosse feita na segunda-feira seguinte, prometendo a ela e ao desconsolado marido que explicaria tudo novamente quando ela fosse internada na véspera da cirurgia. Não é uma sensação boa explicar a alguém, com efeito, que essa pessoa tem um tumor incurável no cérebro e, logo em seguida, mandá-la de volta para casa, mas não restava mais nada a fazer.

No dia seguinte, na reunião matinal, mostrei a tomografia dessa paciente para os residentes. A imagem do exame apareceu em preto e branco na parede diante de nós.

Contei-lhes a história e pedi a David, um dos residentes mais jovens, que imaginasse que alguém pediu a ele para examinar a mulher após a tomografia, como acontecera comigo no dia anterior. Perguntei o que ele diria a ela.

David, normalmente cheio de autoconfiança e entusiasmo, ficou em silêncio.

— Vamos lá — disse. — Você tem que dizer algo a ela. Já deve ter feito isso antes.

— Bem, eu... — ele se atrapalhou com as palavras. — Eu diria à paciente que detectamos uma anormalidade na tomografia, com... efeito de massa...

— Mas que merda isso iria significar para ela? — perguntei.

— Diria que ela precisaria passar por uma operação para que possamos descobrir o que é...

— Mas você estaria mentindo. Nós sabemos o que é isso, não é mesmo? É um tumor altamente maligno com um prognóstico horrível! Você está com medo de dizer a verdade a ela. Se o tumor fosse benigno, você seria só sorrisos, não é? E então, o que vai dizer a ela?

David não disse nada, e um silêncio bastante desconfortável se formou no escuro da sala de raios-X.

— Bem, é uma situação bastante difícil — disse, com a voz mais gentil. — É por isso que perguntei a você.

Quando tenho que dar más notícias, nunca sei se vou conseguir fazer direito. Os pacientes não vão me telefonar mais tarde e dizer: "Doutor Marsh, gostei muito de como o senhor me disse que eu ia morrer". Ou então, "Doutor Marsh, o senhor foi um bosta". É preciso ter a esperança de não haver complicado ainda mais as coisas.

Cirurgiões devem sempre dizer a verdade, mas, se for possível, raramente devem extinguir as esperanças dos pacientes. Pode ser muito difícil encontrar o equilíbrio entre otimismo e realismo. Há diferentes graus de malignidade nos tumores, e nunca se sabe o que vai acontecer ao paciente que está diante de você; sempre há alguns que sobrevivem por bastante tempo. Não são milagres, e sim pontos estatisticamente fora da curva. Assim, eu digo aos meus pacientes que, se tiverem sorte, podem viver ainda por muitos anos, e, caso contrário, pode ser um tempo bem menor. Digo a eles que, quando houver uma recidiva tumoral, pode ser possível tratá-los outra vez, e, embora até certo ponto isso não seja muito diferente de se apegar a esperanças improváveis, sempre se pode esperar que algum novo tratamento será descoberto. Além disso, a maioria dos pacientes e suas famílias vai pesquisar a doença na internet e não acredita nas mentiras protetoras e paternalistas de antigamente. Mesmo assim, cedo ou tarde, a maioria dos pacientes, como Helen, chegará a um ponto em que não há mais volta. Frequentemente é muito difícil, tanto para o médico quanto para o paciente, admitir que esse ponto foi alcançado. Os residentes na reunião matinal escutavam no escuro num silêncio respeitoso enquanto tentava explicar tudo isso, mas não sei se eles realmente compreenderam.

Depois da reunião fui até a enfermaria para dar uma olhada em Helen.

Mary, a enfermeira responsável pela ala, veio falar comigo.

— A família está com expectativas completamente irreais — disse ela, apontando para a porta do quarto anexo ao de Helen. — É óbvio que ela está morrendo, mas eles simplesmente não aceitam isso.

— Qual é o plano? — perguntei.

— A família não permite que a tratemos como um caso terminal, com os analgésicos mais potentes. Então estamos tentando organizar os esforços dos serviços comunitários e do médico e mandá-la para casa.

— E a incisão? — temia a resposta.

— Parece que vai se abrir a qualquer momento.

Respirei fundo e fui até o quarto anexo. Para o meu alívio a família não estava presente. Helen estava deitada de lado, de frente para a janela. Assim, dei a volta na cama e me agachei diante dela. Ela olhou para mim, com os olhos grandes e escuros, e abriu lentamente um sorriso. O lado direito da cabeça estava inchado, mas coberto por um curativo. Não vi motivos para remover o curativo, então, deixei-o como estava e me poupei de uma visão que qualquer cirurgião detesta — uma incisão que foi feita com todo o cuidado, pela qual ele foi o responsável, rompendo-se e se transformando numa ferida feia e aberta.

— Olá, doutor Marsh — disse ela.

Era difícil saber o que dizer.

— Como está? — tentei.

— Melhorando. A cabeça dói um pouco. — Ela falava lentamente, com a fala arrastada devido à paralisia do lado esquerdo do corpo. — Obrigada por me operar outra vez.

— Vamos levar você para casa assim que pudermos — disse. — Alguma pergunta?

Resisti à tentação de me levantar e ir até a porta quanto fiz a pergunta — um truque do inconsciente contra o qual todos os médicos têm que lutar quando precisam enfrentar uma conversa dolorosa. Helen não disse nada, então eu saí dali e fui para o centro cirúrgico.

12. Glioblastoma

(s.) O tipo mais agressivo de tumor
cerebral derivado de tecido não nervoso.

Tenho pouco contato direto com a morte no meu trabalho, apesar da sua presença constante. A morte se tornou uma coisa higienizada e remota. A maioria dos pacientes que morrem sob os meus cuidados no hospital têm lesões sérias na cabeça ou hemorragias cerebrais. Eles são internados em coma e morrem em coma no espaço amplo da Unidade de Terapia Intensiva depois de serem mantidos vivos por algum tempo com ventiladores. A morte vem de maneira simples e silenciosa quando são diagnosticados com morte cerebral e o ventilador é desligado. Não há últimas palavras nem um suspiro derradeiro. Alguns interruptores são virados e o ventilador para de fazer o ruído característico. Se os monitores cardíacos ficaram presos ao paciente — algo que geralmente não acontece —, é possível observar o coração no monitor do eletrocardiograma, uma linha vermelha de LED vermelho que sobe e desce com cada batimento cardíaco, ficar cada vez mais irregular, conforme o coração agonizante, sem o suprimento de oxigênio, luta para sobreviver. Depois de alguns minutos, em completo silêncio, o órgão para de funcionar e o traçado se transforma em uma linha reta. As enfermeiras removem os vários tubos e fios conectados ao corpo que já não tem mais vida e, depois de algum tempo, dois auxiliares de enfermagem trazem uma maca que esconde um caixote de paredes baixas sob um cobertor e levam o corpo para o necrotério. Se os órgãos do paciente forem destinados à doação, o ventilador continuará funcionando depois da morte do cérebro e o corpo será levado para o centro cirúrgico — normalmente à noite. Os órgãos são removidos e só então o ventilador é desligado e a maca com o cobertor chega para levar o cadáver.

Os pacientes que eu trato com tumores fatais morrem em casa, em centros de cuidados paliativos ou em seu hospital local. Em raras ocasiões um desses pacientes com um tumor no cérebro morre sob os meus cuidados enquanto ainda está no hospital, mas isso ocorre quando estão em coma, pois eles estão morrendo porque o cérebro está morrendo. Se houver alguma discussão sobre morte ou morrer, isso ocorre com a família e não com o paciente. Eu raramente tenho que enfrentar a morte frente a frente, mas ocasionalmente participo do fogo cruzado.

Quando eu era médico-residente, as coisas eram bem diferentes. Estava envolvido constantemente com a morte e com pacientes que estavam morrendo, diariamente. Em meu primeiro ano depois de formado, quando trabalhava como interno, a parte mais baixa da hierarquia do departamento, eu geralmente era chamado no meio da noite, quando estava dormindo, para atestar a morte de um paciente. Caminhava pelos corredores vazios e anônimos do hospital, jovem e saudável, envergando o jaleco branco de médico. Entrava numa enfermaria escura e as enfermeiras me apontavam um leito ao redor do qual as cortinas haviam sido fechadas. Eu percebia os outros pacientes, na maioria idosos e frágeis, provavelmente despertos e aterrorizados naquela escuridão, e talvez pensando em seu próprio destino, desesperados para se recuperarem e escaparem do hospital.

O paciente morto atrás das cortinas, discretamente iluminado por uma luminária ao lado do leito, se pareceria com todos os pacientes de hospital mortos. Geralmente seria idoso, vestiria uma camisola hospitalar e seria tão anônimo quanto qualquer outro, com um rosto repuxado e amarelento, faces murchas, manchas arroxeadas nos membros e completamente imóvel. Eu abriria a camisola, colocaria o meu estetoscópio sobre o coração para confirmar que não havia batimento cardíaco e depois abriria as pálpebras e iluminaria os olhos mortos com uma pequena lanterna em forma de caneta para verificar que as pupilas estavam "fixas e dilatadas" — que estavam lívidas e negras, grandes como pratos, e não se constringiam em reação à luz da lanterna. Em seguida iria até o balcão da enfermagem e acrescentaria a observação "óbito verificado", ou algo similar, e às vezes incluiria a abreviação RIP, da expressão em inglês *rest in peace*, descanse em paz. A maioria dos pacientes que eu atestava dessa maneira não eram meus conhecidos — à noite cobria as alas com pacientes que pertenciam a departamentos diferentes daquele no qual trabalhava durante o dia. Isso foi há muitos anos, quando exames *post-mortem* ainda eram uma prática comum. Era comum participar dos *post-mortems* de pacientes que haviam morrido nas alas pelas quais você era responsável durante o dia, aqueles de quem você cuidou durante os últimos estágios da doença e que você passou a conhecer. Mas eu detestava *post-mortems,* e normalmente tentava evitá-los. Meu distanciamento tinha seus limites.

Quando trabalhei no setor de emergências — o emprego que tive depois do meu ano como interno e do meu período como residente em cirurgia geral — vi a morte de maneiras mais dramáticas e violentas. Lembro-me de pacientes morrendo por causa de ataques cardíacos — ou "paradas" — diante de mim. Lembro-me de trabalhar durante uma noite inteira sem conseguir salvar um homem, que estava totalmente desperto e sofrendo de maneira horrível, olhando nos meus olhos enquanto se esvaía em sangue por causa de varizes esofágicas. Vi pessoas morrerem baleadas, ou esmagadas e retorcidas após acidentes de trânsito, ou eletrocutadas, por causa de ataques cardíacos, asma e todo tipo de câncer, alguns deles bem repulsivos.

E havia também as pessoas que já chegavam mortas ao hospital ao serem retiradas da ambulância. Como era o responsável pelo atendimento de emergência, tinha que atestar o óbito de alguma pobre alma que havia caído e morrido nas ruas. Nessas ocasiões encontrava o corpo ainda totalmente vestido sobre uma maca, e ter que abrir as roupas para colocar o estetoscópio sobre o coração era uma experiência profundamente diferente de atestar óbitos nos pacientes já internados com suas camisolas brancas e anônimas. Eu sentia que estava cometendo uma agressão e queria pedir desculpas por desabotoar suas roupas, mesmo que estivessem mortos. É impressionante a diferença que as roupas fazem.

�֍

Estava saindo de Londres numa tarde de sexta-feira, prestes a tirar alguns dias de folga e aproveitá-los numa viagem com a minha esposa. Aquele inverno havia sido particularmente frio, e eu estava admirando a maneira pela qual os galhos das árvores que ladeavam a estrada estavam elegantemente contornados pela neve, quando meu celular tocou. Certificando-me de que não havia viaturas da polícia à vista, eu o atendi. Não consegui entender o que foi dito.

— Quem? — perguntei.

Não consegui compreender o nome, mas a voz no telefone disse:

— Acabamos de internar o seu paciente David H. Ele veio para cá diretamente de casa.

— Oh! — disse, e parei o carro no acostamento.

— Está com uma hemiparesia progressiva e está ficando cada vez mais sonolento, mas melhorou com corticoide.

Eu me lembrava muito bem de David. A primeira vez em que o operei fora doze anos antes daquela ocasião, um tipo particular de tumor chamado astrocitoma de baixo grau no lobo temporal direito. São tumores no interior do próprio cérebro que crescem lentamente, inicialmente causando crises epilépticas ocasionais, mas que após algum tempo acabam passando por uma transformação maligna e se tornam tumores de "alto grau", conhecidos como glioblastomas, que inevitavelmente são fatais. Isso pode levar vários anos, e é impossível prever com certeza quanto um paciente ainda tem de vida. Alguns tumores, se forem suficientemente pequenos, podem ser curados com cirurgia. Os pacientes são na maioria adultos jovens que precisam aprender a conviver com uma lenta sentença de morte. Com pacientes assim é particularmente difícil saber como explicar seu diagnóstico. Se não conseguir alcançar o equilíbrio certo entre otimismo e realismo — como às vezes acontece comigo, por mais que me esforce —, pode acontecer de você condenar o paciente a viver o tempo que lhe resta num desalento agoniado, ou ser acusado de desonestidade ou incompetência quando o tumor se torna maligno e o paciente se dá conta de que vai morrer. David, entretanto, sempre deixou bem claro que desejava saber a verdade, por pior e mais incerta que fosse.

Estava com trinta e poucos anos quando teve a primeira convulsão e o tumor foi descoberto. Era um consultor administrativo de sucesso, e praticava ciclismo e corridas. Casado, tinha filhos pequenos. Uma pessoa bastante encantadora e determinada que conseguia transformar tudo em piada, e continuou a contar essas piadas mesmo quando eu havia aberto sua cabeça e removia o tumor sob anestesia local enquanto ele continuava desperto. Nós dois esperávamos que ele pudesse ser um dos poucos afortunados curados pela cirurgia, mas depois de três anos de acompanhamento os exames mostraram que o tumor havia voltado. Lembro-me claramente de dizer a ele, que estava sentado diante de mim no consultório, que isso significava que o tumor inevitavelmente iria matá-lo. Vi as lágrimas assomarem a seus olhos conforme eu falava, mas ele engoliu em seco e olhou diretamente para a frente por alguns momentos. Em seguida, discutimos quais tratamentos poderiam lhe dar mais algum tempo de vida. Durante os anos seguintes eu o operei mais duas vezes, e com sessões de radioterapia e quimioterapia ele conseguiu trabalhar e levar uma vida normal, até recentemente. Comparado a muitas outras pessoas com esse tipo de tumor, ele "estava muito bem", como os médicos costumam dizer. Vim a conhecê-lo, assim como a sua esposa, melhor do que alguns dos meus pacientes durante esses anos, e fiquei impressionado pela maneira com a qual eles enfrentaram a doença, e como conseguiram agir de maneira tão prática e determinada.

— Não creio que haja mais nada a fazer — disse a médica com quem eu estava conversando ao telefone. — Mas ele gostaria que você desse uma olhada nos exames. Tem muita fé em você. Já mostrei os exames a um dos neurocirurgiões daqui, e ele não se convenceu.

— Estou saindo do país amanhã de manhã, e vou passar alguns dias fora — disse. — Envie-me os exames eletronicamente, e eu darei uma olhada neles na semana que vem.

— Claro — respondeu ela. — Farei isso. Obrigada.

Agora estava nevando. Enquanto levava o carro de volta à estrada e continuava a seguir meu caminho, percebi que estava envolvido num doloroso diálogo interno. Por mero acaso eu estava próximo do hospital onde David estava internado, e precisaria apenas fazer um desvio curto para ir vê-lo pessoalmente.

"Eu realmente não quero ir até lá e dizer que ele vai morrer", era o que eu pensava. "Não quero estragar um belo fim de semana de folga com a minha esposa." Mas, bem no fundo, sentia que havia algo me arrastando até lá.

"No fim das contas, se eu estivesse morrendo, será que não gostaria de receber a visita do cirurgião em quem depositei minha fé por tantos anos?", pensei comigo mesmo. "Mas eu realmente não quero dizer a ele que chegou a hora de morrer..."

Irritado, relutantemente peguei a próxima alça de saída da estrada e fui até o hospital. O lugar se erguia como um monólito no meio do gigantesco estacionamento. Caminhei entristecido pelo infindável corredor interno que parecia se estender por vários quilômetros, mas talvez isso se devesse ao medo de ir conversar com meu paciente à beira da morte. Senti novamente o meu ódio visceral de hospitais e da sua arquitetura monótona e indiferente, dentro das quais uma porção enorme do sofrimento humano se desenrola.

Pelo menos os elevadores, enquanto eu subia até o quinto andar, não me diziam para lavar as mãos como fazem no meu próprio hospital, mas a voz que me dizia quando as portas iriam se abrir ou fechar parecia ainda mais irritante do que o habitual.

Finalmente cheguei à enfermaria. Encontrei David em pé diante do balcão da enfermagem, vestindo um pijama, ele parecia enorme em meio a um pequeno grupo de enfermeiras que o ajudavam a ficar em pé. Estava um pouco inclinado para um dos lados devido à fraqueza no lado esquerdo do corpo.

A médica que havia me telefonado estava ao lado dele, e veio na minha direção.

— Eles estão achando que eu sou mágica! Ligo para você, e em quinze minutos você aparece!

Fui até onde David estava e ele soltou uma gargalhada com a minha chegada súbita.

— Você de novo! — disse ele.

— Sim — respondi. — Vou dar uma olhada nos seus exames.

Em seguida, fui levado até um dos computadores que havia por perto.

Eu não conhecia pessoalmente a médica que cuidava de David até aquele momento, mas havíamos trocado cartas a respeito dele. Ficou imediatamente óbvio que ela sentia uma empatia profunda.

— Cuido de todos os pacientes com gliomas de baixo grau — disse ela com uma careta discreta. — Doença do neurônio motor e esclerose múltipla é fichinha em comparação. Os pacientes com gliomas de baixo grau são todos jovens, com filhos pequenos, e tudo que posso dizer é "vá embora e morra"... meus filhos têm a mesma idade dos de David, frequentam a mesma escola. É difícil não me envolver ou não me deixar emocionar.

Olhei para a tomografia no computador. A imagem mostrava que o tumor, agora canceroso, estava penetrando profundamente em seu cérebro. O fato de que o tumor ficava no lado direito do cérebro significava, como no caso de Helen, que seu intelecto e capacidade de compreensão continuavam praticamente intactos.

— Bem, eu poderia operá-lo — disse. — Mas provavelmente não lhe daria muito tempo a mais... alguns meses, na melhor das hipóteses. Isso seria prolongar a morte, não a vida. Serviria apenas para desperdiçar o pouco tempo que ele tem com falsas esperanças, e teria também seus riscos. Ele sempre deixou bem claro para mim que gostaria de saber a verdade.

Pensei nos outros pacientes que havia reoperado no passado em circunstâncias similares, como Helen, que não conseguiam suportar a verdade, e como eu geralmente me arrependia. Mas é bem mais difícil dizer ao paciente que não há nada mais a ser feito, que não resta esperança, que é hora de morrer. E sempre há o medo de que você possa estar errado, de que talvez o paciente tenha razão em se apegar a alguma esperança, por mais tênue que seja, ou esperar por um milagre, e que talvez você deva operar só mais uma vez. Pode se tornar uma espécie de *folie à deux*, em que tanto o médico quanto o paciente não são capazes de suportar a realidade.

Enquanto observava as tomografias, David foi levado de volta ao quarto individual onde fora internado no dia anterior, inconsciente e com metade do corpo paralisada, antes que a alta dose de corticoides o trouxesse temporariamente de volta à vida.

Entrei no quarto, onde a esposa e duas enfermeiras estavam em pé diante da cama. A luz da tarde estava esmaecendo e o quarto estava escuro, pois as lâmpadas ainda não tinham sido acesas. Pela janela vi o dia sombrio que fazia lá fora e o estacionamento do hospital alguns andares abaixo de nós, e, mais adiante, uma fileira de árvores e casas, a neve que caía, mas que não se acumulava no chão.

David estava deitado de costas e fez um esforço para se virar na minha direção quando entrei. Fiquei ao lado da cama, sentindo-me um pouco nervoso.

— Estava olhando os exames — disse, fazendo uma pausa. — Eu sempre falei que lhe contaria toda a verdade.

Percebi que ele não estava olhando para mim enquanto eu falava, e percebi que estava à sua esquerda, o lado hemianóptico. Ele provavelmente não conseguia me ver, pois o lado direito do cérebro já não funcionava. Assim, dei a volta ao redor da cama e, com os joelhos estalando, agachei-me ao seu lado. Ficar em pé ao lado de um paciente agonizante seria tão inumano quanto os longos corredores do hospital. Entreolhamo-nos por um momento.

— Eu poderia operar de novo — disse lentamente, tendo que forçar as palavras para que saíssem da minha boca. — Mas você só conseguiria mais um mês ou dois de vida, na melhor das hipóteses. Já operei pessoas na sua situação... e geralmente me arrependi.

David começou a responder, falando de maneira igualmente lenta.

— Eu percebi que as coisas não estavam bem. Havia... várias coisas que eu precisava organizar, mas... já fiz... tudo... agora.

Aprendi, com o passar dos anos, que, ao dar as "más notícias", como chamamos, provavelmente o melhor a fazer é falar o mínimo possível. Essas conversas, por sua própria natureza, são lentas e dolorosas e eu preciso controlar o meu impulso de falar sem parar para preencher o silêncio triste. Espero conseguir fazer isso melhor do que fazia no passado, mas tive que me esforçar enquanto David olhava para mim, e achei difícil não falar demais. Disse que, se ele fosse um membro da minha própria família, não iria querer que ele passasse por mais tratamentos.

— Bem... — disse após algum tempo, recobrando o autocontrole. — Suponho que consegui lhe dar uns bons anos a mais...

No passado ele participava de competições de ciclismo e atletismo, e tinha braços grandes e musculosos. Senti-me um pouco desajeitado enquanto estendi timidamente o braço para apertar aquela mão enorme e masculina.

— Foi uma honra poder cuidar de você — disse, e me levantei para ir embora.

— Não é muito apropriado, mas tudo que posso desejar é boa sorte — acrescentei, incapaz de me despedir, pois nós dois sabíamos que seria a última vez.

Levantei-me e a esposa de David veio até mim, com os olhos cheios de lágrimas.

Encostei o rosto em seu ombro, abraçando-a com força por alguns segundos, e em seguida saí do quarto. A médica de David me acompanhou.

— Muito obrigada por vir. Isso vai facilitar bastante as coisas. Vamos levá-lo para casa e organizar os cuidados paliativos — disse ela.

Acenei com tristeza e fui embora, com os mesmos passos trôpegos de um bêbado, embriagado pela alta dose de emoção.

— Fiquei feliz — disse a ela quando me afastava pelo corredor. — Foi ótimo, por assim dizer, ter essa conversa.

Será que conseguirei ser tão corajoso e digno quando a minha hora chegar? Era o que eu perguntava a mim mesmo enquanto caminhava rumo ao asfalto negro e bruto do estacionamento. A neve ainda estava caindo, e pensei mais uma vez no quanto detesto hospitais.

Entrei no carro e fui embora em meio a um turbilhão de emoções confusas. Não demorou até eu me ver preso no trânsito da hora do *rush*, e xinguei furiosamente os carros e seus motoristas como se eles fossem culpados pela morte desse homem bom e nobre, deixando uma viúva e os filhos órfãos. Gritei, chorei e estupidamente bati no volante com os punhos. E senti vergonha; não por fracassar em salvar aquela vida — o tratamento que ele recebeu foi o melhor que havia —, mas pela minha perda do distanciamento profissional e a vulgaridade do meu incômodo comparado à sua compostura e ao sofrimento da família, que eu só pude testemunhar, impotente.

13. Infarto

*(s.) Uma pequena área localizada de tecido
morto causada por irrigação sanguínea inadequada.*

Em uma das minhas viagens regulares ao departamento de neurocirurgia nos Estados Unidos, onde tenho um cargo honorário de docência, fiz uma palestra intitulada "Todos os meus piores erros". Foi inspirada pelo livro de Daniel Kahneman *Rápido e devagar — duas formas de pensar*, um relato brilhante publicado em 2011 sobre os limites da razão humana e como todos nós sofremos de algo que os psicólogos chamam de "vieses cognitivos". Achei reconfortante, quando pensava sobre alguns dos erros que cometi na minha carreira, aprender que erros de julgamento e a propensão a cometer erros são, por assim dizer, programados no cérebro humano. Achei que talvez pudesse ser perdoado por alguns dos erros que cometi no decorrer dos anos.

Todos nós aceitamos o fato de que cometemos erros e que aprendemos com eles. O problema é que quando médicos como eu cometem erros as consequências podem ser catastróficas para os nossos pacientes. A maioria dos cirurgiões — embora sempre haja algumas exceções — sente uma profunda vergonha quando seus pacientes sofrem ou morrem como resultado dos seus esforços, uma sensação de vergonha que piora ainda mais se houver algum processo legal a seguir. Cirurgiões têm dificuldade de admitir erros, tanto para si mesmos quanto para os outros, e há toda a sorte de maneiras com as quais eles disfarçam seus erros e tentam colocar a culpa em outros fatores. Mesmo assim, conforme me aproximo da aposentadoria, sinto uma obrigação cada vez maior de encarar os erros que cometi no passado, na esperança de que os meus residentes aprendam como não cometer os mesmos erros quando estiverem por conta própria.

Inspirado pelo livro de Kahneman, me propus a relembrar todos os meus piores erros. Durante vários meses, a cada manhã, eu ficava deitado na cama antes de me levantar para a minha corrida habitual no parque, reavaliando a minha carreira. Foi uma experiência dolorosa. Quanto mais pensava no passado, mais erros vinham à superfície, como bolsões de metano tóxico arrancados do fundo de um rio. Muitos deles passaram anos submersos. Também descobri que, se não os anotasse imediatamente, muitas vezes voltava a me esquecer completamente deles. De alguns, é claro, eu nunca consegui esquecer, e isso em geral acontecia porque as consequências para mim foram particularmente desagradáveis.

Quando encerrei a palestra para os meus colegas norte-americanos, percebi que havia um silêncio estupefato na plateia, e nenhuma pergunta foi feita. Pelo que percebi, acho que eles ficaram pasmos não pela minha honestidade imprudente, mas principalmente pela minha incompetência.

Os cirurgiões devem falar sobre seus erros nas reuniões regulares sobre "Morbidade e Mortalidade", nas quais erros evitáveis são discutidos e lições são aprendidas, mas aquelas das quais participei, tanto nos Estados Unidos quanto no meu próprio departamento, costumam ser eventos suaves, em que os médicos presentes relutam em criticar uns aos outros em público. Embora fale-se muito sobre a necessidade de que os médicos trabalhem em uma cultura "livre de culpa", é muito difícil alcançar isso na prática. Apenas no caso de médicos que se odeiam mutuamente, ou que estejam envolvidos em uma competição ferrenha (geralmente devido a assuntos de suas clínicas particulares, o que significa dinheiro), eles criticarão uns aos outros mais abertamente, e mesmo nesse caso as críticas vêm pelas costas, à boca pequena.

Um dos erros que discuti em minha palestra, e dos quais não me esqueci, envolveu um rapaz que foi internado no velho hospital, pouco antes do lugar fechar as portas. Um dos residentes da minha equipe

— de fato, um dos residentes norte-americanos que são mandados pelo departamento em Seattle para trabalhar em Londres durante um ano como parte do seu treinamento — veio me procurar e pediu que analisasse alguns exames.

Saímos do meu consultório e fomos até a sala de leitura de raios-X. Isso foi antes que o sistema de raios-X fosse informatizado, e os exames dos pacientes vinham impressos em grandes folhas de acetato. Eram colocadas em molduras de cromo e aço nas quais os filmes eram pendurados como se fossem roupas úmidas num varal, e cada moldura tinha rolamentos de metal de modo que pudessem ser colocadas e retiradas suavemente, uma a uma. O sistema era como um Rolls-Royce antigo: antiquado, mas com um projeto muito elegante. Desde que se tivesse secretárias eficientes especializadas em raios-X — algo que tínhamos na época —, o sistema era perfeitamente confiável e bem diferente dos computadores que agora dominam a minha vida profissional. Meu residente colocou alguns dos exames diante de mim.

— É um homem de trinta e dois anos no St. Richard's. Aparentemente, ficou com o lado esquerdo paralisado — disse ele.

A radiografia mostrava uma área grande e escura no lado direito do cérebro. Diz o ditado que para quem tem um martelo todo o resto se parece com pregos. Quando neurocirurgiões observam chapas de cérebros, veem coisas que acham que necessitam de cirurgia, e eu não sou exceção à regra. Olhei para a radiografia rapidamente, pois já estava atrasado para uma consulta.

Concordei com o meu residente que aquilo provavelmente era um tumor maligno, mas do tipo que era impossível de remover. Tudo que podia ser feito era uma biópsia, em que uma pequena parte do tumor seria extraída e enviada para análise. Disse a ele que trouxesse o paciente para o nosso hospital para que aquilo fosse feito. Em retrospecto, agi de maneira imprudente — devia ter feito mais perguntas sobre o histórico, e, se tivesse recebido as informações corretas, algo que admito não ter sido o caso, já que tudo que soube me foi passado por outra pessoa, eu provavelmente observaria as imagens com um olhar mais crítico, ou teria pedido a opinião do meu neurorradiologista.

Assim, o rapaz foi transferido para a unidade neurocirúrgica. Meu residente executou obedientemente a cirurgia de biópsia — uma operação trivial e relativamente segura feita através de um buraco de pouco mais de um centímetro de diâmetro aberto no crânio, concluída em menos de uma hora. A análise disse que a anormalidade não era um tumor, mas sim um infarto — ele havia sofrido um AVC, algo incomum para um homem daquela idade, mas possível de acontecer. Em retrospecto, percebi que o que a radiografia mostrava era relativamente óbvio, e eu interpretei de maneira errônea. Fiquei constrangido, mas não a ponto de me deixar abalar; não me pareceu ser um erro tão terrível, e um AVC era melhor do que um tumor maligno. O paciente foi transferido de volta para o hospital local para que a causa do seu AVC fosse investigada. Não voltei a pensar no assunto.

Dois anos depois recebi a cópia de uma longa carta, escrita pela mão trêmula e idosa do pai daquele homem. A carta havia sido enviada ao hospital e repassada a mim, para que eu fizesse comentários, pelo Departamento de Reclamações, recentemente renomeado pelo novo executivo-chefe como "Departamento de Reclamações e Melhorias". A carta me acusava de ser o responsável pela morte do rapaz, que morreu vários meses depois de ser encaminhado de volta ao hospital local. Seu pai estava convicto de que ele havia morrido por causa da operação.

Sempre fico muito ansioso quando recebo cartas com queixas. Todos os dias tomo várias dezenas de decisões que, se estiverem erradas, podem ter consequências terríveis. Meus pacientes precisam desesperadamente acreditar em mim, e eu preciso acreditar em mim mesmo também. Neurocirurgias são atos tão delicados quanto andar na corda bamba, e pioram muito devido à constante pressão para colocar os pacientes no hospital e tirá-los dali o mais rápido possível. Quando recebo uma carta dessas, ou uma carta escrita pelo advogado que anuncia a intenção de um dos meus pacientes de me processar, sou obrigado a encarar a grande distância que existe entre a corda sobre a qual estou me equilibrando e o chão lá embaixo. Sinto-me como se estivesse prestes a despencar em um mundo assustador onde os papéis habituais são invertidos — um mundo no qual não tenho nenhum poder e fico à mercê dos meus pacientes, orientados por advogados corteses e invulneráveis que, para me confundir ainda mais, se vestem com os mesmos ternos e gravatas respeitáveis que uso e conversam com o mesmo tom de voz confiante. Sinto que perdi toda a credibilidade e autoridade que envergo como uma armadura quando circulo pelos quartos e enfermarias, ou quando abro a cabeça de um paciente no centro cirúrgico.

Abri o arquivo com as notas sobre o paciente e soube que ele havia morrido devido a um segundo AVC causado por uma doença que afetava os vasos sanguíneos em seu cérebro que resultou do primeiro AVC, o qual eu havia interpretado erroneamente como um tumor. A operação de biópsia fora desnecessária e infeliz, mas irrelevante. Expliquei, desculpei-me e defendi-me em uma série de cartas, as quais o hospital reescreveu em terceira pessoa e enviou ao pai com a assinatura do executivo-chefe.

O pai não ficou satisfeito e exigiu uma reunião na qual pudesse prestar a queixa pessoalmente, e que acabou ocorrendo alguns meses depois. Uma mulher de meia-idade elegantemente vestida do Departamento de Reclamações e Melhorias, que eu não conhecia e que obviamente não sabia nada a respeito do caso, mediou a reunião. Os pais idosos do paciente estavam sentados diante de mim, o olhar endurecido pela raiva e pelo ódio, convencidos de que a minha incompetência havia matado seu filho.

Conversei com o casal, irritado e amedrontado pela raiva que eles sentiam, e fiquei bastante inquieto. Tentei me desculpar, mas também explicar por que a cirurgia, embora desnecessária, não tivera nada a ver com a morte do seu filho. Jamais havia participado de uma reunião como aquela antes, e não duvido que estraguei muitas coisas. A gerente do Departamento de Reclamações e Melhorias me interrompeu e disse que eu devia escutar o que o pai do paciente tinha a dizer.

Assim, tive que ficar sentado pelo que pareceu ser um tempo muito longo enquanto o homem enlutado despejava sua angústia e raiva. Fui informado posteriormente por outro gestor presente na reunião que a mulher do Departamento de Reclamações e Melhorias estava chorando silenciosamente enquanto o homem descrevia o seu sofrimento, pelo qual eu deveria ser considerado o único responsável. Soube mais tarde que o dia da reunião era também o segundo aniversário da morte do filho, e que ele havia ido visitar a sepultura do rapaz no cemitério local naquela mesma manhã. A gerente do Departamento de Reclamações e Melhorias acabou me dispensando e eu saí da sala, bastante abalado.

Pensei que aquilo seria o fim do problema, mas algumas semanas depois o executivo-chefe do complexo hospitalar ligou para o meu telefone celular, de maneira totalmente inesperada, alguns dias antes do Natal. Assumira o cargo havia pouco tempo, indicado recentemente pelo Departamento de Saúde devido à situação financeira delicada do hospital. Seu predecessor fora demitido de maneira súbita e ignominiosa. Conversei brevemente com esse novo executivo-chefe quando ele assumiu o cargo. Como acontece com todos os executivos-chefes do NHS na minha experiência (já passei por oito deles), eles passam por cada um dos departamentos do hospital quando recebem a indicação e nunca mais são vistos depois. A menos que alguém fique encrencado, é claro. Acredito que chamam isso de Gestão.

— Estou lhe avisando com antecedência sobre uma reunião que faremos no Ano Novo — anunciou ele.

— Mas do que se trata? —perguntei, sentindo a ansiedade crescer imediatamente.

— Isso terá que esperar até a reunião.

— Pelo amor de Deus. Por que está me ligando agora, então?

— Para avisá-lo com antecedência.

Fiquei assustado e confuso, e só consegui presumir que esse era o efeito desejado com aquele telefonema.

— E o que eu devo fazer em relação a isso? Um aviso com antecedência sobre o quê? Já estou me sentindo farto de trabalhar aqui — eu disse pateticamente. — Estou com vontade de me demitir.

— Oh, não podemos aceitar isso — respondeu ele.

— Bem, diga-me qual é o problema, então! — vociferei.

— É sobre uma reclamação recente, mas vamos esperar até a nossa reunião para falar a respeito.

Ele se recusou a me dar mais detalhes, e a conversa terminou.

— Feliz Natal — disse a ele.

A reunião foi agendada para o início de janeiro, e passei uma boa parte do Natal preocupado com ela. Talvez eu pareça corajoso e eloquente para os outros, mas tenho um medo profundo de figuras de autoridade, até mesmo de gestores do NHS, apesar de não nutrir nenhum respeito por eles. Suponho que esse medo foi doutrinado em mim por uma educação cara e particular há cinquenta anos, assim como um desdém simultâneo por meros gerentes. Senti-me tomado por um pavor insano só em pensar que seria chamado para me reunir com o executivo-chefe.

No evento, alguns dias antes da reunião, sofri uma hemorragia no olho esquerdo e tive que passar por uma cirurgia de emergência devido a um descolamento da retina. Talvez por causa da minha visão prejudicada, caí da escada quando estava em casa algumas semanas depois e quebrei uma perna. Quando estava recuperado, sofri então uma ruptura na retina — um problema de gravidade menor que o descolamento — no olho direito que precisou de tratamento. Quando voltei ao trabalho parecia que o executivo-chefe havia se esquecido de mim, assim como eu havia me esquecido da nossa conversa ao telefone. Fiz uma das minhas viagens regulares à Ucrânia e, pouco tempo depois, estava sentado em meu consultório cuidando da papelada que havia se acumulado enquanto estive fora.

— Você está encrencado de novo! — gritou Gail pelo vão da porta que havia entre as nossas salas. — A secretária do executivo-chefe telefonou. Você foi convocado para uma reunião com o executivo-chefe e o diretor cirúrgico amanhã, às oito.

Nessa ocasião sabia muito bem qual seria o assunto da reunião. Dois dias antes, depois de subir correndo as escadas até o segundo andar rumo à reunião matinal, fiquei chocado ao perceber que as portas da ala neurocirúrgica feminina tinham, colado em sua superfície, um enorme cartaz de um metro e vinte por um e sessenta. Nele havia um imenso símbolo de "entrada proibida" em tons sinistros de vermelho e preto, com instruções severas logo abaixo:

NÃO ENTRE A MENOS QUE SUA VISITA SEJA ESSENCIAL. ALGUNS PACIENTES DESTA ALA TÊM UMA DOENÇA INFECCIOSA.

Virei as costas e fui até a sala de leitura de raios-X para a reunião matinal. Os residentes estavam discutindo o cartaz. Aparentemente houvera um surto de norovírus naquela ala — um vírus desagradável, mas geralmente inofensivo que costumava ser chamado de "gripe do inverno". Meu colega Francis marchou para dentro da sala agitando o cartaz que havia arrancado das portas daquela ala.

— Dá para ser mais ridículo do que isso? — gritou ele. — Algum imbecil da administração grudou isso na porta da ala feminina. Por acaso devemos deixar de examinar as nossas pacientes?

— Você é um menino malvado! — disse. — Vai se encrencar com a gerência por ter tirado esse cartaz de lá.

Depois da reunião desci até o meu consultório e mandei um e-mail ao diretor do Serviço de Controle de Infecção Hospitalar reclamando sobre o cartaz. Sem dúvida, agora eu estava sendo responsabilizado pela sua remoção.

Às oito da manhã do dia seguinte, sentindo-me apreensivo e na defensiva, atravessei longos e infindáveis corredores até o labirinto de escritórios administrativos no coração do hospital. Passei pelas portas do gerente e subgerente de Estratégia Corporativa, o gerente interino de Desenvolvimento Corporativo, o diretor de Governança, os diretores de Planejamento de Negócios, Riscos Clínicos e de muitos outros departamentos de cujos nomes já não me lembro. Tenho quase certeza de que todos foram criados como resultado de relatórios bastante caros elaborados por consultores. O Departamento de Reclamações e Melhorias, percebi, havia sido renomeado mais uma vez e agora era o Departamento de Reclamações e Elogios.

O gabinete do executivo-chefe era formado por um conjunto de salas, com uma secretária na antessala e uma sala grande logo em seguida, com uma escrivaninha em uma das extremidades e uma mesa com cadeiras ao redor na outra. Assim como os gabinetes, pensei, com certo azedume, de todos os *apparatchiki* e professores ex-comunistas com os quais conversei na antiga União Soviética. O executivo-chefe, entretanto, não usaria as táticas de intimidação e autoexaltação de alguns dos seus pares pós-soviéticos, e, em vez disso, recebeu-me entusiasticamente e me ofereceu café. (Por outro lado, alguns dos professores pós-soviéticos mais simpáticos me recebiam pela manhã com doses de vodca.) O diretor de Cirurgia logo se juntou a nós e falou pouco durante toda a reunião, com uma expressão de irritação e exasperação em relação a mim e de deferência para com o executivo-chefe. Depois das amenidades, a questão do cartaz foi levantada.

— Pelo menos dessa vez segui os canais apropriados — disse. — Mandei um e-mail ao diretor do Serviço de Controle de Infecção Hospitalar.

— Um e-mail que causou um mal-estar enorme. Você comparou o hospital a um campo de concentração.

— Bem, não fui eu quem enviou cópias para toda a diretoria do centro hospitalar — retruquei.

— Eu disse que você fez isso? — respondeu o executivo-chefe num tom severo e professoral.

— Bem, talvez tenha sido um erro dizer "campo de concentração" — falei com certo constrangimento. — Foi uma bobagem e um pouco exagerado. Devia ter dito "prisão".

— Mas não foi você que arrancou o cartaz? — perguntou o executivo-chefe.

— Não — disse.

Ele ficou surpreso, e a sala ficou em silêncio por alguns instantes. Eu não tinha a menor intenção de delatar o meu colega.

— E houve um problema com uma reunião de Reclamações no ano passado.

— Sim, o Departamento de Reclamações da sua Diretoria conseguiu agendar a reunião no dia do aniversário da morte do paciente.

— Não é a "minha Diretoria", Henry — disse o executivo-chefe. — É a *nossa* Diretoria.

— O aniversário da morte é a pior data possível para uma reunião dessas. Já leu alguma coisa sobre as chamadas "Reações de Aniversário"? É particularmente difícil lidar com familiares de luto nessas ocasiões.

— Bem, tem razão. Tivemos uma dessas recentemente, não foi? — disse ele, virando-se para o diretor de Cirurgia.

— E também não houve nenhuma reunião prévia comigo, nem com a equipe da sua Diretoria sobre a fundamentação da queixa — acrescentei.

— *Nossa* Diretoria — ele me corrigiu de novo. — Mas é verdade que o procedimento diz que uma reunião prévia devia ter sido feita...

— Bem, o procedimento não foi seguido, mas lamento se me portei mal durante a reunião — disse. — Mesmo assim, tente sentar-se diante dos pais de um paciente que morreu e que estão convencidos de que foi você quem matou o filho deles. É ainda mais difícil quando a acusação é absurda, embora eu tenha feito um diagnóstico errado e ele foi submetido a uma operação desnecessária.

O executivo-chefe ficou em silêncio.

— Eu não conseguiria fazer o seu trabalho — disse ele, finalmente.

— Bem, eu também não conseguiria fazer o seu — respondi, sentindo uma gratidão súbita tomar conta de mim por sua compreensão. Pensei em todas as metas do governo, nos políticos que legislam em causa própria, nas manchetes de tabloides sensacionalistas, nos escândalos, datas-limite, funcionários públicos, erros clínicos, crises financeiras, grupos de pacientes para exercer pressão, sindicatos, processos legais, queixas e médicos egocêntricos com os quais um executivo-chefe do NHS tem que lidar.

Em média, eles permanecem no cargo por apenas quatro anos, o que não causa nenhuma surpresa.

Fitamo-nos durante alguns momentos.

— Mas o seu Departamento de Comunicação é uma merda — disse.

— Tudo que peço é que use os seus talentos comprovados em defesa do nosso hospital — disse ele.

— Queremos que você siga os procedimentos estabelecidos... — emendou o diretor de Serviços Cirúrgicos, sentindo-se obrigado a contribuir com a reunião.

Depois da reunião saí do labirinto e voltei ao meu consultório. Naquele mesmo dia, mais tarde, mandei minhas sugestões ao Departamento de Comunicação para a elaboração de um cartaz apropriado. O e-mail começava com "Precisamos da sua AJUDA...", mas nunca cheguei a receber uma resposta.

O executivo-chefe deixou o hospital algumas semanas depois. Foi remanejado para outro complexo hospitalar com dificuldades financeiras, onde sem dúvida ele iria fazer novos cortes para atender o governo e os funcionários públicos do Tesouro e do Departamento de Saúde. Havia durado dois anos. Ouvi rumores, alguns meses depois, que ele se licenciara do novo grupo hospitalar devido ao estresse, e, sentindo-me ligeiramente surpreso, lamentei por ele.

14. Neurotmese

(s.) Ruptura completa de um nervo periférico.

A recuperação completa da função é impossível.

No primeiro dia de junho, com o tempo subitamente quente e úmido, montei na bicicleta e fui ao trabalho para a reunião matinal. Antes de sair para a rua, dirigi-me ao pequeno jardim nos fundos da casa para inspecionar as minhas três colmeias. As abelhas já estavam trabalhando duro, disparando pelo ar, provavelmente se dirigindo para os limoeiros em flor que crescem em um dos lados do parque local. Enquanto pedalava para o trabalho, pensei alegremente no mel que iria coletar dali a algum tempo, no verão. Cheguei com alguns minutos de atraso. Uma das residentes estava apresentando os casos.

— O primeiro caso é um homem de sessenta e dois anos que trabalha como segurança em um dos hospitais locais — disse ela. — Mora sozinho e não tem parentes. Foi encontrado em casa, confuso. Seus colegas foram procurá-lo porque ele não apareceu para trabalhar. Apresentava vários hematomas do lado direito do corpo, e os colegas disseram que ele tinha dificuldades crescentes para falar durante as últimas três semanas.

— Você o examinou quando ele foi internado? — perguntei a ela, sabendo que os médicos que apresentavam os casos na reunião matinal raramente examinavam os pacientes da noite, devido aos seus turnos de trabalho curtos.

— Bem, na verdade, examinei sim — disse ela. — Estava disfásico e tinha uma ligeira fraqueza do lado direito.

— Então, qual será o diagnóstico? — perguntei.

— É um histórico de déficit neurológico progressivo de evolução rápida. Envolve a fala — respondeu ela. — Os hematomas do lado direito do corpo sugerem que ele está caindo para a direita, então, deve ser um problema progressivo do lado esquerdo do cérebro. Provavelmente no lobo frontal.

— Sim, muito bom. Que tipo de problema?

— Talvez um GBM, ou talvez um subdural.

— Com certeza. Vamos dar uma olhada na tomografia.

Enquanto ela manipulava o teclado do computador, os cortes da tomografia cerebral daquele pobre homem apareceram lentamente. As imagens mostravam o que era obviamente um tumor maligno no hemisfério cerebral esquerdo.

— Parece um GBM — disse alguém.

Havia dois estudantes de medicina na plateia naquela manhã. A médica olhou para eles, provavelmente se deliciando com o fato de que havia alguém num nível ainda mais baixo que o dela na hierarquia da equipe.

— Um GBM é um glioblastoma multiforme — disse ela, com um tom de voz que demonstrava seu conhecimento. — Um tumor cerebral primário bastante maligno.

— Esses tumores são fatais — acrescentei em benefício dos alunos. — Um homem da idade dele com um tumor desses só tem alguns meses ou, talvez, mais algumas semanas de vida. Se for tratado, o que significa uma remoção cirúrgica parcial seguida por radioterapia e quimioterapia, ele viverá apenas por mais alguns meses, na melhor das hipóteses, e provavelmente não vai recuperar a fala.

— Bem, James — disse, olhando para um dos residentes mais graduados. — A R2 deu um diagnóstico preciso. Qual é o procedimento a seguir neste caso? E quais são os pontos importantes aqui?

— Ele tem um tumor maligno que não podemos curar — respondeu James. — Está debilitado, mesmo com a administração de corticosteroides. Tudo que podemos fazer é uma biópsia simples e mandá-lo para a radioterapia.

— Sim, mas o que é realmente importante em relação ao histórico do paciente?

James vacilou, mas antes que ele pudesse responder eu disse que o fato importante era que o paciente não tinha família. Nunca conseguiria voltar para casa. Nunca conseguiria cuidar de si mesmo. Restavam-lhe apenas alguns meses de vida, independentemente do que fizéssemos — e, como não tinha família, provavelmente passaria o pouco tempo que lhe restava vivendo miseravelmente em uma ala geriátrica qualquer. Mas disse a James que talvez ele tivesse razão; seria mais fácil mandá-lo de volta ao seu hospital local se estabelecêssemos o diagnóstico formalmente. Assim, disse que seria melhor fazermos a biópsia e mandá-lo para os oncologistas. Tudo que podíamos fazer era esperar que eles fossem sensatos e não prolongassem o sofrimento do homem com tratamentos. A questão era que nós já sabíamos qual era o diagnóstico a partir das tomografias, e qualquer cirurgia seria uma farsa.

Tirei um *pen-drive* USB do bolso e fui até o computador na parte da frente da sala de visualização.

— Vou lhes mostrar algumas imagens radiológicas maravilhosas que consegui na minha última viagem à Ucrânia — comentei, mas fui interrompido por um dos meus residentes.

— Perdoe-me, mas a gerente responsável pelos turnos dos residentes concordou gentilmente em vir conversar conosco sobre a nova escala para os residentes, e só pode ficar aqui até as nove da manhã, pois tem que participar de outra reunião em seguida — disse ele. — Ela estará aqui dentro de alguns minutos.

Fiquei irritado porque não iria poder mostrar alguns dos enormes tumores cerebrais ucranianos, mas ficou claro que eu não tinha nenhuma escolha naquela questão.

A gerente se atrasou. Então, enquanto esperávamos pela sua chegada, fui até o centro cirúrgico para examinar o único paciente que seria operado naquele dia. Ele aguardava na sala de anestesia, deitado em uma maca, um jovem com uma ciática intensa devido a uma simples hérnia de disco. Eu o havia examinado seis meses antes. Era programador de computadores, mas também participava de competições de *mountain bike*, e estava treinando para algum campeonato nacional quando desenvolveu uma dor ciática excruciante na perna esquerda. Uma ressonância magnética mostrou que a causa era um fragmento de disco deslocado — uma "hérnia de disco intervertebral causando compressão na raiz do nervo de S1", em termos médicos. A hérnia de disco o impediu de treinar, e para sua enorme decepção ele teve que desistir dos campeonatos de *mountain bike*. O rapaz ficou muito assustado com a perspectiva de ter que passar por uma cirurgia e decidiu esperar para ver se melhoraria por conta própria, algo que, como eu mesmo lhe disse, com frequência acontece quando a pessoa aguarda por tempo suficiente. Entretanto, isso acabou não acontecendo, e ele agora a contragosto decidira aceitar a cirurgia.

— Bom dia! — exclamei, com uma alta dose de confiança cirúrgica na voz, uma confiança genuína, pois a operação planejada era simples. A maioria dos pacientes fica contente em me ver antes da operação, mas esse rapaz parecia aterrorizado.

Inclinei-me sobre ele e dei-lhe palmadinhas leves na mão. Disse-lhe que a operação era realmente simples. Expliquei que sempre tentamos avisar as pessoas sobre os riscos da cirurgia, mas prometi a ele que era bastante improvável que as coisas dessem errado. Falei que se eu tivesse aquela dor ciática por seis meses com certeza me submeteria a uma cirurgia. Não ficaria feliz com isso, mas aceitaria a cirurgia, embora, como a maioria dos médicos, eu seja um covarde.

Não sei se consegui tranquilizá-lo ou não. A operação era de fato simples, com riscos muito pequenos, mas o residente já o teria feito assinar o termo de consentimento naquela mesma manhã, e os residentes — especialmente os norte-americanos — costumam exagerar nas descrições dos riscos para o consentimento livre e esclarecido, aterrorizando os pobres pacientes com uma longa lista de complicações altamente improváveis, incluindo a morte. Eu apenas menciono os principais riscos, mas enfatizo que complicações sérias com uma simples cirurgia de hérnia de disco, tais como lesões dos nervos ou paralisia, são ocorrências realmente raras.

Saí da sala de anestesia e fui para a reunião com a gerente responsável pelo cumprimento das normas que regulamentavam os turnos de trabalho.

— Volto daqui a pouco para finalizarmos o trabalho — disse ao residente da minha equipe enquanto saía da sala de cirurgia, ainda que pensasse que isso não seria necessário, pois ele já havia feito operações como aquelas sozinho. Voltei para a sala de reuniões onde meus colegas estavam esperando com a gerente.

Ela era uma mulher corpulenta e intrometida, os cabelos tingidos com *henna* e em cachos pequenos. Falava com um tom imperioso.

— Precisamos que vocês concordem com a nova escala de trabalho — dizia ela.

— Bem, quais são as opções?

— Para estarem de acordo com as EWTD (sigla em inglês para-Diretrizes Europeias sobre o Tempo de Trabalho) seus médicos não poderão mais ficar de plantão. A sala dos plantonistas será removida. Examinamos os livros de ponto e eles estão trabalhando demais no momento. Devem ter direito a oito horas de sono todas as noites, com a garantia de que seis delas serão ininterruptas. Isso só pode acontecer se trabalharem em turnos como os clínicos gerais.

Meus colegas se agitaram desconfortavelmente em suas cadeiras e resmungaram.

— Tentaram organizar turnos de trabalho em outros lugares e esse esquema é universalmente impopular — disse um deles. — Destrói toda a continuidade dos cuidados. Os médicos vão mudar duas, três vezes a cada dia. Os residentes que trabalham à noite raramente conhecerão seus pacientes, e os pacientes também não os conhecerão. Todo mundo diz que isso é perigoso. Menos horas de trabalho significam que eles também terão muito menos experiência clínica, e isso também é perigoso. O próprio presidente da Faculdade Real de Cirurgiões da Inglaterra falou publicamente que é contra os turnos de trabalho.

— Temos que ficar de acordo com a lei — disse ela.

— Temos alguma opção? — perguntei. — Por que não podemos derrogar? Nossos residentes querem ter a opção de não aderir às Diretrizes (EWTD) e trabalhar mais do que quarenta e oito horas por semana, e, se derrogarem, isso pode acontecer. Todos os que trabalham no mercado financeiro optam por não aderir às normas. Meus colegas médicos na França e na Alemanha dizem que não se importam com as Diretrizes (EWTD). A Irlanda derrogou as Diretrizes Eurpeias sobre Tempo de Trabalho (EWTD) para os médicos.

— Não temos escolha — respondeu ela. — E, de qualquer maneira, o prazo para a derrogação se esgotou na semana passada.

— Mas só fomos informados de que seria possível derrogar na semana passada! — afirmei.

— Bem, isso é irrelevante agora — veio a resposta. — A diretoria decidiu que ninguém vai derrogar.

— Mas isso nunca foi discutido conosco. Nossa opinião sobre o que é melhor para os pacientes não conta? — perguntei.

A total falta de interesse pelo que eu dizia era bastante óbvia, e ela nem se incomodou em responder. Comecei a fazer um discurso inflamado sobre os perigos de proibir cirurgiões em treinamento de trabalharem mais do que quarenta e oito horas por semana.

— Você pode me enviar um e-mail com as suas opiniões — disse ela, interrompendo-me, e a reunião chegou ao fim.

Voltei para o centro cirúrgico, onde o meu residente estava começando a cirurgia de coluna. Ele já havia cuidado de um bom número de casos como aquele sozinho, e, embora não fosse o melhor dos meus residentes em termos de talento cirúrgico, era certamente um dos médicos mais gentis e atenciosos que já fizeram parte da minha equipe. Todas as enfermeiras o adoravam. Parecia seguro deixar que ele começasse e fizesse toda a cirurgia sozinho. A ansiedade extrema do paciente, entretanto, acabou me contaminando. Assim, troquei de roupa e entrei na sala de cirurgia, quando normalmente teria ficado do lado de fora, na sala do sofá de couro vermelho, pronto para entrar em ação, mas sem supervisionar diretamente o que ele fazia.

Como era um procedimento de coluna, o paciente, que havia ficado anônimo sob campos esterilizados azul-claros, estava anestesiado e deitado de bruços sobre a mesa, com uma pequena área da pele na região inferior da coluna exposta como um retângulo, tingida de amarelo pela solução antisséptica de iodo e fortemente iluminada pelos grandes focos cirúrgicos em forma de pratos suspensos e presos ao teto por braços articulados. No meio do retângulo havia uma incisão de mais de sete centímetros que atravessava a pele e os músculos espinais vermelho-escuros, mantidos abertos por retratores de aço.

— Qual o motivo de uma incisão tão grande? — questionei, irritado, ainda enraivecido pela gerente e sua completa indiferença em relação ao que eu havia dito. — Não viu como faço uma dessas? E por que está usando as ruginas ósseas grandes? Isso não devia ser necessário em L5/S1.

Estava irritado, mas não alarmado. A operação mal havia começado; os exames mostravam uma simples hérnia de disco e ele ainda não teria alcançado a parte mais difícil da cirurgia, que envolve expor a raiz comprimida do nervo no interior da coluna.

Paramentei-me e fui até a mesa de cirurgia.

— Vou dar uma olhada — declarei. Peguei uma pinça e observei o interior do corte. Um longo fio branco e brilhante, com a espessura de um pedaço de barbante — com dez ou doze centímetros de comprimento —, saiu da incisão na minha pinça.

— Jesus Cristo, caralho! — explodi. — Você cortou a raiz do nervo! — Joguei a pinça no chão e afastei-me da mesa de cirurgia para me apoiar na parede que ficava do outro lado da sala. Tentei me acalmar. Sentia vontade de me esvair em lágrimas. Na verdade, é muito incomum que erros técnicos grosseiros como esse ocorram durante uma cirurgia. A maior parte dos acidentes numa operação é sutil, complexa e mal chega a contar como erros. Com efeito, em trinta anos de neurocirurgia, nunca havia testemunhado um desastre como esse, embora já tivesse ouvido relatos.

Forcei-me a voltar à mesa de cirurgia e olhei para o corte ensanguentado, explorando-o cautelosamente, temendo o que iria encontrar. Ficou aparente que o meu residente havia compreendido mal a anatomia e abrira a coluna na borda exterior do canal espinal em vez da interior, e imediatamente encontrou uma raiz de nervo, a qual, de maneira ainda mais incompreensível, ele cortou completamente. Era uma coisa totalmente bizarra, em especial porque ele já havia visto dezenas de operações como essa antes, e cuidado de várias delas sem precisar de supervisão.

— Acho que o seu corte seccionou o nervo. Uma neurotmese completa — afirmei, entristecido, ao meu assistente embasbacado. — É quase certo que ele ficará com o tornozelo permanentemente paralisado, e passará o resto da vida mancando. Isso não é uma deficiência de pouca importância. Ele nunca mais conseguirá correr, nem caminhar em terreno acidentado. É o fim dos campeonatos de *mountain bike*.

Completamos o restante da operação em silêncio.

Redirecionei a abertura para o interior da coluna e rapidamente removemos a hérnia de disco sem dificuldade; essa era a cirurgia simples e rápida que eu havia prometido ao paciente enquanto ele estava deitado com a expressão apavorada na sala de anestesia, naquela mesma manhã.

Saí da sala de cirurgia onde Judith, minha anestesista há vários anos, veio falar comigo.

— Que situação horrível — disse ela. — E ele é tão jovem... o que você vai dizer?

— A verdade. É possível que o nervo não tenha sido cortado totalmente, e suponho que ele pode acabar se recuperando, mas, se isso acontecer, vai levar meses. Para ser honesto, duvido que seja possível, mas suponho que há alguma esperança...

Um dos meus colegas passou por ali, e eu lhe relatei o que havia acontecido.

— Mas que diabos — exclamou ele. — Isso é um azar tremendo. Acha que ele vai querer processar?

— Achei que era razoável deixar que o meu residente começasse. Ele já fez operações como essa antes. Mas eu não percebi. Ele era menos experiente do que eu imaginava. Foi de uma incompetência assustadora... mas, no fim das contas, eu sou o responsável pela operação.

— Bem, quem vai sofrer o processo é o hospital, de qualquer maneira. Não importa de quem foi a culpa.

— Mas eu errei ao julgar a capacidade dele. Sou responsável. E o paciente vai culpar a mim, de qualquer maneira. Ele confiou em *mim*, não na porra do hospital. Na verdade, caso ele não se recupere, eu mesmo vou recomendar que ele entre com um processo.

Meu colega ficou surpreso. Processos judiciais não são algo que devemos incentivar.

— Eu tinha que zelar por ele, não pelo hospital. Não é isso que o Conselho Federal de Medicina manda os médicos fazerem, religiosamente? — eu disse. — Se ele ficar aleijado por causa do erro que alguém cometeu, tem direito a uma indenização, não é? A ironia é que, se não tivéssemos que participar da reunião com aquela gerente ignorante, eu teria voltado à sala de cirurgia mais cedo e esse desastre provavelmente não teria acontecido. Queria poder dizer que a culpa é da gerente. Mas não posso.

Saí dali para redigir as notas da cirurgia. É muito fácil mentir se as coisas derem errado durante uma operação. Seria impossível que alguém viesse a saber depois da cirurgia o que exatamente havia acontecido.

Pode-se inventar justificativas plausíveis — além disso, os pacientes sempre são avisados de que lesões dos nervos podem ocorrer com esse tipo de cirurgia, apesar de eu quase nunca ter visto isso acontecer. Conheço o caso de pelo menos um neurocirurgião muito famoso, que agora está aposentado, que ocultou um erro ainda maior durante uma cirurgia num paciente também bastante famoso com anotações desonestas. Escrevi, entretanto, um relato honesto e preciso do que acontecera.

Saí do centro cirúrgico e trinta minutos depois vi Judith saindo da ala de recuperação.

— Acordou? — perguntei.

— Sim. Está movendo as pernas... — disse ela, com um pouco de esperança.

— É o tornozelo que importa — respondi, amargamente. — Não as pernas.

Fui até lá para ver o paciente. Havia acabado de acordar e não iria se lembrar de nada que eu lhe dissesse naquele momento, logo depois da operação. Assim, não falei muito, e confirmei, entristecido, os meus piores temores: estava completamente incapacitado de levantar o pé esquerdo — um "pé caído", como é chamado no jargão médico — e, como eu disse ao meu residente, uma condição bem incapacitante.

Fui vê-lo duas horas mais tarde, depois que havia retornado à enfermaria e estava completamente desperto. Sua esposa estava sentada ao lado, ansiosa.

— A operação não foi tão simples — disse. — Um dos nervos do tornozelo esquerdo foi lesado, e é por isso que você não está conseguindo flexionar o pé para cima. Pode ser que melhore, porém não posso dizer que isso vai acontecer com certeza. Mas, se for o caso, será um processo lento, que vai durar meses.

— Mas vai melhorar? — perguntou ele, ansiosamente.

Eu disse a ele que não sabia, e que só podia prometer que sempre lhe diria a verdade. Senti um forte enjoo.

Ele assentiu em uma compreensão entorpecida, chocado e confuso demais para dizer qualquer coisa. A raiva e as lágrimas, eu pensei enquanto saía do local e obedientemente esguichava nas mãos o álcool em gel que estava numa garrafa presa na parede, virão mais tarde.

Desci até o meu consultório e cuidei de uma montanha de documentos e papelada sem importância. Havia uma caixa imensa de chocolates na minha escrivaninha, deixada pela esposa de um paciente. Levei-a até a sala de Gail, que ficava ao lado da minha, pois ela gosta mais de chocolates do que eu. O escritório dela, diferentemente do meu, tem uma janela, e eu percebi que chovia forte sobre o estacionamento do hospital, mais abaixo. O cheiro agradável de chuva sobre a terra seca enchia a sala.

— Coma uns chocolates — falei.

Pedalei de volta para casa com um péssimo humor.

Por que eu simplesmente não paro de treinar os residentes? Perguntei isso a mim mesmo enquanto girava furiosamente os pedais. Por que eu mesmo não cuido de todas as operações? Por que tenho que carregar o fardo de decidir se eles podem ou não operar, quando a porra da gerência e os políticos é que ditam o seu treinamento? De qualquer maneira, tenho que examinar os pacientes todos os dias na enfermaria, já que os novatos são tão inexperientes agora... em especial nas raras ocasiões em que eles estão fisicamente no hospital. Sim, acho que não vou treinar mais ninguém, pensei com uma sensação súbita de alívio. Não é seguro. Há tantos contratados agora que ter que ir ao hospital durante a noite vez ou outra não seria um problema tão grande. O país está mergulhado num deficit financeiro enorme, então, por que não podemos ter um deficit enorme de experiência médica também? Vamos formar toda uma nova geração de médicos ignorantes no futuro. Foda-se o futuro, deixe que ele cuide de si mesmo, não é responsabilidade minha. Foda-se a administração, foda-se o governo e fodam-se os políticos patéticos e suas despesas fraudulentas, fodam-se os malditos funcionários públicos da porra do Departamento de Saúde. Foda-se todo mundo!

15. Meduloblastoma

(s.) Um tumor cerebral maligno que ocorre durante a infância.

Houve uma criança — Darren — que operei há muitos anos para tratar de um tumor maligno chamado meduloblastoma, quando ele tinha doze anos. O tumor havia causado hidrocefalia, e, embora eu o houvesse removido completamente, aquela condição continuou a ser um problema. Assim, algumas semanas após a cirurgia coloquei nele uma derivação (*shunt*, em inglês), que consiste no implante de um tubo de drenagem permanente no cérebro. Meu filho William havia passado pela mesma operação depois que seu tumor foi extraído pelas mesmas razões. William ficou bem desde então, mas o *shunt* de Darren ficou bloqueado em várias ocasiões — um problema comum — e foram necessárias várias operações subsequentes para revisar o *shunt*. Ele foi tratado com radioterapia e quimioterapia, e, conforme os anos se passaram, parecia que tinha se curado. Apesar dos problemas com o *shunt*, Darren conseguiu ter uma vida normal e foi aprovado na universidade para estudar contabilidade.

Ele estava na universidade, morando longe de casa, quando começou a apresentar fortes dores de cabeça. Foi trazido para o meu hospital enquanto eu estava de licença médica devido a um descolamento de retina. Uma tomografia cerebral mostrou que o tumor dele havia recidivado. Ainda que tumores como os de Darren possam recorrer, isso costuma acontecer nos primeiros anos após o tratamento. Um tumor que reapareça depois de oito anos — como no caso de Darren — é bastante incomum, ninguém esperava que isso acontecesse. A recidiva é sempre fatal, embora o tratamento possa adiar a morte por um ano ou, com sorte, dois. O plano era que um dos meus colegas fizesse a operação novamente durante a minha ausência, mas na noite anterior à cirurgia Darren apresentou uma hemorragia intratumoral catastrófica

— um evento imprevisível que ocasionalmente acontece com tumores malignos. Mesmo que ele tivesse sido operado com sucesso antes da hemorragia, é improvável que vivesse por muito tempo. A mãe estava com ele quando sofreu a hemorragia. Darren foi colocado num ventilador na UTI, mas já estava em estado de morte cerebral, e o ventilador foi desligado alguns dias depois.

Conheci Darren e sua mãe no decorrer dos anos e quando voltei ao trabalho fiquei triste ao saber que ele havia morrido, mesmo não sendo a primeira vez que um dos meus pacientes morria daquele jeito. Até onde consegui saber, o tratamento que Darren recebera a partir do momento em que chegara ao meu departamento foi inteiramente adequado, mas sua mãe estava convicta de que o rapaz havia morrido porque meu colega havia demorado para operá-lo. Recebi uma carta da mãe de Darren pedindo que eu a recebesse. Agendei um horário para conversar com ela em minha própria sala ao invés de usar um dos consultórios impessoais do ambulatório. Acompanhei-a até lá e ela sentou-se diante de mim. A mulher se desfez em lágrimas e começou a me contar a história da morte do filho.

— Ele ergueu o corpo subitamente na cama e colocou as mãos na cabeça. Meu filho gritou, "Me ajude, me ajude, mãe!" — disse ela, atormentada, enquanto me contava. Lembrei-me de como um dos meus pacientes, que estava morrendo por causa de um tumor, certa vez gritou para mim, pedindo ajuda, e como eu me senti mal e impotente. Seria muito pior, insuportável mesmo, pensei, se uma pessoa visse o próprio filho gritando por socorro e não tivesse como ajudar.

— Eu *sabia* que eles deviam ter operado, mas ninguém me deu ouvidos — disse ela.

Ela repetiu a sequência de eventos várias e várias vezes. Depois de quarenta e cinco minutos eu joguei as mãos para o ar e gritei, com um certo desespero.

— Mas o que você quer que eu faça? Eu não estava lá.

— Sei que não é culpa sua, mas eu estava esperando conseguir algumas respostas — retorquiu ela.

Eu disse que, até onde sabia, a hemorragia não podia ter sido prevista, e o plano de fazer a cirurgia no dia seguinte era perfeitamente razoável. Disse que os médicos e enfermeiros que estavam cuidando de Darren tinham ficado bastante incomodados com o que acontecera.

— Foi o que disseram na UTI quando quiseram desligar o ventilador — disse a mãe, com a voz embargada pela raiva. — Que manter o ventilador do meu filho ligado era incômodo para a equipe. Mas essas pessoas são pagas, elas *são pagas*, para fazerem seu trabalho!

A mulher ficou tão furiosa que saiu correndo da sala.

Eu a segui até a área externa do hospital, sob o sol da tarde, e a encontrei em pé no estacionamento que ficava em frente à entrada principal.

— Desculpe-me por ter gritado — eu disse. — Tudo isso é muito difícil para mim.

— Achei que você fosse ficar furioso quando soubesse que ele morreu — disse ela, com a voz marcada pela decepção. — Sei que isso é difícil para você... você tem suas obrigações com o hospital — disse ela, apontando para o prédio atrás de nós.

— Não estou tentando encobrir nada — respondi. — Não gosto deste lugar e não tenho nenhuma lealdade por ele. — Enquanto conversávamos, começamos a voltar para a entrada de aço e vidro do hospital. A passagem constante de pessoas que iam e vinham pelas portas automáticas fazia o lugar parecer ainda mais com uma estação de trens.

Levei-a de volta ao meu consultório, passando pelo aviso ameaçador na entrada do ambulatório que me causou problemas certa vez quando o denunciei numa entrevista de rádio. O cartaz dizia: "Este hospital se reserva o direito de não oferecer tratamento a pacientes violentos e abusivos". Era irônico, eu pensava, como aquele cartaz expressava a desconfiança que a administração tinha em relação aos pacientes, e era uma falta de confiança correspondente no hospital que agora atormentava a mãe de Darren. Ela pegou a bolsa que havia deixado na minha sala e foi embora sem dizer mais nada.

Voltei à enfermaria. Encontrei um dos meus residentes na escada.

— Acabei de conversar com a mãe de Darren — eu disse a ele. — Foi uma conversa bem difícil.

— Houve vários problemas quando o rapaz estava morrendo na UTI — respondeu ele. — Ela não queria que desligássemos o ventilador, embora ele já estivesse com morte cerebral. Para mim isso não era um problema, mas algumas pessoas da equipe de anestesia ficaram bem irritadas durante o fim de semana e algumas das enfermeiras estavam se recusando a cuidar dele, devido à morte cerebral...

— Oh, meu Deus — disse.

Lembrei-me da enorme raiva que sentira muitos anos antes, quando meu filho quase morrera devido ao que eu pensava ter sido o descaso de um dos médicos que cuidava dele quando fora internado com o tumor no cérebro. Também me lembrei de como, depois que me tornei neurocirurgião, operei uma menina com um enorme tumor na cabeça. O tumor era uma massa de vasos sanguíneos, uma das formas que um tumor pode assumir, e lutei desesperadamente para estancar o sangramento. A operação se transformou numa corrida desesperada entre o sangue que jorrava da cabeça da criança e a minha pobre anestesista Judith tentando colocar o sangue de volta em seu corpo por meio dos acessos venosos, enquanto eu tentava, sem sucesso, interromper a hemorragia.

A criança, uma menina muito bonita com longos cabelos ruivos, sangrou até morrer. Ela "morreu na mesa" — um evento excepcionalmente raro na cirurgia moderna. Enquanto eu completava o procedimento, dando pontos para fechar o couro cabeludo da paciente que agora estava morta, um silêncio sepulcral se instaurou na sala de cirurgia. Os sons habituais do lugar — as conversas entre os membros da equipe, o chiado do ventilador, os bipes dos monitores anestésicos

— haviam subitamente aquietado. Todos nós que estávamos na sala evitamos olhar nos olhos uns dos outros na presença da morte, e diante de um fracasso tão retumbante. E enquanto eu fechava a cabeça da criança morta, tinha que pensar no que iria dizer à família que estava à espera.

Arrastei-me até a ala pediátrica, onde a mãe esperava para conversar comigo. Ela não estaria esperando ouvir aquela notícia catastrófica. Tive muita dificuldade para falar, mas consegui transmitir o que havia acontecido. Não fazia ideia de como ela iria reagir, mas ela estendeu os braços para mim e me consolou pelo meu fracasso, embora tenha sido ela a perder a filha.

Médicos precisam ser responsabilizados por seus atos, pois o poder corrompe. Deve haver procedimentos para queixas e processos judiciais, comissões de inquérito, punições e compensações. Ao mesmo tempo, se você não esconder nem negar seus erros quando as coisas dão errado, e se os seus pacientes e suas famílias souberem que você ficou incomodado pelo que aconteceu, é possível até mesmo, se a sorte ajudar, receber a dádiva preciosa do perdão. Até onde sei a mãe de Darren não deu prosseguimento à queixa, mas temo que, se o seu coração não conseguir perdoar os médicos que cuidaram do rapaz em seus últimos momentos, ela será eternamente assombrada pelo seu grito de morte.

16. Adenoma de hipófise

(s.) Um tumor benigno da glândula hipófise.

Quando me tornei médico assistente, em 1987, já era um cirurgião experiente. Fui indicado para substituir o cirurgião-chefe no hospital onde eu estava treinando, e, conforme ele encerrava a carreira, passou a delegar-me a maioria das suas operações. Quando assumimos um cargo de chefia, repentinamente nos tornamos responsáveis pelos nossos pacientes de uma maneira que nunca acontecia quando éramos internos e posteriormente residentes. Passamos a encarar os anos de treinamento como uma época quase inocente. Como residente, a responsabilidade final por quaisquer erros que possamos cometer recai sobre o nosso chefe, não sobre nós. À medida que envelheço, tenho a impressão de que a autoconfiança de muitos dos meus residentes, por cujos erros sou responsável, é um pouco irritante, mas eu mesmo não era tão diferente antigamente. Tudo isso muda quando você assume o cargo de assistente.

Meus primeiros meses na função se passaram sem incidentes. Até que transferiram para o meu hospital um homem com acromegalia. A doença é causada por um pequeno tumor na glândula hipófise que produz hormônio de crescimento em excesso. O rosto da pessoa se transforma lentamente — torna-se pesado e grosseiro, não muito diferente do personagem Desperate Dan, dos cartuns publicados na revista *Dandy*, com queixo e testa enormes. Os pés crescem e as mãos ficam grandes e assumem um formato de pá. As mudanças no caso desse paciente não eram tão avançadas, e é comum que sejam tão graduais e levem tantos anos para acontecer que a maioria dos pacientes e suas famílias não as percebam. Se alguém soubesse que ele tem a doença, talvez percebesse que seu queixo estava um pouco maior. Os altos níveis de hormônio de crescimento acabam por causar problemas cardíacos, e é por essa razão, não pelas mudanças cosméticas, que operamos. A cirurgia é feita pela narina, pois a hipófise se localiza logo abaixo do cérebro, no alto das cavidades nasais, e geralmente é simples e descomplicada. Mesmo assim, há duas grandes artérias próximas à hipófise que, se o cirurgião tiver muito azar, podem ser afetadas durante a operação.

A esposa e as três filhas do paciente vieram com ele ao meu consultório na primeira vez em que o examinei. Eram todos italianos, e ficaram muito emocionados quando disse que seria necessário fazer uma cirurgia. Obviamente eles eram uma família bastante unida e afetuosa. Apesar da ansiedade generalizada em relação à operação, eles expressaram grande confiança em mim. O homem era muito simpático; fui visitá-lo na noite de domingo antes da cirurgia, e conversamos alegremente por algum tempo. É uma sensação muito agradável perceber que o seu paciente confia tão completamente em você. Eu o operei no dia seguinte, e a cirurgia transcorreu bem. Ele acordou perfeitamente. Voltei para examiná-lo mais tarde, na mesma noite, e sua esposa e filhas eram só elogios e agradecimentos, os quais recebi com alegria. No dia seguinte alguns dos sintomas da acromegalia — a sensação de que os dedos estão inchados — já estavam menos intensos, e na manhã de quinta-feira fui examiná-lo antes que ele fosse para casa.

Quando cheguei ao lado do leito e falei com o paciente, ele olhou para mim com uma expressão vazia e não disse nada. Naquele momento, percebi que o braço direito dele jazia ao lado do corpo, inutilizado. Uma das enfermeiras chegou correndo.

— Estávamos tentando encontrar você — disse ela. — Achamos que ele deve ter sofrido um AVC há alguns minutos.

Meu paciente e eu nos entreolhamos com estranheza. Eu mal conseguia acreditar, e ele não era capaz de entender o que estava acontecendo. Senti uma onda amarga de medo e decepção arrebentar sobre mim. Lutando contra aquilo, esforcei-me ao máximo para garantir (embora ele não fosse capaz de compreender as palavras) que tudo ficaria bem. Mas uma tomografia cerebral feita naquela manhã confirmou um AVC grande no hemisfério cerebral esquerdo. Deve ter sido causado pela cirurgia, embora fosse impossível saber com certeza. Agora o paciente estava afásico — completamente sem fala. Ele não parecia estar muito incomodado, provavelmente não tinha consciência do problema e estava vivendo em um estranho mundo sem linguagem, como um animal mudo.

Memórias esquecidas de outros pacientes que eu havia reduzido àquele estado grotesco no passado brotaram em minha mente. Um homem com um aneurisma no cérebro, uma das primeiras operações do tipo que eu executei sem supervisão quando estava no último ano da residência; outra ocasião foi uma operação que fiz em um homem com malformação de vasos sanguíneos no cérebro. Diferentemente deste homem, cujo AVC ocorreu três dias após a cirurgia, com esses dois pacientes as operações não tinham transcorrido bem, e eles sofreram os AVCs graves durante os procedimentos. Os dois me encararam depois com a mesma raiva e medo idiotizados, uma expressão de puro horror — incapazes de falar, incapazes de entender a fala —, o olhar dos condenados em alguma representação medieval do inferno. Em relação ao segundo paciente, lembro-me do alívio intenso que senti quando cheguei ao trabalho na manhã seguinte e descobri que ele havia sofrido uma parada cardíaca — como se o trauma intenso do que aconteceu houvesse sido forte demais para o seu coração. A equipe de ressuscitação estava trabalhando com frenesi ao redor dele, mas ficou claro que não iriam conseguir nada. Assim, mandei que parassem e o deixassem em paz. Não sei o que aconteceu com o outro homem, além do fato de que ele sobreviveu.

Pelo menos o homem italiano parecia estar apenas confuso, e olhava para mim com uma expressão vaga e vazia. Tive várias conversas longas e carregadas de emoção com a família naquele mesmo dia. Conversas que envolveram torrentes de lágrimas e muitos abraços. É difícil explicar, ou mesmo entender, como é não ter fala — ser incapaz de entender o que é dito, ou de transformar os pensamentos em palavras. Depois de AVCs graves, as pessoas podem morrer devido a edemas cerebrais, mas esse paciente permaneceu sem alterações durante quarenta e oito horas, e na noite seguinte eu garanti à família que ele não morreria, embora eu não soubesse se ele conseguiria recuperar a fala, e até mesmo duvidasse disso. Mesmo assim, dois dias depois, à uma hora da manhã, seu estado deteriorou.

Meu residente, ainda jovem e inexperiente, me telefonou.

— Ele apagou, e as duas pupilas estão midriáticas! — disse ele, excitadamente.

— Bem, se as duas pupilas dilataram, então ele herniou. Vai morrer. Não há nada a fazer — disse a ele. Herniação é o termo que usamos para nos referir a um cérebro espremido como pasta de dente pelo orifício do tubo na base do crânio quando a pressão interna fica alta demais. A parte herniada do cérebro fica com a forma de um cone. É um processo fatal.

Voltei para a cama, depois de rosnar para o meu residente, dizendo que não iria até o hospital. Mas não consegui dormir, e, assim, acabei indo até lá, passando pelas ruas desertas, com exceção de uma raposa solitária que trotava corajosamente diante de mim, atravessando a rua, sob uma chuva de verão. O choro da família, incluindo uma bisneta de três anos, ecoava pelos corredores vazios do hospital. Assim, reuni a todos, sentei-me numa cadeira de frente para eles, expliquei a situação e disse-lhes o quanto eu estava entristecido. A esposa do paciente ficou de joelhos diante de mim, com as mãos juntas, implorando-me para salvar o marido. Isso continuou por mais ou menos meia hora — mas tive a sensação de que durou mais tempo. Eles acabaram aceitando a inevitabilidade da sua morte, o que talvez fosse melhor para ele do que viver sem fala.

Lembro-me de outra ocasião em que um dos meus pacientes morreu por causa de um AVC após uma operação. A família sentou e ficou me encarando com expressões duras, sem dizer nada enquanto eu tentava explicar e me desculpar. Estava claro que eles me odiavam e achavam que eu havia matado o seu pai.

Mas essa família do homem italiano era extraordinariamente gentil e afetuosa. As filhas disseram que não me culpavam, e que seu pai tinha muita confiança em mim. Após algum tempo nos despedimos; uma das filhas trouxe a bisneta de três anos até mim, que agora havia parado de chorar. Ela me olhou com dois olhos grandes e escuros sobre as bochechas manchadas pelas lágrimas.

— Dê um beijo de boa-noite no doutor, Maria, e diga obrigada.

Maria riu com alegria quando esfregamos nossas bochechas uma na outra.

— Boa noite e tenha bons sonhos, Maria — disse, obedientemente.

O meu residente observou tudo isso. Agradeceu-me por poupá-lo da tarefa dolorosa de conversar com a família.

— A neurocirurgia é um trabalho terrível. Não siga por esse caminho — disse, passando por ele para ir até a porta.

Passei pela esposa do paciente, que estava ao lado do telefone público no corredor, enquanto caminhava para a saída.

— Lembre-se do meu marido, pense nele às vezes — disse ela, estendendo uma mão angustiada para mim. — Lembre-se dele em suas orações.

— Eu me lembro de todos os meus pacientes que morrem depois de cirurgias — disse, e acrescentei para mim mesmo: Seria melhor não lembrar.

Fiquei aliviado por ele ter morrido. Se houvesse sobrevivido, ficaria com muitas sequelas. O homem morreu por causa da operação, mas não como resultado de algum erro óbvio da minha parte. Não sei o que causou o AVC, nem o que poderia ter sido feito para evitá-lo. Assim, pelo menos uma vez, pelo menos em teoria, me senti inocente. Mas, depois de ir embora, fiquei sentado dentro do carro, diante da casa, sob a chuva que caía no escuro, por um longo tempo antes de conseguir me arrastar de volta para a cama.

17. Empiema

(s.) Uma condição caracterizada pelo

acúmulo de pus em uma cavidade corporal.

Era uma lista simples: uma craniotomia para um tumor e a seguir duas cirurgias de coluna de rotina. O primeiro paciente era um homem jovem com um glioma no lado direito do cérebro que não podia ser removido completamente. Eu o havia operado pela primeira vez cinco anos antes. Ele estava perfeitamente bem, mas as ressonâncias feitas para acompanhamento mostravam que o tumor estava começando a crescer novamente, e agora era necessário fazer uma nova cirurgia. Com sorte isso lhe daria mais alguns anos de vida. O paciente não era casado e tinha sua própria empresa de TI. Nós nos dávamos bem sempre que conversávamos no consultório, e ele recebeu a notícia de que precisava de mais uma cirurgia com uma compostura notável.

— Podemos esperar que uma nova operação lhe dê mais alguns anos — disse a ele. — Mas não posso prometer que isso aconteça. Pode ser um tempo bem menor. E a operação tem seus riscos.

— É claro que eu sei que o senhor não pode prometer isso, doutor Marsh — respondeu ele.

Fiz a operação sob anestesia local, de modo que pudesse verificar diretamente — simplesmente perguntando a ele — que não estava causando nenhuma paralisia no lado esquerdo do seu corpo. Quando digo a um paciente que acho que é melhor operá-lo sob anestesia local eles costumam ficar um pouco chocados. Na verdade, o cérebro em si não é capaz de sentir dor, já que a dor é um fenômeno produzido dentro do cérebro. Se o cérebro dos meus pacientes pudesse sentir que eu o estou tocando, seria preciso haver um segundo cérebro em algum outro lugar para registrar a sensação. Como as únicas partes da cabeça que sentem dor são a pele, os músculos e os tecidos do lado de fora do cérebro, é possível fazer cirurgias cranianas sob anestesia local, com o paciente totalmente desperto. Além disso, o cérebro não tem linhas pontilhadas dizendo "corte aqui" ou "não corte aqui", e os tumores do cérebro geralmente se parecem, mais ou menos, com o próprio cérebro. Assim, é fácil causar deficits neurológicos. Se, como nesse caso, o tumor estivesse crescendo perto da área que controla os movimentos, no lado direito do cérebro que controla o lado esquerdo do corpo, a única maneira de saber com certeza se eu estava causando algum dano era mantendo o paciente acordado. É muito mais fácil fazer cirurgias no cérebro sob anestesia local do que as pessoas imaginam, desde que o paciente saiba o que esperar e confie na equipe cirúrgica, especialmente no anestesista que cuida dele enquanto a operação se desenrola.

Esse homem enfrentou muito bem a situação, e enquanto eu me ocupava com a cirurgia, ele batia papo com a minha anestesista Judith — eles se conheciam da primeira cirurgia pela qual o paciente passara, e era como escutar dois velhos amigos enquanto falavam sobre finais de semana, suas famílias e receitas (ele era entusiasta da culinária), enquanto Judith lhe pedia, de tempos em tempos, que movesse o braço e a perna esquerdos para ter certeza de que ainda conseguia movê-los, conforme eu trabalhava no cérebro dele com o meu aspirador e a pinça bipolar.

Assim, a operação foi realmente objetiva e, depois de supervisionar o meu residente com os dois casos de cirurgia de coluna, fui até a UTI e vi que o paciente estava bem, conversando com a enfermeira que lhe prestava cuidados. Saí do hospital para ir até a área central de Londres, onde participaria de uma reunião.

✻

Levei minha bicicleta dobrável no trem até Waterloo. Era um dia muito frio, com uma chuva gelada, e a cidade parecia desolada e cinzenta. Pedalei até as câmaras jurídicas da região de Fleet Street, onde a reunião seria realizada. O assunto era uma cirurgia que eu havia feito três anos antes. A paciente desenvolvera posteriormente uma infecção estreptocócica catastrófica, chamada empiema subdural, que eu não percebera a princípio. Eu nunca havia encontrado uma infecção pós-operatória como essa antes, e não conhecia nenhum outro cirurgião que houvesse passado por essa experiência. A cirurgia transcorrera tão bem que eu não acreditei que estava tudo dando errado e desconsiderei os primeiros sinais da infecção — sinais que, em retrospecto, eram bastante óbvios. A paciente havia sobrevivido, mas, em função da minha demora em diagnosticar a infecção, ela acabara ficando quase que totalmente paralisada, e permanecerá assim pelo resto da vida. A ideia de estar naquela reunião era algo que assombrava a minha mente havia muitas semanas.

Apresentei-me à recepcionista no grande e imponente saguão de mármore e fui levado até uma sala de espera. Logo depois, um outro neurocirurgião que conheço bem se juntou a mim na sala. Ele estava prestando consultoria ao sindicato de defesa dos médicos naquele caso.

Eu contei a ele sobre como cometera um erro tão desastroso.

O marido da paciente havia me ligado na manhã de domingo, quando eu estava no hospital cuidando de uma emergência. Não assimilei de fato o que ele disse e diagnostiquei erroneamente a infecção como uma inflamação inofensiva. Eu nunca devia ter diagnosticado isso com base apenas em um telefonema, mas estava ocupado e distraído, e em vinte anos nunca tinha ocorrido uma complicação séria com aquela cirurgia em particular.

— Entendi. Mas, pela graça de Deus, isso podia ter acontecido comigo — disse o meu colega, tentando me animar.

Em seguida, dois advogados do sindicato entraram na sala. Foram bastante educados, mas praticamente não sorriram. Tive a impressão de que eles pareciam estar tensos e preocupados, mas talvez isso fosse apenas produto da minha imaginação, criado pela minha enorme sensação de culpa. Eu tinha a sensação de estar participando do meu próprio funeral.

Descemos por uma escada até uma sala no subsolo, onde um Conselheiro Jurídico Real — bem mais jovem do que eu — estava à espera. Um enorme mostruário nas paredes exaltava as virtudes do seu gabinete em belas letras maiúsculas em estilo romano. Não me lembro exatamente de quais eram essas virtudes. Estava me sentindo desconfortável demais para reparar nos detalhes.

O café foi servido, e um dos advogados, uma mulher, abriu várias caixas de documentos sobre a mesa.

— É terrível perceber quantos problemas um telefonema pode causar — eu disse tristemente enquanto a observava, e ela agora deu um breve sorriso para mim.

— Preciso iniciar com a explicação da origem de todo esse processo — disse o Conselheiro Real. — Acho que a defesa vai ser muito difícil...

— Concordo inteiramente — disse, interrompendo-o.

A reunião durou apenas cerca de duas horas. Ficou dolorosamente claro — como eu sempre soube — que aquele caso era indefensável.

Ao final da reunião, o Conselheiro pediu ao meu colega que se retirasse.

— Doutor Marsh, é melhor o senhor continuar aqui — disse ele.

Lembro-me de uma ocasião em que tive que esperar diante da porta do diretor da minha escola, cinquenta anos antes daquele episódio, sentindo-me enjoado pela ansiedade, para ser castigado por aquele homem idoso e gentil por algum episódio de mau comportamento. Eu sabia que o conselheiro iria agir com frieza e profissionalismo, mas ainda assim senti-me tomado pelo medo e pela vergonha.

Depois que meu colega saiu, ele me encarou.

— Receio que não temos realmente um caso aqui — disse ele, com um sorriso pesaroso.

— Eu sei — respondi. — Sempre tive a sensação de que esse foi um erro indefensável.

— Receio que essa situação vá se arrastar por algum tempo — disse a advogada, com um tom de voz que imagino ser muito parecido com o meu quando tenho que dar más notícias aos meus pacientes.

— Oh, está tudo bem — disse, tentando falar de maneira corajosa e filosófica. — Já assimilei o fato. Neurocirurgia é isso. Só lamento ter deixado a pobre mulher incapacitada e custar alguns milhões de libras a vocês.

— É para isso que estamos aqui — disse ela. Os três me olharam com expressões gentis e ligeiramente questionadoras. Talvez esperassem que eu irrompesse em lágrimas. Era uma sensação estranha perceber que outras pessoas sentiam pena de mim.

— Vou acompanhá-lo até a saída — disse o Conselheiro Real, e insistiu em demonstrar cortesia profissional acompanhando-me até o elevador do corredor. Não achei que eu merecia aquilo.

Trocamos um aperto de mãos e ele retornou ao gabinete para discutir com os dois advogados os custos da indenização extrajudicial.

Encontrei meu colega à minha espera, no saguão.

— O que mais dói é a vergonha profissional — eu disse a ele. Estava empurrando a minha bicicleta enquanto caminhávamos pela Fleet Street. — A vaidade, na realidade. Como neurocirurgião, é preciso aceitar que você vai acabar destruindo a vida das pessoas e cometer erros. Mas ainda me sinto péssimo por causa disso e por saber o quanto tudo isso vai custar.

A previsão do tempo havia prometido uma manhã sem chuva, e nenhum de nós dois estava vestido adequadamente. Nossos ternos profissionais de risca de giz ficaram ensopados enquanto atravessávamos a Ponte de Waterloo. Conforme a chuva escorria pelo meu rosto, minhas bochechas se transformaram em gelo.

— Sei que ninguém é obrigado a aceitar essas coisas — prossegui, desanimado. — Mas ninguém, ninguém além de um cirurgião entende o que é ter que ir até a enfermaria e ver, todos os dias... às vezes durante meses a fio... alguém em quem deixou sequelas e enfrentar a família ansiosa e furiosa ao redor do leito, pessoas que perderam totalmente a confiança em você.

— Alguns cirurgiões não conseguem nem mesmo subir até a enfermaria.

— Eu disse a eles para me processarem. Disse que havia cometido um erro terrível. Não é exatamente o que se costuma fazer, não é mesmo? Pode parecer loucura, mas continuei a ter amizade com eles. Pelo menos é isso que eu acho, mas não posso esperar que eles tenham uma imagem muito boa de mim, não é?

— Não se pode ficar feliz consigo mesmo por muito tempo na neurocirurgia — disse o meu colega. — Há sempre um novo desastre esperando para acontecer.

Entramos na estação de Waterloo, onde a multidão estava se reunindo para passar o final de semana nas terras mais ao sul, trocamos um aperto de mãos e cada um seguiu seu caminho.

Não me atrevi a perguntar quantos milhões de libras iria custar aquele acordo de indenização. O valor final, pelo que soube dois anos depois, chegou aos seis milhões.

✤

De volta ao hospital naquela noite, subi até a UTI para examinar o rapaz com o tumor recorrente que eu havia operado pela manhã. Tinha a sensação de que aquilo acontecera muito tempo antes. A operação correu bem, mas nós dois sabíamos que eu não o havia curado, e que o tumor voltaria a crescer, mais cedo ou mais tarde. Ele estava sentado na cama com uma atadura ao redor da cabeça.

— Ele está bem — disse a enfermeira que cuidava dele, erguendo os olhos da estante ao pé do leito onde registrava suas observações no prontuário.

— Mais uma vez, doutor Marsh, a minha vida esteve em suas mãos — disse o meu paciente, olhando-me com uma expressão intensa. — Eu realmente não tenho como lhe agradecer.

Ele queria dizer mais, mas eu coloquei meu dedo sobre seus lábios.

— Shhhh — disse, enquanto dava meia-volta para sair da UTI. — Conversamos amanhã.

18. Carcinoma

(s.) Um câncer, especialmente do tipo que se origina em tecido epitelial.

Fui visitar a minha mãe no hospital num sábado. A ala de oncologia na qual ela havia sido internada ficava no décimo andar, e sua cama ficava ao lado de uma imensa janela panorâmica. A vista dava para o Parlamento e a Ponte de Westminster que cruzava o rio, vistos de cima, mas ainda assim bem próximos. O clima primaveril estava excepcionalmente límpido. O rio Tâmisa abaixo de nós refletia a luz do sol como aço polido e machucava os meus olhos. A cidade, mais além, era quase opressiva em sua claridade, uma paisagem implacável de prédios, desumanos em escala e tamanho. Uma vista inapropriada, pensei, para alguém que estava morrendo.

Minha mãe disse que a equipe era bastante amigável, mas que estava completamente sobrecarregada pelo trabalho e desorganizada em comparação à ocasião em que esteve internada naquele mesmo hospital muitos anos antes, indicando com um gesto a cama que não era arrumada havia dois dias. Ela detestava reclamar, mas admitiu que foi mantida em jejum por dois dias consecutivos para um exame de ultrassom — um exame que eu sabia ser completamente desnecessário, pois ela já apresentava icterícia e obviamente tinha metástases no fígado por causa do carcinoma na mama do qual fora tratada vinte anos antes. Havia uma certa comodidade, disse ela, em usar uma cadeira sanitária enquanto olhava de cima para os governantes da nação do outro lado do rio. Minha mãe havia crescido na Alemanha nazista (de onde escapou em 1939), e, embora fosse uma cidadá que seguisse perfeitamente as leis, sempre foi cética em relação às autoridades.

Ela estava definhando, em suas próprias palavras. Os ossos do rosto estavam ficando cada vez mais proeminentes, e, como a pele estava bem rente ao esqueleto que ficava logo abaixo, consegui me reconhecer nela ainda mais claramente. As pessoas sempre dizem que, entre seus quatro filhos, eu sou o que mais se parece com ela fisicamente. Minha única esperança era que ela ainda pudesse ter uns poucos meses de vida. Tivemos uma conversa inconclusiva sobre o que ela deveria fazer com o tempo que lhe restava. Minha mãe era uma das pessoas mais corajosas e filosóficas que eu conheço, mas nenhum de nós conseguia se referir à morte pelo nome.

Eu estava de plantão naquele final de semana e recebi inúmeras ligações de um residente novo e inexperiente devido a muitos problemas difíceis. Esses problemas não eram difíceis no aspecto clínico, mas causados pela falta crônica de leitos.

Na segunda-feira seguinte houve várias reclamações de pacientes porque eu tentei lhes dar alta do hospital rápido demais. Um dos pacientes queixosos era um senhor idoso e falastrão que relutava em ir para casa com uma sonda urinária após uma operação simples na coluna. Eu lhe disse que ele estaria fazendo um favor a outro paciente se fosse para casa naquele dia, pois não tínhamos leitos disponíveis para os pacientes que deviam ser internados para cirurgias no dia seguinte. Ele continuava na ala três dias depois, e a enfermeira-chefe do setor me criticou por ter falado com ele do jeito que falei (ainda que eu pensasse que havia sido escrupulosamente cortês). Tive que cancelar a operação de uma mulher com neuralgia grave do trigêmeo porque ele se recusava a ir embora. Mesmo assim, a enfermeira-chefe disse que eu tinha que me desculpar com ele por tentar fazê-lo sair do hospital antes da hora que ele achava que deveria sair. Assim, fui me desculpar com ele (por entre dentes que rangiam silenciosamente). Ele aceitou minhas desculpas alegremente.

— Sim, entendo, doutor — disse ele. — Eu trabalhava no ramo de cozinhas planejadas e às vezes não conseguia completar um trabalho no prazo. Também não gostava de decepcionar as pessoas.

Resmunguei alguma coisa sobre neurocirurgia e montar armários de cozinha não serem exatamente a mesma coisa e saí do quarto dele

— um quarto com sacada, com vista para os jardins e as árvores do hospital e, no horizonte, a cidade de Epsom. Eu ainda estava trabalhando no velho hospital naquela época — ele seria fechado três anos depois. Talvez, se estivesse em uma enfermaria mais típica do NHS e não em um quarto individual com vista para os jardins do hospital e as várias abróteas que eu havia plantado alguns anos antes, ele tivesse querido ir embora antes.

Estava em Glasgow para um congresso de medicina dois dias depois, quando o diagnóstico de um câncer intratável foi finalmente estabelecido e minha mãe foi mandada para casa para morrer. Não se levantou a possibilidade de quimioterapia em alguém com a idade dela e num estágio tão avançado da doença, e ela também não a queria, algo que meu pai teve dificuldade em aceitar. Voltei de Glasgow, fui até a casa dos meus pais e os encontrei sentados na cozinha. Minha mãe havia desenvolvido icterícia devido à insuficiência hepática desde a última vez que a vira e parecia desgastada e fragilizada, embora ainda continuasse a ser totalmente ela mesma.

— Não quero deixar vocês — disse ela, tristemente. — Mas não acho que a morte seja o fim de tudo, como sabem.

Meu pai, aos oitenta e seis anos e já começando a sofrer de demência, doença que o mataria oito anos depois, observava a tudo com uma expressão vaga e perdida, como se não conseguisse realmente assimilar o que estava acontecendo: seu filho de cinquenta anos estava chorando por causa da esposa com quem ele era casado havia sessenta anos, e pelo fato de que ela iria morrer em breve.

A condição dela se deteriorou rapidamente durante os dias que se seguiram, e ela morreu em duas semanas; uma enfermidade curta, como os obituários descrevem, apesar de haver dado a sensação de ter sido muito longa enquanto durou. Ela permaneceu inteiramente lúcida e completamente dona de si até o fim, preservando seu modesto e ligeiramente irônico senso de humor até os últimos instantes.

Ela enfraquecia a cada dia, e logo ficou restrita à cama durante o dia, na sala de música do térreo. Ao final do dia eu a levava nos braços para o andar de cima da casa dos meus pais — agora ela já não pesava quase nada. Mesmo assim, isso logo se tornou penoso demais para ela. Assim, após discutir o assunto comigo e com uma das minhas irmãs, que é enfermeira, minha mãe permaneceu no quarto que havia dividido com o nosso pai nos últimos quarenta anos. Decidiu que aquele seria o lugar onde iria morrer. Era um quarto bonito — em estilo georgiano de proporções perfeitas, com painéis de madeira, pintado em um tom de verde-claro, com uma lareira e uma cornija decorada com sua coleção de pequenos pássaros de cerâmica e ovos. As janelas altas, com as vidraças retangulares, davam vista para as árvores de Clapham Commons, que eram especialmente bonitas naquela época do ano. À esquerda era possível ver a igreja local, que ela frequentava todos os domingos, e onde o seu funeral seria realizado.

Todos os dias, pela manhã e no início da noite, minha irmã e eu íamos até a casa para cuidar dela. No início eu a ajudava a ir até o banheiro, onde minha irmã a ajudava a se lavar, mas logo ela ficou sem condições de fazer até mesmo aquele percurso curto, e, em vez disso, eu a colocava na cadeira sanitária que havíamos tomado emprestada de um hospital de cuidados paliativos. Era incrível observar minha irmã, discutindo de maneira gentil e afetuosa, explicando tudo enquanto prestava os cuidados simples e necessários. Nós dois, afinal de contas, já havíamos visto muitas pessoas morrerem, e eu também havia trabalhado como enfermeiro geriátrico muitos anos antes. Parecia ser algo fácil e natural para nós dois, eu creio, apesar das nossas emoções intensas. Não é que não sentíssemos ansiedade — nós três sabíamos que ela estava morrendo. Acho que o que sentíamos era um amor intenso, um amor sem quaisquer segundas intenções, sem a vaidade e o egoísmo do qual o amor com tanta frequência é a expressão.

— É uma sensação extraordinária estar cercada de tanto amor — disse ela dois dias antes de morrer. — Sinto-me abençoada.

Ela tinha razão em sentir-se assim, claro. Duvido que qualquer um de nós vá desfrutar — se essa for a melhor palavra — de uma morte tão perfeita quando nossa hora chegar. Morrer em sua própria casa, após uma vida longa, sob os cuidados dos próprios filhos, cercada pela família e sem nenhuma dor. Alguns dias antes que ela morresse, quase que por acaso, a família — filhos, netos e até mesmo bisnetos, e também duas das suas amigas mais antigas — se reuniu na casa. Organizamos o que se transformou numa vigília de improviso, antes da sua morte, para a alegria de minha mãe. Enquanto ela morria lentamente no andar de cima, nós nos sentamos ao redor da mesa de jantar, lembramos da sua vida e bebemos em memória a ela, embora minha mãe ainda não houvesse morrido, e comemos o jantar preparado pela minha futura esposa Kate. Eu havia conhecido Kate — para a alegria da minha mãe, após o trauma do fim do meu primeiro casamento — alguns meses antes. Kate ficou surpresa ao constatar que precisaria preparar um jantar para dezessete pessoas, quando, naquele mesmo dia, eu havia perguntado com muita hesitação se ela se importaria de cozinhar para cinco.

Todo dia pensava que aquele poderia ser o último, mas a cada manhã, quando eu voltava, ela me dizia: — Ainda estou aqui.

Certa vez, ao lhe dar um beijo de boa-noite, disse que voltaria para vê-la na manhã seguinte, e ela respondeu com um sorriso:

— Viva ou morta.

Minha família estava interpretando uma cena já bastante antiga que suponho não ser mais vista no mundo moderno, em que morremos em hospitais impessoais ou centros de cuidados paliativos nas mãos de profissionais afetuosos, cujas expressões amistosas (assim como a minha no trabalho) desaparecem dos seus rostos assim que eles viram de costas, como os sorrisos de recepcionistas de hotel.

Morrer nunca é fácil, independentemente do que desejemos pensar. Nossos corpos não desistem de viver sem luta. Você não fala algumas palavras emocionantes e dá o seu último suspiro. Se não morrer violentamente, engasgado ou tossindo, ou em estado de coma, você vai aos poucos definhar, a carne murchando sobre os ossos, a pele e os olhos ficando bastante amarelados se o fígado estiver falhando, a voz fraquejando, até que, já perto do fim, não há mais força nem mesmo para abrir os olhos. Você fica deitado no leito de morte e o único movimento é o da sua respiração arrastada. Você vai ficando irreconhecível — no mínimo, perde todos os detalhes que fazem com que o seu rosto seja mesmo o seu, e os contornos da face se esvaem até restarem somente os traços anônimos do crânio que está por baixo. Você fica com uma aparência similar à de muitas pessoas idosas, com rostos repuxados e desidratados, idênticos em suas camisolas de hospital, a cujos leitos eu era chamado durante a madrugada quando trabalhava como residente, após atravessar os corredores longos e vazios do hospital, para atestar o óbito. Perto da morte, o seu rosto se torna o de um joão-ninguém, um rosto que todos conhecemos ao menos por causa da arte fúnebre nas igrejas cristãs.

Quando finalmente morreu, minha mãe já não estava mais reconhecível. Eu a vi pela última vez na manhã do dia em que ela faleceu, antes de ir para o trabalho. Passara a noite na casa dos meus pais, dormindo no chão do escritório do meu pai, perto do quarto deles. Pelas portas abertas entre o escritório onde eu estava deitado e o quarto, pude ouvir sua respiração arrastada. Quando fui vê-la às quatro da manhã, ela fez que não com a cabeça quando perguntei se ela queria um pouco de água e morfina, embora, pela sua aparência, se pudesse pensar que ela já estava morta, se não fosse pela respiração sofrida e ocasional. Antes de sair, eu disse a ela, enquanto segurava sua mão:

— Você ainda está aqui.

Quase imperceptivelmente ela fez que sim com a cabeça, devagar. Não me lembro do último instante em que olhei para ela quando saí para trabalhar pela manhã, mas não tinha mais importância. Já havia me despedido dela várias vezes.

Minha irmã me ligou pouco depois do meio-dia, enquanto eu estava no meio de alguma reunião médica enfadonha, para dizer que nossa mãe morrera alguns minutos antes. A respiração, pelo que ela me disse, ficou cada vez mais tênue até que finalmente a minha família, que estava reunida ao redor da cama, percebeu, com uma ligeira surpresa, que ela havia morrido.

Não senti necessidade de prestar minhas últimas homenagens ao corpo dela. Até onde eu sabia, o corpo havia se transformado em uma casca vazia. Eu digo "corpo", mas podia muito bem dizer do seu cérebro. Enquanto estava sentado ao lado da sua cama, pensei várias vezes nisso — em como os milhões e milhões de células nervosas e suas conexões quase infinitas que formavam seu cérebro, seu próprio "eu", estavam lutando e se apagando. Lembro-me dela naquela última manhã, logo antes de sair para o trabalho — o rosto esquálido e abatido, incapaz de se mover, incapaz de conversar, incapaz de abrir os olhos — e mesmo assim, quando perguntei se queria beber água, ela fez que não com a cabeça. Dentro daquele corpo agonizante e acabado, tomado por células cancerosas, "ela" ainda estava lá, mesmo que estivesse recusando até mesmo água, e claramente ansiosa para não prolongar ainda mais a própria morte. E agora todas aquelas células cerebrais estão mortas, e minha mãe — que, de certa forma, era a complexa interação eletroquímica de todos aqueles milhões de neurônios — não existe mais. Na neurociência, isso é o que se chama de "o problema da integração" — o fato extraordinário, que ninguém consegue nem mesmo começar a explicar, de que a mera matéria bruta possa dar origem à consciência e à sensação. Eu tive uma sensação muito forte, enquanto ela jazia à beira da morte, de que alguma pessoa ainda mais profunda e "real" ainda estava lá, embaixo da máscara da morte.

O que faz com que uma morte seja boa? Ausência de dor, é claro, mas há vários aspectos envolvidos no processo de morrer, e a dor é somente um deles. Como a maioria dos médicos, creio que já vi a morte em todas as suas formas, e minha mãe realmente teve sorte de morrer do jeito que morreu. Nas raras ocasiões em que penso na minha própria morte — algo que, como a maioria das pessoas, eu tento evitar —, espero que o fim seja rápido, com um ataque cardíaco ou AVC, de preferência enquanto eu estiver dormindo. Mas eu percebo que talvez não tenha tanta sorte. Posso muito bem passar por um período no qual ainda esteja vivo, mas sem um futuro no qual possa depositar esperanças, e apenas um passado do qual possa me lembrar. Minha mãe tinha sorte por acreditar que havia algum tipo de vida após a morte, mas eu não tenho essa mesma fé. O único consolo que terei, se não alcançar uma extinção instantânea, será o meu próprio julgamento final sobre a minha vida quando fizer uma retrospectiva. Devo esperar viver minha vida agora de uma maneira na qual, assim como minha mãe, poderei morrer sem arrependimentos. Enquanto minha mãe estava deitada em seu leito de morte, transitando entre a consciência e a inconsciência, e às vezes falando em alemão, sua língua-mãe, ela disse:

— Foi uma vida maravilhosa. Dissemos tudo que precisava ser dito.

19. Mutismo acinético

(s.) Uma síndrome caracterizada pela incapacidade de falar, perda dos movimentos voluntários e perda aparente de sensações emocionais.

A neurociência nos diz que é altamente improvável que tenhamos almas, pois tudo que pensamos e sentimos não passa de um bate-papo eletroquímico entre as nossas células nervosas. Nossa noção de identidade, nossas sensações e nossos pensamentos, o amor que sentimos por outros, nossas esperanças e ambições, nossos ódios e medos, tudo isso morre quando nosso cérebro morre. Muitas pessoas se ressentem profundamente dessa perspectiva sobre as coisas, que não somente nos priva da vida após a morte mas que também rebaixa o pensamento à mera eletroquímica e nos reduz a meros autômatos, ou máquinas. Tais pessoas estão enganadas, pois, na realidade, a matéria evolui para algo infinitamente misterioso que não compreendemos. Há cem bilhões de células nervosas em nosso cérebro. Será que cada uma delas tem um fragmento de consciência em seu interior? De quantas células nervosas precisamos para termos consciência ou sentirmos dor? Ou a consciência e o pensamento residem nos impulsos eletroquímicos que unem esses bilhões de células? Uma lesma é um ser consciente? Ela sente dor quando você a esmaga com um pisão? Ninguém sabe.

Um eminente e excêntrico neurologista que me enviou vários pacientes ao longo dos anos pediu que eu examinasse uma mulher na qual fizera uma cirurgia um ano antes, e que estava num estado vegetativo persistente. Eu a operei emergencialmente para tratar uma malformação arteriovenosa depois que ela sofreu uma hemorragia que colocou sua vida em risco. Foi uma operação difícil, e, embora tenha salvado sua vida, o procedimento não foi capaz de desfazer o dano que a hemorragia causou ao cérebro. Ela estava em coma antes da operação e assim permaneceu por muitas semanas depois. Foi encaminhada de volta para o seu hospital local algumas semanas depois da cirurgia, onde permaneceu sob os cuidados do neurologista que agora queria que eu a visse na casa de repouso de longa permanência para onde ela finalmente fora encaminhada. Antes de ser transferida para a casa de repouso, fiz uma operação de colocação de válvula para a hidrocefalia que ela desenvolveu posteriormente, um efeito da hemorragia original.

Apesar de a cirurgia para a colocação da válvula ter sido relativamente descomplicada — algo que eu normalmente deixaria a cargo dos meus residentes —, eu me lembrava bem dela, porque a executei no hospital local e não no meu próprio centro neurocirúrgico. Eu raramente opero fora do meu hospital, exceto quando estou trabalhando no exterior. Havia ido com uma bandeja de instrumentos e um dos meus residentes até o hospital distrital local onde a paciente estava internada. Fui até lá pensando vaidosamente que a visita de um neurocirurgião renomado ao hospital — já que cirurgias no cérebro não eram normalmente feitas ali — seria um evento de alguma importância e atrairia algum interesse, mas, com exceção da família desesperada, parecia que todas as outras pessoas no hospital mal perceberam a minha chegada. O neurologista local, que estava fora no momento da minha visita, disse à família que a operação poderia livrá-la daquele estado vegetativo persistente. Eu estava menos otimista e fiz questão de dizer aquilo, mas que não havia muito a perder com aquela tentativa. Assim, após discutir a questão com eles, desci até a sala de cirurgia, onde, conforme fui informado, a equipe já estava de prontidão para que eu pudesse operar.

As enfermeiras e os anestesistas me cumprimentaram com uma indiferença completa, a qual eu achei incrivelmente desconcertante. Tive que esperar duas horas até que a paciente fosse trazida para a cirurgia, e quando ela finalmente chegou toda a equipe começou a trabalhar, num silêncio taciturno e vagaroso. O contraste com o meu próprio centro cirúrgico e sua energia amistosa e energética era notável. Eu não sabia se eles tinham a impressão de que eu estava desperdiçando o tempo deles ao operar um vegetal humano ou se esse era apenas o jeito com que se comportavam naturalmente. Assim, realizei a operação, conversei com a família em seguida, entrei no carro e voltei para Londres.

Conforme os meses passaram após essa segunda operação, ficou claro que a válvula não havia feito nenhuma diferença em sua condição, e o neurologista da paciente queria que eu a examinasse para ver se a válvula estava em ordem ou se estava obstruída. Pareceu meio cruel e desnecessário arrastá-la até o meu hospital em uma ambulância apenas para que eu desse a minha opinião, então concordei — ainda que com certa relutância, pois sabia que não tinha como ajudar — em visitá-la na casa de repouso que agora lhe prestava os cuidados.

Pacientes em estado vegetativo persistente — ou EVP, a sigla que usamos nesse caso — parecem estar acordados porque seus olhos ficam abertos, mas não demonstram nenhuma noção nem reação ao mundo exterior. Estão conscientes, dizem alguns, mas não há conteúdo em suas consciências. Tornaram-se uma casca vazia, não há ninguém em casa. Mesmo assim, pesquisas recentes com exames funcionais do cérebro mostraram que nem sempre esse é o caso. Alguns desses pacientes, apesar de serem mudos e não responsivos, parecem apresentar algum tipo de atividade no cérebro, e algum tipo de consciência em relação ao mundo exterior. Mesmo assim, não está claro o que isso significa exatamente. Estão num estado perpétuo de sonho? Estão no céu ou no inferno? Ou apenas levemente vígeis, com somente um fragmento de consciência, da qual eles mesmos mal se apercebem?

Houve em anos recentes vários casos judiciais de forte repercussão para decidir se o tratamento que mantém essas pessoas vivas, já que não conseguem comer nem beber, deveria ser interrompido ou não, se deveriam ou não ser deixadas para morrer. Em vários casos os juízes decidiram que era razoável interromper o tratamento e deixar os pacientes em estado vegetativo morrerem. Isso não acontece rapidamente; em vez disso, a lei, solene e absurda, insiste que os pacientes passem vagarosamente por um processo de definhamento e desidratação até morrerem, que geralmente leva vários dias para ocorrer.

Terminei minha última consulta às oito da noite e saí de Londres sob a luz do início da noite de outono. Já era bem tarde quando cheguei à casa do neurologista. Ele me levou em seu próprio carro até a casa de repouso, que ficava a alguns quilômetros dali. O lugar era uma casa de campo agradável, cercada por árvores altas e muito antigas. Já era noite agora, e quando estacionamos o carro tive a agradável visão da casa iluminada por entre os galhos escuros das árvores enquanto atravessávamos uma quadra de tênis abandonada, coberta por folhas secas. A casa era administrada por freiras católicas e dedicada a cuidar de pessoas que haviam sofrido danos cerebrais catastróficos. O contraste com o hospital onde executei a operação da válvula um ano antes não podia ser maior. A equipe católica devota não aceitava o sombrio ponto de vista da neurociência, de acordo com o qual tudo que somos depende da integridade física do nosso cérebro. Em vez disso, sua fé antiga em uma alma humana imaterial fez com que elas criassem um lar gentil e afetuoso para esses pacientes vegetativos e suas famílias.

A irmã me acompanhou enquanto subíamos por uma enorme escadaria para ver a minha paciente. Perguntei-me quem teria morado naquela casa originalmente — um capitalista da época eduardiana, talvez, ou um aristocrata qualquer, com um pequeno exército de criados. Imaginei o que ele pensaria do uso dado atualmente à sua imponente residência. No primeiro piso atravessamos um corredor amplo e acarpetado, ladeado por quartos dos pacientes. Todas as portas ficavam abertas, e, pelos vãos, conseguia ver as formas imóveis em suas camas. Ao lado de cada porta havia uma placa esmaltada com o nome do paciente; como ficam ali por muitos anos até morrerem, eles podem ter essas placas elegantes em vez das etiquetas de papel que se encontram nos hospitais comuns. Para o meu desgosto, reconheci pelo menos cinco nomes de pessoas que já haviam sido minhas pacientes.

Um dos neurocirurgiões veteranos que me treinou, um homem que reverencio, me contou certa vez uma história sobre o famoso cirurgião agraciado com um título de nobreza de quem ele, por sua vez, foi aprendiz.

"Ele costumava remover o schwannoma vestibular (neuroma acústico) com uma rugina, um instrumento que normalmente era usado para abrir o crânio. Uma operação que outros cirurgiões levariam várias horas para fazer, ele conseguia concluir em trinta ou quarenta minutos. Claro que isso às vezes resultava em desastres. Lembro-me de uma mulher com um neuroma enorme — ele atingiu a artéria vertebral com a rugina e houve uma hemorragia torrencial. A mulher obviamente não resistiu. Tive que fechar a incisão, e esse foi o fim da história. Mesmo assim, tinha que telefonar para ele todos os dias às sete da noite para dizer como cada um dos pacientes estava. No final, mencionei a mulher do neuroma acústico. Era chamada de Senhora B., e eu ainda me lembro do nome. A Senhora B. está expirando, eu disse, ou algo do tipo. 'Senhora B.? Quem é essa?', perguntou ele. Já havia se esquecido dela. Queria que a minha memória fosse assim", disse o meu chefe, desejoso. "Os grandes cirurgiões geralmente têm memória ruim", emendou ele por fim.

Creio que sou um bom cirurgião, mas certamente não sou um dos grandes. Não é dos sucessos que eu me lembro, ou pelo menos é assim que gosto de pensar, mas dos fracassos. Ali na casa de repouso, porém, estavam vários pacientes dos quais eu já havia me esquecido. Alguns eram pessoas que simplesmente não tinha sido capaz de ajudar, mas havia pelo menos um homem que, de acordo com o palavreado ingênuo e descuidado dos meus residentes, eu havia destruído.

Eu o havia operado de maneira imprudente, muitos anos antes, para tratar de um tumor grande em meio a uma onda de entusiasmo juvenil. A cirurgia se estendeu por dezoito horas, e às duas da manhã eu inadvertidamente lesei a artéria basilar — a artéria que irriga o tronco cerebral —, e ele nunca voltou a acordar. Vi aquele corpo cinzento encolhido em sua cama. Eu nunca o reconheceria se não fosse pela placa esmaltada com o seu nome ao lado da porta.

A paciente que eu fora examinar estava deitada, muda e imóvel, com os membros rígidos, os olhos abertos em um rosto sem expressão. Ela tinha sido jornalista em um jornal de circulação local, cheia de vida e energia, mas sofrera uma hemorragia que causara os danos que a minha cirurgia não tinha sido capaz de desfazer. Havia nas paredes do quarto fotografias que a mostravam feliz e sorridente antes desse evento terrível. Ocasionalmente ela emitia um som balbuciante. Precisei apenas de alguns minutos para testar a válvula, inserindo uma agulha pelo couro cabeludo para determinar que ela estava funcionando bem. Não havia nada que eu pudesse fazer para ajudar.

Ela se comunicava, aparentemente, por um aparelho sonoro usado para produzir código Morse, pois era capaz de mover um dedo. Uma enfermeira estava sentada ao lado dela e escutava pacientemente os bipes sonoros, concentrando-se bastante e com uma expressão séria no rosto. A paciente, de acordo com a enfermeira, havia me perguntado a respeito da válvula e em seguida me agradeceu e desejou boa-noite.

A mãe da paciente estava lá e saiu do quarto comigo, abordando-me com certo desespero no amplo corredor. Conversamos por algum tempo. Ela falou sobre as cartas que sua filha lhe mandava, transcritas por uma das enfermeiras a partir dos bipes em código Morse. Tinha dúvidas de que a filha realmente havia dito as coisas transcritas pelas enfermeiras.

Não há como saber, é claro. A mãe daquela mulher vive em um pesadelo, um labirinto de incerteza e amor desesperado, com a filha que está viva e morta ao mesmo tempo. Por trás do rosto rígido e sem expressão da filha, será que ela estaria realmente desperta? Teria noção, de certa forma, do que acontece fora do corpo paralisado? As enfermeiras estariam inventando suas cartas — consciente ou inconscientemente? A fé dessas mulheres as engana? Será que algum dia conseguiremos saber?

20. Húbris (ou *hybris*)

(s.) Orgulho ou presunção arrogante; (na tragédia grega)
orgulho excessivo ou desacato aos deuses, levando ao nêmesis.

Fui até a Marks & Spencer em Wimbledon pela manhã e comprei uma caixa de frutas e chocolates para a equipe do centro cirúrgico. Revirei a minha coleção de CDs e escolhi uma quantidade de discos que poderia se estender pelo dia inteiro e por uma boa parte da noite, pois a operação prometia ser longa. Fazia apenas quatro anos que eu havia me tornado neurocirurgião contratado, mas já tinha bastante atividade cirúrgica, mais do que qualquer outro neurocirurgião que conhecia. O paciente era um professor escolar de cinquenta e tantos anos, alto e de óculos, que caminhava com uma bengala e era um pouco corcunda. Havia sido examinado por um neurologista local que pedira um exame do cérebro, e, como resultado, ele fora encaminhado para mim. Foi nos dias do velho hospital, e eu o recebi no meu consultório, com sua fileira de janelas com vista para um pequeno bosque de pinheiros. Uma das raposas nativas às vezes me observava com uma expressão pensativa ao passar por ali. Pedi que o paciente se sentasse na cadeira diante da minha mesa com a esposa e o filho ao seu lado e levei as chapas dos exames radiológicos do cérebro — que ele trouxera consigo — até a caixa de luz que estava na parede. Na época ainda não usávamos computadores.

Eu já sabia o que as imagens iriam mostrar, mas ainda assim fiquei assustado com o tamanho impressionante do tumor que crescia na base do seu crânio. Todo o tronco cerebral e os nervos cranianos — os nervos de audição, movimento, sensações do rosto, deglutição e fala — estavam estirados sobre aquela massa sinistra e encurvada. Era um meningioma petroclival excepcionalmente grande. Eu só havia visto tumores tão grandes quanto aquele nos meus livros da faculdade. Em anos posteriores veria outros como aquele na Ucrânia, quando pacientes com tumores terríveis viriam de todo o país pedir minha opinião. Não sabia se devia me sentir animado ou alarmado.

Voltei até a minha escrivaninha e sentei-me ao lado dele.

— O que lhe disseram a respeito disso? — perguntei.

— O neurologista disse que era benigno — respondeu ele. — E que a decisão de removê-lo ou não ficaria a seu critério.

— Bem, certamente é benigno, mas também é muito grande — eu disse. — Tumores como esse crescem bem lentamente, então, sabemos que ele já está aí há muitos anos. O que o levou a fazer o exame, em primeiro lugar?

Ele me disse que havia percebido que seu andar havia lentamente ficado menos estável em anos recentes, e também que estava começando a perder a audição do ouvido esquerdo.

— Mas o que acontecerá se o deixarmos ali? — perguntou o filho.

Respondi com cautela, dizendo-lhes que o tumor continuaria a crescer lentamente e que o paciente iria aos poucos deteriorar.

— Já decidi pedir a aposentadoria antecipada por razões médicas — disse ele.

Expliquei que a cirurgia não era livre de riscos.

— Que tipo de riscos?

Disse a eles que os riscos eram bem sérios. Havia tantas estruturas cerebrais envolvidas com o tumor que os perigos da cirurgia iam desde surdez ou paralisia facial até a morte ou um AVC de grandes proporções. E descrevi o que a cirurgia envolveria.

Os três ficaram sentados em silêncio por algum tempo.

— Estive em contato com o Professor B. , dos Estados Unidos — disse o filho. — Ele disse que o tumor precisa ser operado, e disse que poderia fazer isso.

Fiquei sem saber ao certo o que dizer. Eu estava apenas no início da minha carreira de contratado e sabia que outros cirurgiões eram mais experientes do que eu. Naqueles anos eu sentia uma admiração profunda pelos grandes nomes da neurocirurgia internacional, aqueles que davam as principais palestras em congressos onde mostravam casos como o do homem diante de mim e os maravilhosos resultados que haviam conseguido alcançar, tudo muito além de qualquer coisa que eu já houvesse feito.

— Mas isso iria custar mais de cem mil dólares — disse a esposa do paciente. — E não podemos arcar com esse custo.

O filho pareceu ficar um pouco constrangido.

— Fomos informados de que o Professor M. é o melhor neurocirurgião do país — disse ele. — E vamos conversar com ele para pedir uma segunda opinião.

Senti-me humilhado, mas sabia que qualquer operação seria excepcionalmente difícil.

— É uma boa ideia — disse. — Estou bastante interessado em ouvir o que ele pensa a respeito. — Eles saíram da sala e eu prossegui com as minhas consultas.

✄

— Estou com o Professor M. na linha — disse Gail duas semanas depois, olhando na direção do meu consultório.

Peguei o telefone e ouvi a voz estrondosa e confiante do professor. Conheci-o brevemente na minha época de residente, e ele certamente era um cirurgião incrível, que todos os alunos esperavam poder emular. A dúvida sobre as próprias capacidades nunca pareceu ser uma de suas fraquezas. Eu ouvira comentários de que ele estava perto de se aposentar.

— Ah, Henry! — disse ele. — Temos esse camarada com o petroclival. Precisa ser removido. Ele está começando a ter dificuldades para engolir, então, é apenas uma questão de tempo até contrair uma pneumonia aspirativa, e isso será o seu fim. É uma cirurgia para um homem jovem fazer. Disse a eles que você deveria cuidar do caso.

— Muito obrigado, professor — respondi, um pouco surpreso, mas encantado por ter recebido o que parecia ser uma bênção papal.

Assim, fiz os preparativos para a operação, que esperava ser bem longa. Isso aconteceu há muitos anos, quando os hospitais eram lugares diferentes, e tudo que eu tinha que fazer era pedir à equipe e aos anestesistas do centro cirúrgico que ficassem até mais tarde do que o habitual. Não havia gerentes com quem precisássemos obter permissão. A operação começou num espírito quase festivo. Essa era uma cirurgia de gente grande — um verdadeiro "Big Hit", como disse o residente norte-americano que estava me auxiliando.

Enquanto abríamos a cabeça do homem nós conversamos sobre os grandes nomes da neurocirurgia na América.

— O Professor B. é um cirurgião realmente fantástico, tem uma técnica incrível — disse o meu residente. — Mas sabe como ele era chamado pelos residentes antes de assumir o cargo atual? Eles o chamavam de "Açougueiro", porque estraçalhou muitos pacientes enquanto aperfeiçoava a sua técnica com casos realmente difíceis. E ele ainda tem resultados algumas vezes terríveis. Mas parece que isso não o incomoda muito.

Uma das verdades dolorosas sobre a neurocirurgia é que você só fica competente para cuidar dos casos muito difíceis se praticar bastante, mas isso significa cometer muitos erros no início e deixar para trás uma trilha de pacientes com sequelas. Suspeito que é preciso ser meio psicopata para prosseguir, ou pelo menos ser bastante resistente a críticas. Se você for um bom médico, provavelmente vai acabar desistindo, deixar que a natureza siga seu curso e se ater aos casos mais simples. Meu antigo chefe, uma pessoa muito boa — o mesmo que operou o meu filho —, costumava dizer: "Se o paciente sofrer alguma sequela, prefiro que Deus seja a causa e não eu".

— Nos Estados Unidos somos mais propensos a dizer que encaramos as tarefas difíceis, mas temos um sistema comercial de saúde e ninguém pode se dar ao luxo de admitir que comete erros — comentou ele.

As primeiras horas da operação transcorreram perfeitamente. Nós removemos lentamente uma boa porção do tumor, e, por volta da meia-noite, parecia que havíamos extirpado a maior parte dele e que os nervos cranianos não haviam sido afetados. Comecei a sentir que estava me juntando às fileiras dos maiores dentre os neurocirurgiões. Eu parava a cada uma ou duas horas e me juntava às enfermeiras na sala dos funcionários para comer alguma coisa da caixa que havia trazido e fumar um cigarro — um hábito que abandonei alguns anos mais tarde. Tudo era bastante amistoso. A música tocava continuamente enquanto operávamos; eu havia trazido todo tipo de CDs naquela manhã, desde Bach e Abba até músicas africanas. No velho hospital eu sempre ouvia música enquanto operava, e, embora meus colegas achassem que algumas das minhas escolhas fossem um pouco estranhas, eles pareciam gostar, especialmente daquelas que chamávamos de "músicas de fechamento" — músicas de Chuck Berry, B. B. King ou outras canções mais rápidas quando estávamos dando os pontos na cabeça de um paciente ao final da cirurgia.

Devia ter parado naquele ponto e deixado o último pedaço do tumor para trás, mas queria poder dizer que havia removido a lesão por completo. As imagens pós-operatórias mostradas pelos grandes nomes internacionais quando davam suas palestras nunca mostravam tumores residuais, então, com certeza isso era a coisa certa a fazer, mesmo que envolvesse algum risco.

Quando comecei a remover a última parte do tumor eu lesei um pequeno ramo perfurante que saía da artéria basilar, um vaso sanguíneo com a espessura de um alfinete grosso. Um esguicho estreito de sangue arterial vermelho e brilhante começou a saltar. Percebi imediatamente que aquilo era uma catástrofe. A perda de sangue era trivial, mas o dano causado ao tronco cerebral era terrível. A artéria basilar é a que mantém o tronco cerebral vivo, e é o tronco cerebral que mantém o resto do cérebro desperto. Como resultado, o paciente não voltou a acordar, e foi por isso que, sete anos mais tarde, eu o vi com o corpo tristemente encolhido numa das camas daquela casa de repouso.

Não vou descrever a dor de ver sua forma inconsciente na UTI durante várias semanas após a operação. Para ser honesto, não consigo me lembrar muito bem agora, pois a memória foi encoberta por outras tragédias mais recentes. Mas me lembro de muitas conversas angustiadas com a família, na esperança vã de que ele conseguiria despertar novamente algum dia.

É uma experiência única para os neurocirurgiões, e uma com a qual todos os neurocirurgiões estão familiarizados. Com outras especialidades cirúrgicas, de maneira geral, os pacientes acabam morrendo ou se recuperando, e não passam meses em um leito do hospital. Não é algo que discutimos entre nós, além de talvez suspirar e assentir com a cabeça quando ouvimos falar de um caso como esse, mas pelo menos é possível ter a noção de que alguém entende o que você está sentindo. Alguns parecem conseguir afastar a sensação de mal-estar, mas são uma minoria. Talvez sejam esses que se tornarão os maiores neurocirurgiões.

Após algum tempo o pobre homem foi levado de volta ao seu hospital local, ainda em coma mas não mais respirando com a ajuda de aparelhos, e, em um certo ponto, foi levado à casa de repouso onde permanecia desde então. Esse era o homem que eu havia visto e quase não havia reconhecido na minha visita para examinar a garota com mutismo acinético.

Durante os anos seguintes, sempre que via casos similares — algo que aconteceu apenas em umas poucas ocasiões — declarava que os tumores eram inoperáveis e deixava que os pacientes fossem a outros lugares para fazer tratamento radioterápico, algo que não é muito eficaz para tumores muito grandes desse tipo. Essa também foi a época em que o meu primeiro casamento desmoronou e o velho hospital foi fechado. Não sei se percebi na ocasião, mas foi nesse período que eu fiquei um pouco mais triste, embora goste de pensar que fiquei também muito mais sábio.

Mesmo assim, gradualmente recuperei a minha coragem e usei o que havia aprendido com as trágicas consequências da minha húbris para conseguir resultados muito melhores ao operar tumores desse tipo. Se necessário, eu faria as cirurgias em estágios no decorrer de várias semanas, juntamente com um colega, operando em turnos com uma hora de trabalho e uma de descanso, como motoristas em um comboio militar. Se o procedimento parecesse particularmente difícil, tentaria não remover todo o tumor. E raramente deixaria que uma operação se estendesse por mais do que sete ou oito horas.

Entretanto, o problema continua a ser o fato de que tumores como esses são muito raros. Na Grã-Bretanha, com uma cultura que acredita nas virtudes do amadorismo e onde a maioria dos neurocirurgiões reluta muito em transferir casos difíceis para um colega mais experiente, nenhum cirurgião conquistará sozinho tanta experiência quanto alguns dos nossos colegas que trabalham nos Estados Unidos. Na América há muito mais pacientes; portanto, mais pacientes com tumores desse tipo. Eles se comportam mais como consumidores do que como usuários do sistema de saúde e, portanto, têm uma propensão maior a se certificar de que serão tratados por um cirurgião experiente.

Após vinte e cinco anos, gostaria de poder pensar que me tornei um *expert*, relativamente — mas essa progressão foi muito longa e lenta, com vários problemas no decorrer do caminho, mesmo que nenhum deles tenha sido tão medonho quanto aquela primeira operação. Há alguns anos operei a irmã de um famoso astro do *rock* que tinha um tumor bastante similar, e, após um período bastante difícil nas primeiras semanas após a cirurgia, ela se recuperou completamente. Seu irmão me deu uma enorme soma de dinheiro, originário de uma organização beneficente que ele administra, e esse montante ajuda a financiar o meu trabalho na Ucrânia e em outros lugares desde então. Assim, talvez eu possa dizer que algo de bom acabou resultando daquela operação desastrosa há tantos anos.

Aprendi duas lições naquele dia. Uma era não fazer uma cirurgia que um cirurgião mais experiente do que eu não queria fazer; outra era encarar as palestras dos congressos de que eu participava com um toque de ceticismo. E não suporto mais escutar música quando estou operando.

21. Fotopsia

(s.) A sensação de flashes de luz causados
pela estimulação mecânica da retina do olho.

Doenças são algo que acontece apenas com pacientes. Essa é uma importante lição que você aprende ainda no começo do curso de medicina. Você é subitamente exposto a um mundo novo e aterrorizante de doenças e mortes, e aprende que doenças horríveis costumam começar com sintomas bastante triviais — sangue na escova de dentes pode indicar leucemia, um pequeno calombo no pescoço pode ser câncer, uma verruga que havia passado despercebida pode ser um melanoma maligno. A maioria dos alunos de medicina passa por um breve período em que desenvolvem todo tipo de doenças imaginárias — eu mesmo cheguei a ter leucemia por pelo menos quatro dias —, até aprenderem, por uma questão de autopreservação, que as doenças acontecem com pacientes, não com médicos. Esse distanciamento necessário em relação aos pacientes se torna ainda mais importante quando você começa a trabalhar como residente e tem que fazer coisas assustadoras e desagradáveis com eles. Tudo começa com simples coletas de sangue e venóclises, e com o tempo progride — se você treinar para ser cirurgião — para procedimentos ainda mais radicais, como cortar e abrir incisões no corpo deles. Seria impossível fazer o trabalho se você sentisse o mesmo medo e o sofrimento dos pacientes. Além disso, a responsabilidade cada vez maior que você assume conforme sobe na hierarquia da carreira traz uma ansiedade maior de que você acabará cometendo um erro e os pacientes irão sofrer. É muito mais fácil sentir compaixão por outras pessoas se você não for responsável pelo que acontece com elas.

Assim, quando médicos ficam doentes, eles tendem a ignorar seus sintomas iniciais e têm dificuldade de escapar da relação entre médico e paciente, ao se tornarem eles mesmos meros pacientes. Diz-se que eles demoram muito para diagnosticar as próprias doenças. Mal cheguei a me dar conta dos lampejos de luz no meu olho. Começou quando voltei ao trabalho em setembro, após um período de férias que pegou o fim do verão. Percebi que toda vez que eu caminhava pelos corredores fortemente iluminados do hospital uma luzinha estranha e intermitente aparecia momentaneamente no meu olho esquerdo. Era difícil saber de onde vinha, e depois de duas semanas ela desapareceu. Algumas semanas depois, entretanto, percebi que parecia haver um lampejo em forma de arco, logo além do campo de visão do meu olho esquerdo, que aparecia e sumia sem razão aparente. Fiquei um pouco preocupado com isso, mas como os sintomas eram quase subliminares eu não dei muita importância, mesmo que não conseguisse evitar pensar nos pacientes que examino, cujos tumores no cérebro ocasionalmente declaram sua existência pela primeira vez com sintomas visuais similarmente sutis. Em vez disso, atribuí aqueles lampejos a uma ansiedade por causa da reunião para a qual havia sido chamado com o executivo-chefe do hospital, provavelmente para ser repreendido por causar problemas novamente.

Certa noite, enquanto dirigia o meu carro, houve uma súbita chuva de luzes cintilantes no meu olho esquerdo, tão ligeiras quanto estrelas cadentes. Quando cheguei em casa, percebi que o meu olho parecia ter se enchido com uma nuvem negra e revolta de tinta nanquim. Era alarmante, embora completamente indolor. Eu não havia prestado muita atenção às matérias de oftalmologia na faculdade e não fazia a menor ideia do que estava acontecendo, mas alguns minutos de pesquisa na internet revelaram que eu havia sofrido um descolamento de vítreo. O vítreo — a substância gelatinosa transparente que preenche o olho por trás do cristalino — havia se soltado da parede do globo ocular. Como sou bastante míope, soube que corria o risco de que o descolamento de vítreo progredisse para um descolamento de retina, que poderia fazer com que eu perdesse a visão naquele olho.

Uma das principais vantagens de ser médico é poder conseguir assistência imediata de amigos sem ter que passar pelos transtornos que os nossos pacientes enfrentam nas filas dos pronto-socorros locais, num consultório de clínica geral, ou, ainda pior, tentando conseguir falar com um médico fora do horário comercial. Liguei para um colega oftalmologista. Ele concordou em me examinar no começo da manhã seguinte, um domingo. Assim, no dia seguinte fui até o hospital onde nós dois trabalhamos, passando pelas ruas vazias, a visão no meu olho esquerdo intermitentemente borrada pela nuvem flutuante de sangue negro. Ele examinou o meu olho e disse que eu estava com um princípio de descolamento de retina. Isso aconteceu na época em que eu ainda tinha meu próprio consultório privado e podia bancar um plano de saúde particular. Assim, fizemos os preparativos para que eu fosse encaminhado no dia seguinte para um cirurgião especializado em procedimentos vítreo-retinianos em um dos hospitais privados do centro de Londres.

Eu já sabia naquele momento que descolamentos da retina podem acontecer de maneira bastante súbita — a retina pode simplesmente se desprender do globo ocular, como papel de parede velho de uma parede úmida —, e passei aquela noite deitado no meu quarto escuro, com minha esposa Kate ao meu lado, tão ansiosa quanto eu, abrindo e fechando o olho, verificando se ainda conseguia enxergar, imaginando se o olho poderia ficar cego, observando o formato da nuvem de sangue fazendo sua dança pelo céu noturno que eu observava pela janela. Ela se virava e se retorcia lentamente, de maneira até elegante, mais ou menos como um módulo de proteção de tela de um computador. Para minha surpresa acabei adormecendo, e no dia seguinte conseguia enxergar suficientemente bem para ir trabalhar — a consulta com o cirurgião vítreo-retiniano havia sido marcada para o período da tarde.

Cirurgiões podem ficar doentes como qualquer outra pessoa, mas é difícil decidir se estão bem o bastante para operar. Você não pode se esquivar de uma cirurgia apenas porque não está passando muito bem, mas ninguém gostaria de ser operado por um cirurgião que está doente. Aprendi há muito tempo que sou capaz de operar perfeitamente bem apesar de estar cansado, pois, quando estou operando, encontro-me num estado intenso de excitação. Pesquisas sobre privação de sono mostram que as pessoas cometem erros se forem moderadamente privadas de sono quando executam tarefas entediantes e monótonas. Cirurgias, por mais triviais que sejam, nunca são entediantes ou monótonas. Fiz uma operação — ironicamente sob anestesia local, na área do cérebro que controlava a visão de um homem — e praticamente esqueci das minhas ansiedades até que, quando comecei a juntar os pedaços do crânio outra vez, lembrei que eu mesmo teria que ficar hospitalizado em breve.

Sentindo uma onda súbita de medo, saí do hospital apressadamente e pedi a um táxi que me levasse à clínica em Harley Street, na área central de Londres.

�֎

O cirurgião de retina era um pouco mais novo do que eu, mas me reconheci em sua maneira cirúrgica de se portar — afável e profissional, com aquela simpatia desconfiada que todos os médicos desenvolvem, ansiosos em ajudar mas preocupados com a possibilidade de que os pacientes façam exigências emocionais difíceis. Eu sabia que ele não iria gostar de tratar um cirurgião — pedir a um colega que trate de você é, ao mesmo tempo, um elogio e um insulto. Todos os cirurgiões ficam ansiosos quando tratam de colegas. Não é uma ansiedade racional; os colegas têm uma propensão muito menor de reclamar em relação a outros pacientes se as coisas derem errado, pois sabem muito bem que médicos são seres humanos falíveis e não têm o controle total do que vai acontecer. O cirurgião que trata de outro cirurgião sente-se ansioso porque as regras habituais do distanciamento desmoronaram, e sente-se muito exposto. Ele sabe que seu paciente tem a noção de que ele é falível.

Ele examinou a minha retina outra vez. A luz estava especialmente brilhante, e eu me esquivei um pouco.

— O líquido está começando a se acumular sob a retina — disse ele. — Vou operar amanhã de manhã.

Saí do prédio vinte minutos depois, em estado de pânico. Em vez de pegar o metrô ou um táxi para casa, percorri a pé os dez quilômetros até a minha casa repassando todas as coisas terríveis que poderiam acontecer comigo — começando pela possibilidade de ter que abandonar a minha carreira (de fato, conhecia dois cirurgiões que tiveram que fazer isso por causa de descolamentos de retina) e indo até a cegueira completa, pois havia sido informado que apresentava sinais iniciais de descolamento no meu outro olho também. Não consigo me lembrar de como os meus pensamentos progrediram durante a caminhada, mas, para a minha surpresa, quando cheguei em casa, eu estava estranhamente reconciliado com o problema. Aceitaria qualquer coisa que acontecesse, mas esperava pelo melhor. Esqueci-me de que havia desligado o telefone celular quando estava na clínica e, constrangido, encontrei Kate em pânico esperando por mim em casa, temendo pelo pior, incapaz de entrar em contato comigo.

No hospital, na manhã seguinte, uma recepcionista elegante estava à minha espera. Cuidamos rapidamente da documentação e fui levado ao meu quarto. Os atendentes e os auxiliares de enfermagem usavam coletes pretos, como mensageiros de hotel, os corredores e quartos eram todos acarpetados e silenciosos, com iluminação discreta. O contraste com o enorme hospital público onde eu trabalho não podia ser maior. O cirurgião reexaminou o meu olho esquerdo e disse que eu precisava de uma operação chamada vitrectomia com bolha de gás, na qual várias agulhas grandes são inseridas no globo ocular, o humor vítreo é aspirado para fora e a retina é colocada de volta no lugar com uma criossonda, para aplicação de frio extremo em tecidos. O globo ocular seria então preenchido com óxido nitroso gasoso para manter a retina fixa durante as semanas seguintes.

— Você pode optar por fazer a cirurgia sob anestesia local ou geral — disse o cirurgião, com uma leve hesitação na voz. Ficou claro que ele não achava que a ideia de me operar sob anestesia local era atraente. Eu compartilhava daquela opinião e me senti um covarde quando pensei em como submeto muitos dos meus pacientes a cirurgias no cérebro sob anestesia local.

— Anestesia geral, por favor — concordei, para alívio evidente do médico. Em seguida, o anestesista, que devia estar esperando do lado de fora da sala com o ouvido encostado na porta, entrou na sala saltitante como um boneco de mola, e rapidamente verificou a minha condição para receber a anestesia. Meia hora depois, vestido com uma daquelas camisolas absurdas que, por alguma razão obscura, são atadas na parte de trás ao invés da parte da frente, e que geralmente deixam as nádegas do paciente expostas, com uma cueca de papel, meias brancas para prevenção de tromboembolismo e um par de chinelos já bem gastos, eu estava sendo escoltado até o centro cirúrgico por uma das enfermeiras. Quando entrei na sala de anestesia quase explodi em uma gargalhada. Devo ter entrado em salas de cirurgia milhares de vezes, no papel do cirurgião imponente encarregado do seu pequeno reino. E ali estava eu agora como paciente, vestido com uma camisola e uma cueca de papel.

Sempre tive medo de me tornar paciente, até que, aos cinquenta e seis anos, isso acabou acontecendo, e eu achei que tudo era incrivelmente fácil. Isso acontecia, de maneira até bastante simples, porque percebi quanta sorte eu tinha em comparação aos meus próprios pacientes: o que poderia ser pior do que ter um tumor no cérebro? Que direito eu tinha de reclamar quando outros provavelmente sofrem muito mais? Talvez isso acontecesse porque eu estava usando o meu plano de saúde particular, e assim evitava a perda de privacidade e dignidade à qual a maioria dos pacientes do NHS é submetida. Podia ter um quarto só para mim, com o meu próprio banheiro — detalhes que são muito importantes para pacientes, mas não para arquitetos e administradores do NHS. Receio até mesmo dizer que nem os médicos se importam com tais coisas, até se tornarem pacientes e compreenderem que pacientes nos hospitais do NHS raramente têm paz, repouso ou silêncio, e nunca conseguem uma boa noite de sono.

Fui anestesiado e acordei algumas horas mais tarde, de volta ao meu quarto, com um curativo sobre o olho e completamente sem dor. Passei a noite num sono agitado, observando um espetáculo de luzes fascinante no meu olho esquerdo ofuscado, amplificado pela morfina. Era como se eu estivesse em um voo noturno sobre um negro deserto com fogueiras cintilando ao longe. Lembrei-me de observar incêndios florestais à noite quando trabalhei na África Ocidental como professor, vários anos antes — longas muralhas de fogo empurradas pelos capinzais da savana pelo vento harmatão que soprava do Saara, queimando no horizonte sob as estrelas.

O cirurgião veio me examinar bem cedo na manhã seguinte, a caminho do seu hospital do NHS. Ele me levou até a sala de curativos e removeu o curativo do meu olho esquerdo. Tudo que eu conseguia ver com ele era um borrão indefinido e escuro; era parecido com tentar enxergar debaixo d'água.

— Curve-se para a frente e segure o relógio bem perto do olho esquerdo — disse ele. — Consegue ver alguma coisa?

O mostrador do meu relógio, imensamente magnificado, como a lua se erguendo à noite sobre o mar, emergiu diante de mim.

— Sim — disse a ele.

— Ótimo — respondeu ele, alegremente. — Você ainda consegue enxergar.

❧

Fiquei efetivamente cego do olho esquerdo durante as semanas seguintes. No início, a bolha de gás no meu olho era como o horizonte de um grande planeta ao redor do qual eu só conseguia enxergar um tênue vislumbre do mundo exterior. Ele gradualmente se encolheu e a visão retornou lentamente — o interior do meu olho era como uma daquelas luminárias cafonas de lava, com a bolha rolando e se movendo lentamente sempre que eu movia a cabeça. Passei um mês inteiro sem conseguir operar, mas, ainda que relutantemente, recomecei a examinar pacientes no meu consultório uma semana após a minha cirurgia. Senti que aquilo era bem cansativo. Estava usando um tapa-olho preto que me deixava parecido com um pirata, embora me sentisse um pouco constrangido porque os meus pacientes podiam ver que eu não estava em perfeitas condições de saúde. Quando fui visitar o cirurgião alguns dias depois da operação, com o tapa-olho, ele me encarou com um olhar de estranheza.

— Exagerado — disse ele, mas, com exceção disso, disse que estava contente com o estado do meu globo ocular.

Depois de algumas semanas já estava completamente recuperado, mas uma das consequências de uma vitrectomia é que o cristalino do olho vai ficando progressivamente danificado e precisa ser substituído. Essa é uma cirurgia simples e descomplicada, em geral feita em pessoas que têm catarata, e pela qual eu passei três meses depois. Já estava de plantão para emergências no fim de semana seguinte àquela segunda cirurgia, a mais simples.

※

Se não estivesse chovendo na tarde de domingo, talvez eu não houvesse caído da escada e quebrado a perna. Talvez a minha visão ainda não tivesse voltado ao normal. Depois de uma noite movimentada de sábado, a manhã de domingo estava tranquila. Fui chamado para operar à meia-noite, pois o residente de plantão ainda era novo e precisou de ajuda com uma operação relativamente simples em um homem de meia-idade com um AVC cerebelar. A cirurgia transcorreu sem problemas, e eu passei a manhã de domingo me sentindo um pouco cansado, trabalhando no meu pequeno jardim improvisado e cheio de ervas daninhas nos fundos da casa.

Havia ido até o centro de recebimento de recicláveis de Wandsworth com sacos plásticos cheios de refugos do jardim e entrei na fila de carros grandes e SUVs que esperavam para fazer parte desse ritual de domingo.

Nos enormes contêineres do depósito as pessoas estavam ocupadas jogando fora o seu lixo, a futura arqueologia da nossa civilização: cadeiras quebradas, sofás, máquinas de lavar, equipamentos de som, caixas de papelão, camas e colchões, os cortadores de grama do ano passado, carrinhos de bebê, computadores, televisores, abajures, revistas, pedaços de placas de gesso e cascalho. Há um ar furtivo e culpado nesses lugares — as pessoas evitam olhar nos olhos umas das outras, como homens em um banheiro público, e voltam rapidamente para a privacidade e o luxo dos seus carros brilhantes, indo embora em seguida. Sempre que vou ao centro de recicláveis volto com uma enorme sensação de alívio, e nessa ocasião decidi me recompensar com uma visita à loja de materiais para jardinagem no caminho para casa. Foi enquanto eu estava caminhando alegremente entre as fileiras de plantas e arbustos, procurando por alguma coisa para comprar, que começou a chover. Uma nuvem baixa e esfarrapada de chuva, parecida com um borrão de tinta que se espalhava pela água limpa, se deslocava velozmente no céu e derramou-se, forçando os clientes a procurar abrigo e deixando o centro de jardinagem subitamente deserto. Percebi que estava sozinho entre as plantas e os arbustos. Meu celular tocou. Era Rob, o residente de plantão no hospital.

— Lamento muito perturbá-lo — disse ele, repetindo a litania habitual e cheia de cortesia que os meus subordinados sempre recitam quando do me telefonam. — Mas será que eu poderia discutir um caso com você?

— Sim, sim, é claro — disse, correndo para procurar abrigo num depósito cheio de vasos de terracota.

— Temos um homem de trinta e quatro anos que caiu de uma ponte...

— Um suicida?

— Sim. Aparentemente, sofria de depressão há algum tempo.

Perguntei se o primeiro impacto havia acontecido na cabeça ou nos pés. Se caem no chão com os pés para baixo, essas pessoas geralmente fraturam os pés e a coluna e acabam ficando tetraplégicas. Se caem de cabeça, geralmente morrem.

— Ele caiu em pé, mas bateu a cabeça também — veio a resposta.

— É um caso de politrauma. Está com fratura pélvica, na tíbia e fíbula bilaterais e traumatismo craniano grave.

— O que o exame mostra?

— Uma enorme contusão hemorrágica no lobo temporal esquerdo, e as cisternas basais desapareceram. Ele está com a midríase fixa à esquerda há cinco horas, já.

— E a resposta motora?

— Nenhuma, de acordo com a equipe da ambulância.

— Bem, o que você quer fazer?

Rob hesitou, relutando em se comprometer.

— Bem, acho que podemos monitorar a pressão intracraniana.

— Qual você acha que será o prognóstico?

— Não será muito bom.

Disse a Rob que seria melhor deixá-lo morrer. Ele provavelmente morreria não importando o que fizéssemos, e mesmo se sobrevivesse ficaria com sequelas terríveis . Perguntei se ele havia conversado com a família.

— Não, mas eles estão a caminho — respondeu ele.

— Bem, conte tudo a eles — disse.

Enquanto conversávamos a chuva parou e o sol havia saído por trás das brechas entre as nuvens. As plantas ao meu redor cintilavam com a luz refletida. As pessoas deixaram o abrigo da loja e a cena pastoril no jardim voltou a ser o que era — jardineiros felizes caminhavam entre as fileiras de plantas e árvores, parando para examiná-las e decidindo quais iriam comprar. Acabei comprando uma *Viburnum paniculata* com brotos de flores brancas em forma de estrela, e voltei para casa com a planta acomodada no banco do passageiro ao meu lado.

Eu poderia ter operado aquele pobre suicida e talvez salvado sua vida, mas a que custo? Era isso que eu dizia a mim mesmo enquanto começava a cavar um buraco no jardim dos fundos para a planta que trouxera. Após algum tempo, senti-me forçado a ir até o hospital para dar uma olhada na tomografia e examinar o paciente por conta própria. A despeito dos meus esforços, achava difícil dar uma sentença de morte, mesmo para um suicida, com base somente em relatos verbais.

Meus sapatos haviam ficado encharcados com a chuva, e antes de ir até o hospital eu os troquei por um novo par, cujas solas haviam sido recentemente reformadas.

Encontrei Rob na sala escura de leitura de raios-X. Ele abriu a tomografia nas telas do computador.

— Bem, ele está condenado — disse, analisando a tomografia computadorizada. Foi um alívio perceber que o exame mostrava uma situação ainda pior do que a descrição que Rob fizera pelo telefone. O lado esquerdo do cérebro estava arrebentado, sem qualquer possibilidade de tratamento, escurecido na tomografia por edema e salpicado de branco, a cor pela qual o sangue é representado nesse tipo de exame. O cérebro estava tão inchado que não havia esperança de sobrevivência, ainda que com sequelas, mesmo se operássemos.

— Há dois grandes benefícios em uma carreira médica — disse a Rob. — Um deles é que o profissional adquire um repertório infinito de histórias para contar. Algumas são engraçadas, mas a maioria desses relatos são horríveis.

Contei a ele sobre uma suicida que eu havia tratado alguns anos antes, uma bela jovem ainda na casa dos vinte anos que havia se jogado sob um trem do metrô. A perna precisou ser amputada na altura do quadril. Suponho que o trem tenha passado horizontalmente sobre o quadril e a perna. Ela também sofreu uma fratura cominutiva do crânio com afundamento, razão pela qual foi enviada para nós depois que o hospital local fez a amputação. Nós cuidamos da cabeça da moça e ela acordou lentamente no decorrer dos dias seguintes. Lembro-me de dizer que ela havia perdido a perna, e a moça respondeu: — Oh, meu Deus. Não parece ser algo muito bom, não é?

Mas ela até que estava bastante feliz no início, e obviamente não conseguia se lembrar de toda a infelicidade que a fizera se jogar sob o trem. Mas, conforme se recuperou da lesão na cabeça, conforme foi melhorando, por assim dizer, ela na verdade piorou. Sua memória começou a voltar, e podia-se perceber que ela ficava dia a dia mais deprimida e desesperada. Quando os pais dela finalmente apareceram, deu para perceber o motivo pelo qual ela havia tentado se matar. Foi muito triste ver aquilo.

— O que aconteceu com ela? — perguntou Rob.

— Não faço ideia. Nós a enviamos de volta ao hospital local e não tive mais notícias.

— E qual é o segundo benefício de uma carreira médica? — perguntou Rob, educadamente.

— Oh, apenas o fato de que, se um médico fica doente, ele sabe exatamente onde vai conseguir os melhores cuidados. — Apontei para as tomografias que estavam no monitor diante de nós. — Vou conversar com os pais do homem.

Saí da sala de leitura da radiologia e caminhei sob as luzes fortes dos corredores monótonos do hospital até chegar à UTI. O hospital ainda era bem novo. Parecia uma prisão de segurança máxima: as portas só podiam ser abertas se alguém passasse um cartão por uma ranhura, e se ficassem abertas por mais de um minuto um alarme ensurdecedor começaria a soar. Felizmente, desde então, a maioria dos alarmes quebrou ou foi sabotada, mas nós passamos os primeiros meses naquele novo prédio sob o som constante de alarmes soando — um fenômeno bizarro para um hospital cheio de pessoas doentes, como alguém poderia imaginar. Entrei na UTI. Enfileiradas ao longo das paredes estavam as formas inconscientes dos pacientes respirando com a ajuda de ventiladores e cercados por aparelhos, com uma enfermeira ao lado de cada leito.

As enfermeiras que estavam no balcão central apontaram para um dos leitos quando perguntei sobre a internação recente, e fui até lá.

Fiquei surpreso pelo fato de que o pobre saltador era obeso. Por um preconceito meu, não esperava que um suicida fosse obeso, eu não conseguia ver a sua cabeça quando estava aos pés da cama — somente a montanha enorme e pálida da sua barriga desnuda, parcialmente coberta por um lençol limpo, e, mais adiante, os monitores, aparelhos e bolsas de líquidos ao lado da cabeceira da cama, com os LEDs vermelhos piscantes e os mostradores digitais. Um senhor idoso estava sentado em uma cadeira ao lado da cama e levantou-se quando me viu. Apresentei-me, e trocamos um aperto de mão.

— O senhor é o pai dele? — perguntei.

— Sim — disse ele, com a voz baixa.

— Lamento muito, mas não há nada que possamos fazer para ajudar — disse. Expliquei que o seu filho morreria nas próximas vinte e quatro horas. O homem mais velho não disse nada, simplesmente assentiu com a cabeça. Não havia muita expressividade em seu rosto. Não sei dizer se ele estava atordoado demais ou se não era muito próximo do filho. Não cheguei a ver o rosto do filho e não sei qual tragédia humana se escondia por trás daquele corpo gigantesco e agonizante que estava no leito hospitalar ao nosso lado.

Voltei para casa e subi as escadas até o sótão que havia construído no ano anterior, onde Kate estava deitada em um sofá, recuperando-se de uma recorrência particularmente ruim de sua doença de Crohn. Havia construído a escadaria de carvalho com as minhas próprias mãos, lixando e polindo os degraus até ficarem reluzentes. Discutimos a necessidade de um corrimão extra nas escadas, pois duas noites antes Kate havia escorregado na escada e se machucado, ganhando alguns hematomas. Nós dois sempre achamos que a cultura de saúde e segurança que domina a nossa sociedade avessa a riscos era um pouco exagerada, mas decidimos que um corrimão provavelmente era uma boa ideia. Desci para o andar de baixo, avançando pela escada de carvalho feita à mão, cada degrau e espelho cuidadosamente construídos por mim, para terminar de plantar a *Viburnum* no jardim atrás da casa. Meus sapatos com as solas recém-substituídas deslizaram sobre a madeira exageradamente polida, perdi o equilíbrio e ouvi o estalo horrível e explosivo da minha perna quebrando e do meu pé se deslocando, e caí pela escada.

Ainda que quebrar a perna seja algo muito doloroso, é fácil de tolerar — sabe-se bem, afinal de contas, que soldados em combate não costumam sentir muita dor na hora em que são feridos. A dor vem mais tarde. Você fica ocupado tentando salvar a própria vida e não pensa na dor.

— Mas que diabos! Quebrei a perna! — gritei. No começo Kate achou que eu estava brincando, até que me encontrou na base da escada com o pé esquerdo retorcido num ângulo impossível. Tentei endireitar o pé com as mãos, mas comecei a sentir que ia desmaiar por causa da dor, e Kate chamou os vizinhos, que me colocaram no banco de trás do seu carro e me levaram para o pronto-socorro do meu próprio hospital. Trouxeram uma cadeira de rodas, e eu fiquei numa fila curta diante do balcão da recepção, coordenado por duas mulheres de aparência feroz que estavam atrás do que parecia ser vidro à prova de balas. Esperei pacientemente sentado, rangendo os dentes, com a perna quebrada esticada diante de mim. Depois de uma curta espera, fui atendido por uma das recepcionistas.

— Nome? — perguntou ela.

— Henry Marsh.

— Data de nascimento?

— Cinco do três de cinquenta. Na realidade, sou o chefe do Departamento de Neurocirurgia deste hospital.

— Religião? — perguntou ela, sem pestanejar.

— Não tenho — respondi, desanimado, mas pensando que, pelo menos, meu hospital era igualitário.

O interrogatório continuou por pouco tempo, e logo fui resgatado por uma das enfermeiras do Departamento de Emergências, que percebeu que o meu pé havia se deslocado e precisava ser recolocado no lugar. Fiquei bastante agradecido pela rapidez com que aquilo foi feito, e de maneira indolor, graças à aplicação intravenosa de morfina, Dormonid e uma mistura de óxido nitroso com oxigênio. Minha última lembrança antes que os medicamentos me fizessem perder a noção de tudo que havia ao meu redor foi a minha tentativa de convencer a enfermeira entusiasmada a não usar uma enorme tesoura para cortar as minhas calças novas de veludo verde.

Quando comecei a despertar em meio a uma nuvem de euforia em razão dos medicamentos e refleti sobre como seria reduzir uma fratura como a minha no passado, sem qualquer anestesia, percebi o meu colega da ortopedia aos pés da minha maca. Eu havia lhe telefonado pelo celular quando estava no banco de trás do carro dos vizinhos, a caminho do hospital.

— É uma fratura com luxação — disse ele. — Já a reduziram bem, mas vai precisar de cirurgia para fixação interna. Posso fazer isso amanhã no hospital particular.

— Tenho plano de saúde — disse. — Sim, vamos fazer isso.

— Vamos precisar de uma ambulância particular — disse a enfermeira.

— Não se preocupe — disse o meu colega. — Eu mesmo posso levá-lo.

Assim, fui removido do pronto-socorro, com a perna esquerda envolta em uma longa capa de plástico com suporte, e colocado no Mercedes vermelho esportivo do meu colega. Em seguida, fui levado com estilo até o hospital privado que ficava a cinco quilômetros dali, onde a fratura foi cuidadosamente reparada no dia seguinte. Meu colega insistiu em me manter hospitalizado por cinco dias, com a justificativa de que eu era médico e não daria ouvidos às suas recomendações, e que deveria deixar a perna repousar nos primeiros dias após a cirurgia. Assim, passei uma boa parte da semana seguinte na cama, com a perna erguida, olhando para um belo carvalho que se erguia diante da janela do meu quarto, lendo P. G. Wodehouse e refletindo sobre como muitas das "reformas guiadas pelo mercado" feitas pelo governo no NHS pareciam estar afastando o sistema público de saúde ainda mais do que acontecia no mundo real do setor privado, do qual eu era novamente paciente. Ocasionalmente conseguia ouvir meus colegas indo visitar seus pacientes nos quartos ao lado do meu, com as vozes cheias de charme e cortesia.

Na manhã em que recebi alta, fui até o ambulatório para aguardar que o meu gesso fosse trocado. Observei os vários pacientes que iam e vinham.

Meus colegas, em ternos elegantes e escuros, saíam de tempos em tempos dos seus consultórios para chamar o próximo paciente que iriam examinar. Alguns deles me conheciam e ficaram um pouco assustados ao me ver disfarçado de paciente, com uma camisola hospitalar e a perna engessada. A maioria parava por alguns momentos e se compadecia e ria comigo daquela má sorte. Um deles, um médico particularmente pomposo, parou por um momento e pareceu surpreso.

— Fratura-luxação do tornozelo esquerdo — disse.

— Oh, que horror — disse ele numa voz muito elegante, como se reprovasse a maneira vulgar pela qual, ao permitir que a minha perna se quebrasse, eu havia me tornado um mero paciente, e rapidamente voltou para a sua sala. Fui chamado até a sala de gesso, onde meu colega ortopedista removeu o curativo anterior e estudou cuidadosamente as duas incisões, uma de cada lado do meu tornozelo. Disse que estava satisfeito, e em seguida, tomando a minha perna nas mãos, colocou um novo gesso com suporte no meu pé e na perna, prendendo-o com uma atadura de crepe. Pensei, de maneira bastante melancólica, no quanto esse tipo de medicina difere daquela que eu pratico como neurocirurgião.

— Eu raramente toco em meus pacientes, sabia? — disse a ele. — Quando não estou operando, é claro. Tudo se resume ao histórico, a tomografias do crânio e a conversas longas e deprimentes. Bem diferente disso que você faz. É até bem agradável.

— Sim, a neurocirurgia é uma área cheia de tristezas e decepções.

— Mas nossos triunfos ocasionais são ainda maiores como resultado... — comecei a dizer antes que ele interrompesse o meu devaneio.

— Você tem que manter esse pé erguido nas próximas semanas durante noventa e cinco por cento do tempo, porque ele vai ficar bastante inchado.

Despedi-me dele e, pegando as minhas muletas, manquitolei para fora do quarto.

Algumas semanas mais tarde sofri uma hemorragia vítrea e um rompimento da retina no meu outro olho, mas foi mais fácil tratar isso do que o que havia acontecido com o olho esquerdo. Após uns poucos dias eu já estava de volta ao trabalho. Tive sorte se comparado com os meus pacientes, e estava me sentindo cheio da gratidão profunda e ligeiramente irracional pelos meus colegas que todos os pacientes sentem por seus médicos quando as coisas terminam bem.

22. Astrocitoma

(s.) Um tumor cerebral derivado de células não nervosas. Ocorre em todos os graus de malignidade.

Depois do sucesso da operação de neuralgia do trigêmeo, Igor insistia que, na minha próxima viagem à Ucrânia, eu devia operar uma série de pacientes com tumores especialmente desafiadores, que ele garantia que não podiam ser tratados com segurança na Ucrânia por seus colegas mais graduados. Eu não compartilhava desse entusiasmo e fiz questão de deixar isso bem claro para ele, mas quando cheguei para a minha visita seguinte havia uma longa fila de pacientes com tumores cerebrais particularmente pavorosos no corredor sujo que levava ao seu consultório, esperando que eu os examinasse.

As consultas que eu conduzi no decorrer dos anos no consultório de Igor sempre foram eventos bizarros, e bem diferentes de qualquer coisa que eu já tinha feito. Conforme a fama de Igor crescia, pacientes de todas as partes da Ucrânia vinham se consultar com ele. Não havia um sistema de agendamento de consultas — os pacientes apareciam a qualquer momento e pareciam aceitar o fato de que poderiam passar o dia inteiro esperando até a hora da consulta. Nas ocasiões em que eu fazia as minhas visitas, a fila de pacientes se estendia por todo o longo corredor do hospital diante do consultório dele e desaparecia de vista por um dos corredores laterais.

Nós começávamos às oito da manhã e continuávamos até tarde da noite, sem pausas. Era comum haver vários pacientes e suas famílias naquele pequeno consultório ao mesmo tempo. Alguns deles estavam vestidos, outros não. Podia também haver jornalistas e equipes de TV fazendo entrevistas, especialmente quando a situação política de Igor estava mais problemática. Havia três telefones na sala, e a maioria deles estava constantemente em uso. Raramente tínhamos menos de sete ou oito pessoas na sala ao mesmo tempo. No início eu achava todo aquele caos exaustivo e irritante, e culpei Igor por aquilo, dizendo-lhe que devia instituir um sistema de agendamento de consultas, mas ele me disse que na Ucrânia ninguém iria respeitar uma coisa dessas e seria melhor deixar que as pessoas viessem sempre que queriam.

Os modos de Igor com os pacientes eram um pouco bruscos, apesar de por vezes ele ser capaz de demonstrar simpatia. Como não falo russo nem ucraniano, só podia tentar adivinhar o que era dito antes que as falas fossem traduzidas por Igor, e descobri que costumava estar enganado. Os pacientes traziam seus próprios exames cerebrais, feitos anteriormente, e sem quaisquer rodeios perguntavam-me se era possível fazer a cirurgia ou não. Na medicina inglesa aprende-se desde muito cedo que um médico deve basear suas decisões após conhecer o histórico e examinar um paciente, e que somente no ao final do processo deve-se recorrer às "investigações especiais", tais como raios-X e tomografias. Aqui o processo inteiro acontecia ao contrário, e era espremido em alguns minutos ou mesmo em segundos. Sentia-me como o imperador Nero nos jogos romanos. Tudo aquilo era dificultado ainda mais pelo fato de que as tomografias geralmente eram de baixa qualidade. Era difícil ver com clareza a situação, o que me deixava ainda mais receoso de tomar tantas decisões sobre vida ou morte em ritmo acelerado.

Nessa visita particular, no verão de 1998, ficou claro que os muitos inimigos de Igor no *establishment* médico haviam feito pressão sobre o diretor do hospital que dera as boas-vindas ao embaixador britânico no ano anterior. Na manhã da minha primeira consulta soube que o diretor me proibira de entrar nas salas de cirurgia, e também que ele não iria conversar comigo. Fiquei, na verdade, bastante aliviado — os casos que havia visto eram bem complicados, e me assustava a ideia de operá-los naquelas salas cirúrgicas primitivas.

O fato de que eu havia sido proibido de entrar nas salas de cirurgia virou manchete, e no dia seguinte a fila dos pacientes para a consulta tinha uma quantidade maior do que a habitual de jornalistas e equipes de TV fazendo cobertura. Na metade da manhã, ao ser entrevistado por um jornalista da TV ucraniana enquanto decidia se o tumor na cabeça de alguém era operável ou não, o diretor do Departamento de Cirurgia do hospital chegou e mandou que os jornalistas e equipes de filmagem saíssem do hospital. Ele trazia na cabeça um alto chapéu de cozinheiro, óculos enormes para combinar, e tinha uma aparência reconfortante de tão absurda. Era difícil levá-lo a sério. Saímos do local e continuamos a entrevista do lado de fora, com o hospital ao fundo.

Uma das pacientes que eu havia acabado de examinar e concordado — com consideráveis reservas — em operar também foi entrevistada. Perguntaram sua opinião sobre eu não ter permissão para tratá-la. Ludmilla tinha vindo do sul do país para visitar um famoso professor de neurocirurgia em Kiev. Seu equilíbrio ao ficar em pé ficara cada vez mais instável nos últimos meses, e uma tomografia computadorizada mostrou um tumor grande e bastante difícil na base do cérebro: um ependimoma do quarto ventrículo, uma anomalia benigna, mas quase sempre fatal. Não havia nenhuma possibilidade de que ela passasse pela cirurgia em sua cidade natal. Ela chegou no horário para a consulta, mas o professor se atrasou. Os residentes do professor analisaram a sua tomografia.

— Se você quiser viver, saia antes que o professor retorne — disse um deles. — Vá conversar com Kurilets. Ele tem contatos no Ocidente e pode ajudar. Se deixar o professor operar, você vai morrer. — Ela foi embora, e alguns dias depois eu a examinei no consultório de Igor.

Nós dois aparecemos no noticiário nacional das 21 horas naquela noite.

— O que você quer? — perguntou o jornalista a Ludmilla.

— Quero viver — respondeu ela, com a voz baixa.

O impulso de ajudar, o planejamento de operações difíceis e perigosas, o impulso de assumir riscos cuidadosamente calculados, de salvar vidas, é irresistível, e ainda mais se você faz isso enquanto enfrenta a oposição de um professor que se acha muito importante. Quando conversei com Ludmilla no dia seguinte, senti que não tinha escolha a não ser dizer que, se ela quisesse, eu faria os preparativos para que ela fosse a Londres. Eu a operaria lá. Não me surpreendeu o fato dela aceitar.

Foi no dia seguinte que vi Tanya pela primeira vez. Igor queria que saíssemos para ir ao hospital por volta das 6h30 da manhã, mas perdi a hora. Quando partimos logo percebi por que Igor queria tanto sair cedo — a hora do *rush* matinal de Kiev fazia com que uma jornada de trinta minutos levasse uma hora e meia. Entramos em uma fila infindável de carros e caminhonetes sujos, formas cinzentas pouco atraentes no meio da névoa, com as luzes traseiras transformando os gases do escapamento em pequenas nuvens cor-de-rosa, avançando vagarosamente por estradas enormes e largas rumo ao centro de Kiev. As estradas são ladeadas por enormes anúncios publicitários de cigarros e telefones celulares, quase invisíveis na névoa. Muitos carros furam a fila subindo nas calçadas e ziguezagueando por entre os postes de iluminação. Pesados 4×4 saem da estrada e atravessam os capinzais enlameados ao lado da estrada se isso os ajudar a ganhar terreno.

Tanya estava perto do fim da fila de pacientes com tumores cerebrais inoperáveis. Tinha onze anos na época. Entrou no consultório de Igor com passos vacilantes, apoiada pela mãe, trazendo uma chapa de raio-X arranhada que mostrava um enorme tumor na base do cérebro e que devia estar crescendo há anos. Era o maior tumor daquele tipo que eu já havia visto. Sua mãe, Katya, a trouxera desde a longínqua Horodok, uma cidade remota perto da fronteira com a Romênia. Era uma criança meiga, com cabelos cortados como os de um pajem medieval e um sorriso torto e tímido — torto devido à paralisia facial parcial causada pelo tumor. O tumor havia sido considerado inoperável tanto em Moscou quanto em Kiev, e era óbvio que iria matá-la mais cedo ou mais tarde.

Assim como é irresistível salvar uma vida, também é muito difícil dizer a uma pessoa que não posso salvá-la, especialmente se for uma criança doente com pais desesperados. O problema fica ainda maior se eu não tiver certeza absoluta. Poucas pessoas fora da medicina percebem que a coisa que mais tortura os médicos é a incerteza, e não necessariamente o fato de lidarem com pessoas que sofrem ou estão prestes a morrer. É muito fácil deixar alguém morrer quando temos certeza de que a pessoa não tem salvação; se o médico for uma pessoa decente ele vai demonstrar simpatia, mas a situação é clara. A vida é assim, e todos nós temos que morrer, mais cedo ou mais tarde. É quando eu não sei ao certo se posso ajudar ou não, ou se devo ajudar ou não, que as coisas ficam bem mais difíceis. O tumor de Tanya era realmente o maior que eu já vira. Era quase que certamente benigno, e, pelo menos em teoria, podia ser removido, mas nunca havia tentado remover uma anomalia daquele tamanho em uma criança daquela idade antes, e também não conhecia ninguém que tivesse tentado. Médicos com frequência consolam uns aos outros quando as coisas dão errado, dizendo que é fácil ser sábio em retrospecto. Eu devia ter deixado Tanya na Ucrânia. Devia ter dito à sua mãe para levá-la de volta a Horodok, mas, em vez disso, eu a trouxe para Londres.

Naquele mesmo ano cuidei dos preparativos para que Tanya e Ludmilla viessem a Londres, e enviei uma minivan para recebê-las no aeroporto de Heathrow e trazê-las, juntamente com os parentes que as acompanhavam, até a entrada do meu hospital. Senti-me incrivelmente orgulhoso e importante quando as encontrei lá! Fiz as duas operações junto com Richard Hatfield, um colega e bom amigo que costumava ir até a Ucrânia comigo.

A operação de Ludmilla demorou oito horas e foi um sucesso absoluto. A primeira cirurgia em Tanya levou dez horas, e em seguida houve uma segunda cirurgia que demorou doze horas. As duas operações foram complicadas por uma perda de sangue terrível. Com a primeira operação ela perdeu quatro vezes o volume inteiro de sangue circulante, mas saiu em perfeitas condições da sala de cirurgia, apesar de metade do seu tumor ainda estar por remover. A segunda cirurgia — para remover o restante do tumor — não foi um sucesso. Ela sofreu um AVC grave. Teve que ficar no hospital por seis meses antes que estivesse mais ou menos bem para voltar para sua casa na Ucrânia. Levei a garota e sua mãe até o aeroporto de Gatwick, com a ajuda de Gail e do marido. Ficamos no portão de embarque. A mãe de Tanya, Katya, e eu nos entreolhamos por um longo momento — ela com desespero, e eu com tristeza. Ela me abraçou, e nós dois choramos. Quando começou a empurrar a cadeira de rodas de Tanya pelo portão, ela voltou correndo e me abraçou outra vez. E assim elas partiram: Katya empurrando a filha muda e desfigurada em sua cadeira de rodas e o médico ucraniano Dmitri ao lado delas. Katya provavelmente entendia melhor do que eu o que o futuro lhe traria.

Tanya morreu dezoito meses depois de voltar para casa. Tinha somente doze anos de idade. Em vez de passar por uma única e brilhante operação, ela precisou passar por várias, e houve complicações sérias. "Complicações" é o eufemismo médico bastante abrangente que designa qualquer coisa que dá errado. Em vez de algumas semanas, ela acabou passando seis meses no meu hospital, seis meses horrendos. Embora tenha finalmente voltado para casa, ela voltou com deficiências ainda maiores do que aquelas que tinha quando partiu. Não sei exatamente quando ela morreu, e só vim a saber por acaso de Igor. Telefonei-lhe de Londres para discutir outro caso de tumor no cérebro e perguntei casualmente, e um pouco ansioso, sobre Tanya.

— Oh. Ela morreu — disse ele. Não parecia estar muito interessado. Pensei em todas as coisas pelas quais Tanya e Katya haviam passado, em tudo que *todos nós* havíamos passado em nosso esforço desastroso para salvar a vida da garota. Fiquei um pouco abalado, mas o inglês falado de Igor era limitado e imperfeito, e talvez algo estivesse se perdendo nas traduções.

A última vez que eu a vi foi pouco antes de sua morte, depois de retornar da Inglaterra, em uma das minhas viagens regulares a Kiev. Katya, sua mãe, a trouxe da distante Horodok para me ver. Ela era capaz de andar se alguém a ajudasse, e seu sorriso torto havia voltado. Durante os primeiros meses após as cirurgias o seu rosto havia ficado totalmente paralisado. No início isso a deixou incapaz de falar, e também com o rosto parecido com uma máscara, como se não tivesse emoção nenhuma. Até mesmo as emoções mais intensas ficavam escondidas, a menos que ocasionalmente uma lágrima rolasse pelo rosto inexpressivo. É triste perceber o quanto é fácil ignorar pessoas com rostos danificados ou desfigurados, esquecer que os sentimentos por trás daqueles rostos parecidos com máscaras não são menos intensos do que os nossos. Mesmo um ano depois da sua cirurgia, ela ainda era incapaz de conversar ou engolir, embora já pudesse respirar sem a ajuda de um tubo de traqueostomia na garganta. Katya ficou em Londres com a menina durante aqueles seis meses infindáveis, e quando eu os levei até o aeroporto de Gatwick ela prometeu que me daria um presente da próxima vez que nos encontrássemos. Ela agora estava ali não apenas com Tanya, mas também com uma mala grande. A mala trazia o porco da família, que havia sido morto em minha homenagem e transformado em dúzias de longas linguiças.

Alguns meses depois Tanya morreu. Provavelmente por causa de uma válvula malfuncionante. Depois da catastrófica segunda operação no tumor, tive que inserir um tubo artificial de drenagem em seu cérebro, que pode muito bem ter obstruído, causando um aumento fatal da pressão no interior da cabeça. Vivendo longe de centros médicos modernos, como era o caso dela, seria impossível lidar com isso. Nunca vou saber ao certo o que realmente aconteceu. E também nunca vou saber se fiz a coisa certa ao tirá-la por tantos meses de sua casa na região rural da Ucrânia e operá-la da maneira como fiz. Nos primeiros anos após a morte de Tanya, Katya me mandava cartões de Natal. Com um caminho tão longo a percorrer desde Horodok, eu geralmente só o recebia no fim de janeiro. Eu o colocava sobre a escrivaninha do meu consultório sem janelas no imenso hospital onde eu trabalho, um lugar que mais parece uma fábrica. E o deixava ali por algumas semanas, uma lembrança triste de Tanya, da ambição cirúrgica e do meu fracasso.

Vários anos depois da morte de Tanya um documentário sobre o meu trabalho na Ucrânia estava sendo produzido, e eu sugeri que fizéssemos uma visita a Katya. A equipe de filmagem e eu embarcamos num micro-ônibus e fizemos o trajeto de quatrocentos quilômetros entre Kiev e Horodok. Era o final do inverno, e muitas das filmagens ocorreram na neve, com temperaturas de 17ºC negativos, mas, conforme rumávamos para o oeste a neve foi sumindo. Embora os rios e lagos pelos quais passássemos estivessem congelados, com homens pescando por buracos serrados no gelo, havia no ar uma sensação distinta de primavera. Eu queria muito ver Katya novamente. Durante os seis meses em que ela e Tanya tinham estado em Londres, acabei me afeiçoando bastante às duas, mesmo sem termos uma língua em comum. E também me sentia bastante ansioso, pois não conseguia evitar a culpa pela morte de Tanya.

Horodok, assim como grande parte da Ucrânia ocidental, era uma área rural pobre e despovoada. Desde a queda da União Soviética a economia do país estava em farrapos, e a maioria das pessoas jovens tinha saído de lá. Havia as fábricas caindo aos pedaços com cor de ferrugem que podem ser encontradas por toda a Ucrânia, e era possível encontrar lixo e máquinas quebradas espalhadas por toda parte. Katya morava em uma pequena casa de tijolos ao lado de um jardim lamacento. Quando chegamos, ela parecia estar tão nervosa quanto eu, embora estivesse muito feliz por me ver. Atravessamos a lama e as poças para alcançar a pequena casa onde havia uma enorme refeição preparada para nós. Sentamo-nos com a família ao redor da mesa enquanto a equipe do documentário nos filmava. Fiquei tão emocionado em ver Katya outra vez que mal consegui falar, e não consegui comer nada, o que causou incômodo nela. Consegui, com certo esforço, oferecer um brinde enquanto seguíamos a tradição ucraniana de propor brindes com vodca, acompanhados de um curto discurso.

No dia seguinte fomos visitar a sepultura de Tanya no cemitério local. Ficava a alguns quilômetros de distância da casa de Katya, ao lado de um bosque. O caminho até lá passava por estradas rurais, ladeadas por árvores desfolhadas pelo inverno, passando por vilarejos surrados e desmazelados, cada um deles com um pequeno açude com a superfície azul-acinzentada congelada e gansos e patos ao redor das margens. Cemitérios católicos ortodoxos são lugares maravilhosos. Os túmulos são decorados com dezenas de flores artificiais de cores vivas, e todas as lápides têm fotografias protegidas por placas de vidro ou retratos dos falecidos entalhados em pedra. Tudo estava em perfeita ordem, um contraste marcante com as casas dilapidadas nos vilarejos dos vivos pelos quais passamos a caminho do cemitério.

A sepultura de Tanya tinha uma lápide de um metro e oitenta de altura na qual seu rosto entalhado aparecia — algo estranho, talvez, para olhos ocidentais, mas muito bonito. O sol estava brilhando, as flores artificiais reluziam e balançavam sob um vento leve, e, ao longe, ouvia o som das galinhas do vilarejo local. A neve havia derretido e só restava um pouco, aparecendo como linhas brancas nos sulcos dos campos arados que atravessamos para alcançar o cemitério. O canto dos pássaros estava por toda parte. Enquanto a equipe de filmagem montava seus equipamentos eu caminhei a esmo pelo cemitério, observando as lápides e seus retratos. A maioria das pessoas enterradas ali viveu durante as épocas mais terríveis — a Guerra Civil da década de 1920, a fome da década de 1930, o despotismo de Stálin e os horrores inenarráveis da Segunda Guerra Mundial. Pelo menos um quarto da população da Ucrânia morreu de forma violenta no século XX. Quis perguntar àqueles rostos mortos o que haviam feito naqueles anos e quais tinham sido as decisões difíceis que tiveram que tomar para sobreviver, mas tive a impressão de que eles olhavam para mim como se dissessem: "Estamos mortos. Você ainda está vivo. E o que *você* está fazendo com o tempo que ainda lhe resta?"

O documentário que fizeram comigo e com Igor foi um enorme sucesso. Foi exibido por todo o mundo e ganhou vários prêmios. No final do filme apareço em pé diante do túmulo de Tanya. Estou com uma expressão triste não apenas por causa da morte da menina, mas por algo desconhecido para os espectadores: o túmulo dela ficava ao lado do de seu pai. Ele havia viajado para a Polônia alguns meses antes para tentar ganhar dinheiro como lavrador, pois ele e Katya eram muito pobres. O homem conseguiu juntar mil dólares e estava prestes a voltar para passar o Natal com a família quando foi encontrado, assassinado. O dinheiro havia desaparecido. Eu quis visitar Katya não apenas por causa de Tanya, mas também por causa da morte do seu marido. A vida na Ucrânia não é fácil.

23. Tirosina quinase

(s.) Uma enzima que age como um interruptor em muitas funções celulares.
Medicamentos para reduzir sua atividade, conhecidos como
inibidores de tirosina quinase, ou TKIs, são usados
no tratamento de vários tipos de câncer.

— Temos quórum? — perguntou o diretor. Uma rápida contagem de pessoas mostrou que havia, e assim a reunião começou.

O diretor, após contar algumas piadas breves, expôs a pauta da reunião.

— Temos representantes do Grupo de Apoio dos pacientes para debater a tecnologia que estamos discutindo hoje — disse ele, olhando para os três homens idosos de cabelos grisalhos que estavam sentados em um dos lados do quadrado oco formado por mesas ao redor do qual estava sentado o Comitê de Avaliação de Tecnologias. — Bem-vindos! — falou ele com um sorriso encorajador.

"Temos nossos especialistas clínicos", continuou ele, apontando para dois homens de aparência séria ao lado dos representantes dos pacientes, "e representantes da empresa cujo medicamento para este câncer nós estamos considerando." Sua voz estava agora mais formal, enquanto olhava para os dois homens de aparência anônima com ternos escuros e enormes caixas de arquivo no chão diante de si. Eles estavam sentados um pouco atrás de nós, longe das mesas. "O doutor Marsh é o diretor clínico e vai nos falar sobre as evidências da eficácia do medicamento, mas pensei que poderíamos começar com algumas declarações dos representantes dos pacientes."

❦

O primeiro dos três senhores grisalhos limpou a garganta, com um pouco de nervosismo, e, com uma expressão triste e resignada, fez sua declaração.

— Fui diagnosticado com câncer há dois anos — começou ele. — No momento, estou em remissão. Fui informado de que o câncer pode voltar a crescer mais cedo ou mais tarde, e o único tratamento possível, quando isso acontecer, será esse novo remédio que vocês estão considerando hoje...

Enquanto ele falava, o comitê escutava no mais completo silêncio. Era difícil não admirar sua coragem em falar dessa forma para uma sala cheia de estranhos. Ele prosseguiu, explicando que havia organizado um grupo de apoio para pacientes com aquela doença em particular.

— Havia trinta e seis de nós quando começamos, mas agora somos apenas dezenove. Gostaria de pedir a vocês que se lembrem de uma coisa quando considerarem esse medicamento — o homem emendou, com um leve tom de desalento, ao fim do seu discurso: — Lembrem-se de que a vida é preciosa, e que cada dia conta.

O próximo homem idoso falou sobre como a sua esposa havia morrido de câncer, e contou-nos sobre o seu sofrimento e a angústia dos seus últimos meses. O terceiro senhor abriu uma maleta diante de si e retirou uma resma de documentos. Parecia estar bastante determinado.

— Só estou aqui, em minha opinião, por causa desse remédio — começou ele. — Fui diagnosticado pela primeira vez há doze anos. Como todos vocês sabem, a maioria das pessoas morre em menos de cinco. Os médicos daqui não tinham nada a me oferecer. Assim, fiz algumas pesquisas e fui para os Estados Unidos, onde me inscrevi em vários testes clínicos de medicamentos. O último que recebi foi esse que vocês estão analisando hoje. O NHS não o fornece. Já me custou trezentas mil libras do meu próprio bolso. Cavalheiros... — o homem olhou para todas as pessoas que estavam na sala — espero que não me considerem um ponto fora da curva.

Após uma breve pausa, o diretor olhou para mim.

— O doutor Marsh vai nos falar agora sobre a eficácia clínica do medicamento em questão. — Ele empurrou para mim o notebook que estava diante de si.

Eu havia oferecido meus serviços voluntariamente ao Instituto Nacional de Excelência Clínica, o NICE, dois anos antes. Vira um anúncio em um dos periódicos médicos pedindo um cirurgião que fosse chefe de departamento médico para participar de um dos Comitês de Avaliação de Tecnologia do NICE. Pensei que a palavra "tecnologia" se referia a coisas interessantes como microscópios e instrumentos cirúrgicos, mas, para o meu azar, o assunto ali era medicamentos. O único exame no qual fui reprovado durante a minha longa carreira acadêmica foi o de farmacologia. A imprensa popular costuma acusar o NICE de ser uma organização de burocratas insensíveis. Nos Estados Unidos, políticos de direita se referem a ele como o "comitê da morte". Essas acusações são totalmente injustas, e, conforme fui me familiarizando com o processo pelo qual novos medicamentos são avaliados pelo comitê, e as decisões sobre se o NHS deveria usá-los ou não, acabei ficando fascinado. Assim, uma vez por mês pego o trem para Manchester, onde uma reunião que dura o dia inteiro ocorre no escritório central do NICE. Os membros se alternam na apresentação de evidências sobre os medicamentos que estão sendo considerados. Nesta ocasião, quem iria apresentar os dados era eu.

Os slides da minha apresentação foram projetados, um a um, em três das quatro paredes conforme eu falava. Eram slides relativamente monótonos, apenas letras azuis sobre um fundo branco, com fatos, números e os nomes longos e impronunciáveis de medicamentos para quimioterapia, os quais recitei atabalhoadamente enquanto lia. Eu havia preparado os slides numa correria frenética com a equipe do NICE durante os dias que antecederam a reunião. Essas reuniões são abertas ao público e não pode haver nenhuma das piadas nem fotos retiradas do Google com as quais geralmente ilustro minhas palestras médicas. Minha apresentação durou cerca de dez minutos.

— A conclusão — disse, ao terminar — é que o TKI em questão funciona para este tipo específico de câncer, de modo que reduz significativamente o tamanho do baço do paciente, mas isso é apenas um efeito secundário. Mesmo com os testes, não ficou claro se os pacientes viveram por mais tempo ou tiveram uma qualidade de vida melhor. Muitos dos pacientes foram perdidos durante o acompanhamento, e os dados sobre qualidade de vida não existem.

Houve uma pausa de dez minutos para um café. Percebi que estava ao lado do diretor. Disse-lhe que havia estado na Ucrânia dois meses antes e que haviam me dito que testes de medicamentos são uma boa fonte de renda. Muitos dos hospitais estão envolvidos em testes promovidos por grandes laboratórios farmacêuticos, e fui informado de que o mesmo paciente pode ser inscrito em vários testes diferentes, pois os médicos são remunerados por cada paciente que conseguem recrutar. Se isso for verdade, eu disse, os resultados não podem ser considerados válidos. O diretor preferiu não comentar.

A apresentação seguinte foi feita por um profissional especializado em estatísticas de saúde e versava sobre o custo-benefício dos medicamentos — em outras palavras, se os benefícios para os pacientes que estão morrendo por causa do câncer valem o custo do medicamento. Ele tinha o discurso hesitante de um acadêmico e se embolou e vacilou enquanto apresentava aqueles slides complexos. A apresentação foi uma série de gráficos, tabelas e abreviaturas, usando os vários modelos que economistas de saúde desenvolveram em anos recentes para analisar a questão. Eu logo fiquei perdido entre as explicações e olhei ao meu redor, tentando adivinhar se os outros membros do comitê estavam entendendo aquela apresentação melhor do que eu. Eles não davam nenhum indício, e observavam as telas da projeção com rostos inexpressivos.

Nesse tipo de avaliação econômica, o tempo de vida extra que os pacientes podem (ou não) ganhar com o uso de um medicamento é ajustado para criar uma margem de tolerância para o fato de que o tempo extra pode (ou não) ser simplesmente de baixa qualidade. A maioria dos pacientes que vão morrer por um câncer no pulmão, por exemplo, terá a saúde precária — apresentando falta de ar, tosse com sangue, dores e medo de morrer. Se pudessem viver um ano a mais (algo improvável com esse câncer em particular, quando começa a se espalhar) com boa saúde, esse ano a mais receberia o valor de um ano. Se a saúde for precária, esse valor é reduzido de maneira correspondente. Esse valor é chamado de anos de vida ajustados pela qualidade (QALYs), e é calculado com a ajuda de "utilidades". Em teoria, isso envolve perguntar a pacientes que vão morrer como se sentem em relação à sua qualidade de vida. Entretanto, é muito difícil fazer isso na prática, pois quase sempre envolve confrontar abertamente pacientes desenganados com a sua morte iminente. Obviamente, isso é algo que tanto médicos quanto pacientes evitam fazer. Em vez disso, pede-se a pessoas saudáveis que imaginem que estão morrendo, que estão tossindo sangue ou com dores constantes, e em seguida pergunta-se em quanto acham que isso reduziria a sua qualidade de vida. As respostas são usadas para calcular a qualidade do tempo adicional de vida conseguido com o uso do novo medicamento. Há várias maneiras de se fazer isso — uma é baseada em uma técnica da teoria dos jogos chamada de "aposta padrão". Foi inventada pelo grande matemático von Neumann, que — como talvez valha a pena destacar — também recomendou, com base na teoria dos jogos, um ataque nuclear preventivo contra a União Soviética nos dias da Guerra Fria. Algumas pessoas podem concluir que a aposta padrão não é necessariamente o melhor embasamento para a tomada de decisão humana.

O grau de incerteza que permeia todos esses cálculos também deve ser medido, o que complica ainda mais a questão. Ao cabo de tudo, é gerado um índice final — a razão custo-efetividade incremental (RCEI), que é o custo de um ano a mais de vida ajustado pela qualidade que o novo tratamento alcança quando comparado com a melhor alternativa atual. Se for maior do que 30 mil libras, o NICE não aprovará o uso do medicamento pelo NHS, embora às vezes ocorram exceções para pacientes que estão morrendo por causa de cânceres raros. Sempre que o NICE se recusa a aprovar um medicamento há um forte protesto por parte de grupos de pacientes e dos laboratórios farmacêuticos. Pacientes que estão morrendo devido a várias doenças sérias aparecem na televisão acusando o NHS e o NICE de abandoná-los. E o NICE será acusado de ser um "comitê da morte".

O economista de saúde, que se parecia mais com um trabalhador braçal inofensivo do que com um sinistro comissário da morte, prosseguiu com seus slides complexos. A apresentação parecia consistir unicamente em abreviações, e eu precisava perguntar constantemente ao simpático analista ao meu lado sobre o seu significado. Quando ele terminou, o diretor do comitê pediu aos especialistas visitantes que dessem sua opinião, e os membros do comitê os questionaram logo a seguir.

— Como podemos julgar o valor do medicamento se os testes não nos dizem exatamente como os pacientes estavam vivendo, mas apenas o quanto eles viveram? — perguntei.

Havia um professor de oncologia barbudo e de aparência sisuda participando da reunião como testemunha especialista.

— Se observar o documento enviado pelo fabricante você verá que os dados sobre qualidade de vida não foram coletados porque os clínicos encarregados do estudo acharam que seria ruim para o bem-estar do paciente — disse ele, com uma voz tão suave que eu mal consegui ouvir. — É um problema comum com testes que envolvem a quimioterapia para o câncer. É difícil fazer com que pacientes em fase terminal completem o questionário. É preciso usar as utilidades padrão. Mas este é um dos poucos agentes quimioterápicos que temos para este câncer que tem muito poucos efeitos colaterais — acrescentou ele.

O professor falou de maneira comovente sobre as dificuldades de tratamento dos pacientes terminais e o fato de que dispomos de tão poucos tratamentos efetivos.

— Gostaríamos muito de ter a opção de utilizar esse medicamento — concluiu ele.

— A qualquer custo? — perguntou o diretor, desferindo o golpe de misericórdia. O especialista não tinha resposta para essa questão terrível. Quando a discussão terminou, os representantes dos pacientes, os especialistas e os observadores foram conduzidos para fora da sala e começou então a segunda parte da reunião — quando seria tomada a decisão de permitir que o NHS utilizasse ou não o medicamento, mas a portas fechadas.

Queria dizer aos economistas de saúde inflexíveis e médicos de saúde pública ao meu redor: "Creio que a verdadeira utilidade desse medicamento é dar esperança a pacientes que estão morrendo, não? A esperança de que eles possam ser pontos fora da curva e viver por mais tempo que a média dos pacientes? Como vocês medem a utilidade da esperança?".

Eu podia ter feito uma palestra bastante emocionada sobre esse assunto. Passei muito tempo conversando com pessoas cuja vida estava chegando ao fim. Concluí que pessoas saudáveis, incluindo eu mesmo, não entendem que tudo muda quando você é diagnosticado com uma doença fatal. Como você se agarra a qualquer esperança, por mais que seja falsa, por mais que seja tênue, e o quanto a maioria dos médicos reluta em tirar de seus pacientes aquele frágil raio de luz em meio a uma escuridão gigantesca. Inclusive, muitas pessoas desenvolvem o que os psiquiatras chamam de "dissociação", e um médico pode se flagrar conversando com duas pessoas — eles sabem que estão morrendo, e ainda assim têm a esperança de que continuarão a viver. Percebi o mesmo fenômeno com a minha mãe durante os últimos dias de sua vida. Quando você encara pessoas que estão morrendo, não está mais lidando com os consumidores racionais presumidos pelos construtores de modelos econômicos, se é que essas pessoas existiram antes.

A esperança é algo que não tem preço, e os laboratórios farmacêuticos, que são administrados por empresários, e não por altruístas, precificam seus produtos de acordo.

O propósito admirável das avaliações de tecnologia do NICE (que são apenas uma parte do trabalho que o NICE faz) é tentar fornecer uma força capaz de contrabalançar as políticas de preços dos laboratórios. A metodologia utilizada para o medicamento em questão não era realista, chegando até mesmo às raias do absurdo, e eu me perguntei quantas daquelas pessoas sentadas ao redor das mesas compreendiam as dificuldades e mentiras envolvidas no tratamento de pacientes que estão morrendo, em que o verdadeiro valor de um remédio como esse é a esperança, e não a probabilidade estatística de viver, possivelmente com muita dor, mais cinco meses, em média.

Guardei minhas dúvidas para mim, pois acredito intensamente que se deve resistir firmemente às políticas de preços das grandes indústrias farmacêuticas e que os custos de saúde, assim como os gases que causam o efeito estufa, devem ser reduzidos. A discussão abstrata continuou.

— Mas o MS não envolve nem mesmo uma ASP! — dizia um jovem economista de saúde, com forte indignação. — E, se querem a minha opinião, devíamos jogar o registro desse medicamento no lixo...

— Espero que ASP não seja uma Aplicação de Sucção Prostática — comentei com o meu vizinho, incapaz de resistir a uma piada infame.

— Não — disse ele. —Análise de Sensibilidade Probabilística.

— Bem, eu tenho alguns problemas com a ASP — disse o diretor. — Mas as previsões baseadas na curva da HAQ são importantes e a menor razão de custo-efetividade incremental (RCEI) possível é de 150 mil libras. Assim, mesmo que o EoL (fim da vida, sigla em inglês) se aplique, não há como aprovar esse medicamento. É impossível fazer com que um tratamento que custa 40 mil libras por ano por paciente tenha um custo-benefício favorável. Aquela última abreviação, pelo menos, eu conhecia. O Fim da Vida (EoL) era uma concessão que o NICE recentemente fora obrigado a fazer para permitir o uso de medicamentos de alto custo em grupos pequenos de pacientes que estavam morrendo por causa de cânceres raros.

A discussão prosseguiu interminavelmente. Metade dos meus colegas do comitê falava e discutia na linguagem arcana da análise de custo-benefício com convicção e propriedade, enquanto a outra metade assentia sabiamente.

Será que eles realmente entendiam tudo isso? Senti-me constrangido pela minha ignorância.

Finalmente, o diretor olhou para todos os presentes.

— Acho que estamos tendendo a um "não", concordam? — disse ele.

Aquilo significava que a recomendação do comitê seria colocada em consulta pública e todas as partes interessadas (grupos de pacientes, fabricantes, médicos) poderiam criticar e comentar antes que se chegasse a uma conclusão. O NICE se esforça bastante para ser transparente e envolver todos os interessados nas suas deliberações e em sua imagem perante a mídia. Além disso, é possível que a empresa farmacêutica que criou o medicamento consiga reduzir o preço.

Naquela tarde, tomei o trem de volta a Londres e cheguei em Euston às sete horas da noite. Caminhei os três quilômetros até Waterloo sob a noite escura de janeiro e, junto com centenas de trabalhadores, atravessei a ponte sobre o rio negro como piche, com a cidade maravilhosa à nossa volta, iluminada pelos milhões de luzes elétricas piscando sobre telhados cobertos de neve. Foi bom poder escapar, mesmo que por algumas poucas horas, do mundo de doenças e morte no qual passo um tempo tão grande da minha vida.

24. Oligodendroglioma

(s.) Um tumor do sistema nervoso central.

Era domingo à noite e havia três pacientes com tumores cerebrais na lista de operações para o dia seguinte: uma mulher da minha idade com um meningioma de crescimento lento, um jovem médico com um oligodendroglioma que eu havia operado alguns anos antes e que agora havia retornado — e que nós dois sabíamos que seria fatal — e um paciente internado emergencialmente que eu ainda não havia examinado. Levei a minha bicicleta até a entrada do subsolo do hospital, ao lado das latas de lixo onde os enfermeiros ocasionalmente vêm fumar. A fechadura da porta parecia estar permanentemente quebrada, de modo que posso entrar no prédio e levar a minha bicicleta no elevador de serviço até os fundos do centro cirúrgico, onde a deixo e vou ver meus pacientes. Fui até a ala feminina primeiro para procurar a mulher com o meningioma. Encontrei uma das enfermeiras-chefes — uma amiga de muitos anos — vindo pelo corredor. Vestia um casaco e devia ter encerrado seu turno de trabalho. Estava quase em prantos.

Estendi a mão para ela.

— Oh, a situação está terrível — disse ela. — Temos vários membros da equipe faltando esta semana, e tudo que conseguimos à noite são enfermeiras terceirizadas, que não servem para nada. E os noticiários estão cheios dessas reportagens sobre cuidados de enfermagem ruins... mas o que podemos fazer em relação a isso?

Olhei para o quadro-branco na parede, ao lado do balcão das enfermeiras, que listava todos os pacientes internados na ala. Os pacientes são remanejados com tanta frequência por causa da falta de leitos que o quadro raramente está atualizado, e encontrar pacientes costuma ser algo bastante difícil. Não consegui ver o nome da minha paciente na lista. Havia um grupo de enfermeiras que estavam rindo e falando alto ao redor do balcão, e, até onde pude perceber, o assunto que discutiam não tinha nada a ver com os pacientes.

— Onde está a senhora Cowdrey, a paciente da lista de amanhã? — perguntei.

Uma das enfermeiras terceirizadas olhou brevemente para mim e tirou uma folha de papel impressa do bolso, que listava todos os pacientes. Ela olhou para o papel sem muita segurança, deu de ombros e murmurou alguma coisa.

— Quem é a encarregada? — interroguei.

— Chris.

— Onde ela está?

— Está no seu intervalo.

— Faz alguma ideia de onde a senhora Cowdrey pode estar?

— Não — ela disse, dando de ombros.

Assim, voltei ao corredor e fui até a ala masculina, que tem alguns quartos individuais nos quais as pacientes do sexo feminino às vezes são colocadas.

Encontrei um enfermeiro que, para o meu alívio, reconheci — um dentre os muitos enfermeiros filipinos do departamento, cujas habilidades amistosas e gentis de enfermagem são impecáveis.

— Ah! Gilbert — disse, feliz por encontrar alguém que eu conhecia. — Você está com a mulher com o meningioma que eu vou operar amanhã?

— Não, desculpe, doutor Marsh. Somente os dois homens. Já deu uma olhada na ala Kent?

Subi as escadas até a ala Kent, da neurologia. Por razões que só a gerência conhece, nossa alocação de leitos foi reorganizada recentemente, transformando metade da ala neurocirúrgica feminina em uma ala para pacientes que sofreram AVCs e realocando metade dos pacientes de neurocirurgia para a ala neurológica do andar de cima. Assim, marchei escada acima até a ala de neurologia. A entrada estava trancada, e eu percebi que havia deixado meu cartão magnético de identificação em casa. Assim, tive que tocar a campainha ao lado da porta. Fui obrigado a esperar vários minutos antes que a tranca chiasse e eu pudesse empurrar a porta. Caminhei pelo corredor de paredes amarelas que havia em seguida, com as divisões de pacientes em um dos lados, cada uma com seis leitos, bem próximos uns dos outros, como baias em um curral.

— Está com algum dos meus pacientes que vão passar por cirurgia amanhã? — eu perguntei, cheio de esperança, a um enfermeiro alto que estava sentado atrás do balcão da enfermagem.

Ele olhou para mim com uma expressão de dúvida.

— Eu sou o doutor Marsh, chefe da neurocirurgia — disse, irritado por não ser reconhecido no meu próprio hospital.

— Bernadette é a encarregada da ala. Ela está com uma paciente no chuveiro — respondeu ele, com a voz entediada.

Assim, esperei até que Bernadette, usando um par de botas de borracha enormes e um avental de plástico, saísse da sala do chuveiro, conduzindo uma mulher idosa e corcunda em um andador.

— Oh, doutor Marsh! — disse ela com um sorriso. — Veio fazer uma das suas caçadas pelos seus pacientes? Não temos nenhum deles aqui esta noite.

— Isso está me deixando louco — disse. — Não sei por que faço isso. Perdi vinte minutos e não encontrei uma simples paciente. Talvez ela nem tenha vindo esta noite, afinal de contas.

Bernadette abriu um sorriso simpático para mim.

Encontrei o segundo paciente — o jovem médico — sentado a uma das mesas que havia na sacada, entre as alas cirúrgicas masculina e feminina, trabalhando em seu notebook.

Os planos originais para esta ala do hospital (que foi construído há dez anos) foram feitos para um prédio maior do que o que acabou sendo construído. A construção ocorreu sob a PFI (Private Finance Initiative), sigla que representa a Iniciativa de Financiamento Privado que o governo da época adotou, e, como acontece com a maioria dos planos da PFI, o projeto do prédio era algo sem graça e sem originalidade. Também não foi barato, pois a PFI mostrou ser uma estratégia muito cara que resultou na construção de prédios públicos de segunda linha. Alguns considerariam a PFI um crime contra a economia, embora ninguém deva ser responsabilizado por isso. Atualmente está claro que a PFI foi parte da mesma cultura louca por contrair dívidas que nos deu coisas como as Obrigação de Dívida Colateralizada (CDO), Derivativos de Crédito e todas aquelas outras abreviações e derivativos financeiros desonestos que nos deixaram (com exceção dos banqueiros) à beira da bancarrota.

Várias partes do projeto foram excluídas, resultando em sacadas enormes e incomuns fora das alas. A administração do hospital não encarou essas estruturas como uma oportunidade para melhorar a experiência dos pacientes durante a estada no hospital. Em vez disso, considerou-as apenas lugares com risco de suicídio. Os pacientes e os funcionários foram proibidos de ir até as sacadas, e as portas de vidro que levavam a elas ficavam trancadas. Precisei de muitos anos de campanha e somas enormes de dinheiro beneficente (que posteriormente foram para os cofres da empresa privada que construiu e que é dona do prédio) para que uma pequena seção das sacadas fosse transformada em uma "área à prova de suicídio", elevando a altura das balaustradas de vidro. Em seguida, consegui fazer com que aquela área fosse transformada em um jardim no telhado. O lugar ficou bastante popular entre os funcionários e os pacientes, e, nos fins de semana do verão, se o tempo estiver bom, temos a felicidade de ver quase todos os leitos das alas vazios, com os pacientes e suas famílias na sacada, cercados por plantas e pequenas árvores verdejantes sob enormes guarda-sóis.

Esse paciente em particular era um cirurgião oftalmologista com quarenta e poucos anos. Um homem gentil e cortês — um traço comum nos cirurgiões oftalmologistas — que não aparentava a idade que tinha, e eu sabia que ele tinha três filhos jovens. Trabalhava no norte, mas escolheu receber tratamento longe do seu hospital. Cinco anos antes, havia sofrido uma crise epilética inédita e uma tomografia mostrou um tumor que crescia em seu cérebro, na parte posterior do hemisfério direito. Eu o operei e removi a maior parte do tumor, mas a análise mostrou que ele acabaria crescendo novamente de forma maligna. O médico se recuperou bem, mas levou algum tempo até conseguir recuperar suficientemente a autoconfiança para voltar ao trabalho. Sabia que o tumor recidivaria, mas nós dois esperávamos que isso levasse mais do que cinco anos. Ele passou por um tratamento com radioterapia depois da primeira operação e permaneceu perfeitamente bem, mas um exame posterior de rotina mostrou que o tumor estava crescendo novamente e também que parecia ser maligno. Uma nova cirurgia poderia lhe dar mais algum tempo, mas provavelmente não seriam outros cinco anos.

Sentei-me ao seu lado. Ele levantou os olhos do notebook.

— E lá vamos nós outra vez — disse ele com um sorriso triste.

— Bem, é apenas uma recidiva pequena — disse.

— Sei que não pode ser curado — disse ele amargamente. — Mas você vai remover o máximo que puder, não é? Essa coisa está acabando comigo aos poucos — disse ele, apontando o braço para a própria cabeça.

— Sim, é claro — respondi, entregando-lhe o formulário de consentimento para assinar. Como todos os pacientes, ele mal olhou para o documento e rabiscou o nome com uma caneta no lugar que indiquei. Viera para uma consulta algumas semanas antes e nós havíamos discutido os detalhes da cirurgia. Nós dois sabíamos o que o esperava, e não havia mais nada a dizer. Médicos tratam uns aos outros com uma certa simpatia abnegada. As regras tradicionais de distanciamento profissional e superioridade desmoronam, e a verdade dolorosa não pode ser disfarçada. Quando se tornam pacientes, os médicos sabem que os colegas que os tratam são falíveis e que não podem ter ilusões sobre o que os aguarda, se a sua doença for fatal. Eles sabem que coisas ruins acontecem e milagres nunca ocorrem.

Não consigo nem começar a imaginar o que eu pensaria ou sentiria se soubesse que um tumor maligno estava começando a destruir o meu cérebro.

— Você é o primeiro da lista amanhã — disse, enquanto afastava a minha cadeira e me levantava. — Oito e meia, sem falta.

�֍

Três dias antes os residentes internaram um homem alcoólatra na casa dos quarenta anos que fora encontrado desmaiado no chão de sua casa, com o lado esquerdo do corpo paralisado. Havíamos discutido o caso durante a reunião matinal, nos termos ligeiramente sardônicos que os cirurgiões frequentemente usam quando conversam sobre alcoólatras e dependentes de drogas. Isso não significa necessariamente que não nos importamos com esse tipo de paciente, mas, como é muito fácil vê-los como agentes do próprio infortúnio, podemos em algumas vezes sentir menos simpatia por eles.

A tomografia cerebral mostrou um glioblastoma com áreas de hemorragia.

— Veja se ele melhora com corticoides. Também podemos esperar para ver se algum parente ou amigo aparece — havia declarado.

— A esposa o botou para fora de casa há algum tempo — disse o médico que apresentava o caso. — Por causa das bebedeiras.

— Ele batia na esposa?

— Não sei.

Eu o encontrei com o corpo largado sobre a cama, e a paralisia havia melhorado um pouco devido aos corticoides. Tinha alguns anos a menos do que eu, apresentava sobrepeso, um rosto bastante avermelhado e cabelos grisalhos desgrenhados. Tive que fazer um bom esforço para me sentar na cama ao seu lado. Não queria realmente ter aquela conversa. É sempre mais fácil ficar em pé ao lado da cama, erguendo-me sobre o paciente, e ir embora o mais rápido possível.

— Senhor Mayhew — disse. — Meu nome é Henry Marsh, e sou o neurocirurgião-chefe. O que lhe disseram até agora sobre a razão pela qual o senhor está aqui?

— Já me disseram cinco coisas diferentes — disse ele, desesperadamente. — Não sei...

Sua voz estava arrastada pela paralisia, e o lado esquerdo do seu rosto pendia frouxamente.

— Bem, o que você entendeu?

— Há um tumor na minha cabeça.

— Bem, receio que isso seja verdade.

— É câncer?

Esse é sempre um ponto crítico nessas conversas. Tenho que decidir se vou encarar um diálogo longo e doloroso ou falar com ambiguidades, eufemismos e linguagem técnica obscura e sair rapidamente, incólume e sem me deixar contaminar pelo sofrimento e a doença do paciente.

— Receio que provavelmente seja — respondi.

— Vou morrer? — gritou ele, com um pânico que crescia. — Quanto tempo eu ainda tenho? — e começou a chorar.

— Talvez tenha uns doze meses — disse, mas instantaneamente me arrependi de ter falado aquilo, e fiquei alarmado com a falta de compostura daquele homem. Tive muita dificuldade em consolar aquele homem que subitamente tinha que enfrentar uma morte iminente. Eu sabia que tinha agido de maneira desajeitada e inadequada.

— Vou morrer em doze meses!

— Bem, eu disse talvez. Há alguma esperança...

— Mas você sabe o motivo, não é? Você é o chefe dos médicos, não é? Eu vou morrer!

— Bem, tenho noventa por cento de certeza. Mas nós... — disse, caindo na forma plural que é tão amada por policiais, burocratas e médicos, que nos absolve de responsabilidades individuais e nos alivia do fardo terrível da primeira pessoa do singular. — ... nós podemos tentar ajudar com uma operação.

Ele chorava, chorava sem parar.

— Tem família? — perguntei, embora já soubesse a resposta.

— Vivo sozinho — respondeu ele por entre as lágrimas.

— Filhos?

— Sim.

— Acha que eles gostariam de vir vê-lo, mesmo agora que está doente? — eu perguntei, e novamente me arrependi do que disse.

— Não. — Ele irrompeu numa torrente de lágrimas outra vez. Esperei até que parasse, e ficamos sentados em silêncio por algum tempo.

— Quer dizer que você não tem ninguém? — perguntei.

— Sim — disse ele. — Eu trabalhava em um hospital, sabe. Vou acabar morrendo lá, não é mesmo? Toda aquela urina e merda... tudo que eu quero é um cigarro. Você acabou de me dizer que eu vou morrer. Quero um cigarro.

Ao dizer isso, ele fez uma mímica desesperada do ato de fumar um cigarro com a mão que ainda estava saudável, como se a sua vida dependesse disso.

— Você vai ter que pedir para as enfermeiras. Até porque ninguém pode fumar aqui dentro — informei. Pensei em todos os cartazes de "Proibido Fumar" do hospital e nos imensos pôsteres que saudavam as pessoas que entravam pelos portões, dizendo em letras brutais, pretas e vermelhas: "APAGUE O CIGARRO!". — Vou conversar com as enfermeiras — disse.

Fui procurar alguma enfermeira que não fosse tão rígida.

— Acabei de dizer ao pobre senhor Mayhew que ele vai morrer — relatei a ela, já ensejando um pedido de desculpas. — Ele está louco por um cigarro. Pode ajudá-lo?

Ela assentiu em silêncio.

Mais tarde, quando eu saía da ala e estava caminhando pelo corredor, vi duas enfermeiras que tentavam colocá-lo em uma cadeira de rodas. Ele gritava enquanto elas o tiravam da cama.

— Ele acabou de dizer que eu vou morrer! Vou morrer... não quero morrer.

Deve haver um lugar secreto no hospital para onde levam os pacientes paralisados para fumar. Fiquei feliz em saber que o bom senso e a gentileza ainda não haviam sido arrancados completamente das enfermeiras.

�֍

Há três anos construí uma extensão no telhado do sótão da minha casa. Instalei claraboias inclinadas com grandes janelas envidraçadas que se abrem para uma pequena sacada interna, encaixada no espaço entre o forro e o telhado na parte de trás da casa, e, ao redor dessa estrutura, construí uma balaustrada baixa. Há espaço apenas para uma cadeira e alguns vasos de plantas, e gosto de me sentar ali nas noites de verão, quando volto para casa após o trabalho. Assim, sentei-me lá depois de voltar do hospital, com um gim-tônica e uma típica vista da região sul de Londres composta por chaminés, telhados de ardósia e algumas copas de árvores que se estendem para longe de mim. Podia ver os pássaros dos jardins voando em meio à luz mortiça entre as árvores dos jardins abaixo de mim, e as minhas três colmeias diante da minha oficina. Pensei nos meus pacientes. Pensei no meu colega e no homem a quem eu acabara de dar uma sentença de morte. Lembrei que ele entendeu imediatamente que não voltaria para casa, que a família que o havia afastado nunca iria visitá-lo, que ele morreria sob os cuidados de estranhos em algum lugar impessoal. Pensei em como havia me afastado... mas o que mais eu podia fazer? Enquanto o sol se punha, ouvi um tordo negro cantando a plenos pulmões no telhado do vizinho.

As três operações que fiz no dia seguinte foram simples e descomplicadas. Descobri que a mulher com o meningioma estava, afinal de contas, em uma das outras alas na noite de domingo.

Após alguns dias, após operar o senhor Mayhew, o alcoólatra, e depois que ele foi transferido para outra ala, eu o vi ao longe enquanto estava chegando ao hospital. Uma enfermeira empurrava a sua cadeira de rodas na direção da cafeteria. Ele acenou com o braço saudável, e foi difícil saber se aquilo era uma saudação ou uma despedida. Não voltei a vê-lo.

25. Anestesia dolorosa

(s.) Dor forte e espontânea que ocorre em uma área anestesiada.

Era verão quando caí da escada e quebrei a perna. Houve uma onda de calor que terminou com uma tempestade no começo da manhã. Eu estava deitado alegremente na minha cama, escutando o som das trovoadas sobre a cidade silenciosa. Meu gesso havia sido retirado no dia anterior e substituído por uma enorme bota inflável de plástico e velcro que parecia pertencer a um *stormtrooper* da tropa de elite imperial de *Star Wars*. Era bem desajeitada, mas pelo menos conseguia caminhar novamente e podia tirá-la à noite. Era estranho me reunir de novo com a minha perna e vê-la outra vez após seis semanas de ausência, depois de passar todo aquele tempo encerrada sob uma camada de gesso e fibra de vidro. Acariciei a minha perna e a esfreguei enquanto ficava deitado na cama, ouvindo o som da chuva que caía, e tentei fazer amizade com ela outra vez. Ela estava enrijecida, arroxeada e inchada, quase irreconhecível, e eu tinha a estranha sensação de que ela não estava ligada a mim. Pesquisas neurocientíficas recentes mostraram que, poucos dias após um membro ser perdido ou imobilizado, o cérebro começa a se reprogramar, com outras áreas assumindo o controle da área redundante responsável pela parte perdida ou imobilizada. A sensação de estranheza em relação à minha perna era quase que certamente um aspecto desse fenômeno, chamado de "neuroplasticidade", com o qual o cérebro está constantemente se transformando.

Depois de um mês afastado do trabalho, eu já conseguia voltar a pedalar novamente para o trabalho, orgulhosamente exibindo a minha bota de soldado interplanetário para as pessoas que estavam no trânsito. Esse primeiro dia de regresso ao trabalho era uma quinta-feira, o dia em que atendo pacientes, e assim, depois da reunião matinal, eu estaria no meu consultório.

Novamente, os futuros neurocirurgiões que estavam na reunião matinal eram novos e eu não reconheci nenhum. Um deles apresentou o primeiro caso.

— Houve somente uma internação ontem à noite — disse ele, olhando para a tela que exibia radiografias. — Nada que seja interessante — emendou. Estava com o corpo largado na cadeira, com as costas viradas para nós, tentando dar a impressão de que era despojado, mas, ao invés disso, parecia um adolescente desengonçado.

— Nunca diga uma coisa dessas! — disse. — Quem é você, por falar nisso? E o que quer ser quando crescer?

Essa é a pergunta padrão que faço a todos os novos médicos.

— Ortopedista — disse ele.

— Endireite as costas e olhe nos nossos olhos quando estiver falando — disse. Argumentei que o progresso de sua carreira médica iria depender bastante de como ele apresentava a si mesmo e aos seus casos em reuniões como esta.

Olhei para os residentes e perguntei se eles concordavam, e todos riram, concordando educadamente. Mandei que o médico em quem havia acabado de dar a bronca nos falasse sobre o paciente internado durante a noite.

Ele se virou, meio constrangido, e nos olhou de frente.

— É uma mulher de setenta e dois anos que desmaiou em casa. — Enquanto falava, ele mexeu no teclado à sua frente e uma tomografia cerebral começou a aparecer na parede.

— Espere um pouco! — disse. — Vamos falar um pouco mais do histórico antes de analisarmos a tomografia. Conhecemos o histórico médico? Ela estava em boa forma física e era independente para a idade? Como ela desmaiou?

— Aparentemente ela morava sozinha, autocuidante e autoambulante.

— Ela se autoalimentava também? — perguntei. — Era autolimpante, como um forno? Limpava o próprio traseiro? Vamos lá, fale claro conosco, não como um gerente de empresa. Está tentando nos dizer que ela consegue cuidar de si mesma e anda sem precisar de ajuda?

— Sim — respondeu ele.

— O que aconteceu, então?

— Sua filha a encontrou caída no chão quando foi visitá-la. Não ficou claro há quanto tempo ela estava lá.

— E então, qual é o diagnóstico diferencial para desmaios em idosos?

O novo médico recitou uma longa lista de causas e condições.

— E onde ela estava na Escala de Coma de Glasgow?

— Cinco pontos.

— Não use números! Isso não significa nada. O que ela estava fazendo realmente?

— Não abria os olhos em resposta a estímulo doloroso, não produzia sons e estava em postura de decorticação.

— Assim é melhor — disse, em aprovação. — Acho que consigo ter uma ideia de como ela é. Ela apresentava algum déficit neurológico quando você a examinou ontem à noite, após a internação?

Ele pareceu ficar constrangido.

— Não percebi.

— Como você sabe o Glasgow dela, então? — perguntei.

— Foi o que os médicos do hospital local da mulher disseram... — a voz dele sumiu no ar, em meio ao embaraço.

— Você devia tê-la examinado pessoalmente. Mas... — acrescentei, sentindo a necessidade de assoprar a ferida depois de bater. — Mas você está aqui para aprender.

Olhei para os R4 e R5 que estavam se deleitando com o ritual de ensinar o novato por meio de reprimendas.

— Quem estava de plantão ontem à noite?

David, um dos residentes que estava chegando ao fim dos seus seis anos de treinamento, disse que ficara de plantão para emergências.

— Ela estava hemiplégica à direita — disse ele. — Com um pouco de rigidez de nuca, também.

— Quais são os outros possíveis sinais detectáveis no exame se ela sofreu uma hemorragia subaracnoide?

— Pode haver uma hemorragia sub-hialoide nos olhos.

— E ela apresentou isso?

— Não vi. O oftalmoscópio da enfermaria está extraviado há décadas...

A tomografia de crânio da mulher surgiu diante de nós.

— Mas que diabos! — disse quando olhei para o exame. — Por que raios vocês aceitaram a transferência? Há uma hemorragia enorme no hemisfério dominante, ela tem setenta e dois anos, está em coma... nunca vamos conseguir tratá-la, não é?

— Bem, doutor Marsh — respondeu David, acanhadamente. — O hospital que a mandou para cá disse que ela tinha sessenta e dois anos. Era professora universitária. Muito inteligente, disse a filha.

— Bem, ela não vai mais ser inteligente — disse o colega que estava sentado ao meu lado.

— De qualquer maneira, tínhamos algumas camas vazias, e os gestores de leitos estavam tentando ocupá-las com pacientes não neurológicos...

Perguntei se outras internações foram registradas durante a noite.

— Os oncologistas mandaram uma mulher com melanoma — disse Tim, outro residente, indo até a frente da sala para substituir o novato. Ele exibiu uma tomografia cerebral na parede diante de nós. O exame mostrava dois tumores grandes e irregulares no cérebro que eram claramente inoperáveis. Tumores múltiplos no cérebro são quase sempre secundários, conhecidos como metástases, de cânceres que começaram em outros lugares, tais como cânceres de mama ou de pulmão, ou, no caso presente, na pele. Seu desenvolvimento indica o começo do fim, embora em alguns casos o tratamento possa prolongar a vida em cerca de um ano.

— A carta de encaminhamento diz que ela bebe 140 unidades de álcool por semana — disse Tim. Vi uma das R2 da primeira fila fazer alguns cálculos mentais rápidos.

— Isso são duas garrafas de vodca por dia — disse ela, com um toque de admiração.

— Ela teve uma metástase cerebral removida em outro hospital há dezoito meses — disse Tim. — E radioterapia depois. Os oncologistas querem uma biópsia.

Perguntei o que ele havia respondido.

— Disse a eles que os tumores eram inoperáveis e que a biópsia era desnecessária. É óbvio que são metástases de melanoma. O diagnóstico pode ser feito *post-mortem*, inclusive.

— Adoro essa sua maneira positiva de pensar — disse o colega que estava sentado ao meu lado. — E então, qual é a mensagem que passaremos para os oncologistas?

— Não parem de beber! — gritou alguém alegremente do fundo da sala.

Sem outros casos para discutir, saímos da sala de visualização para começar o dia de trabalho.

Passei no meu escritório para pegar o meu gravador de voz.

— Não esqueça de tirar a gravata! — gritou Gail pela porta da sua sala.

O novo executivo-chefe do hospital, o sétimo desde que eu me tornei chefe de departamento, era especialmente obstinado pelo Código de Vestuário de vinte e duas páginas, e meus colegas e eu havíamos sido recentemente ameaçados de sofrer sanções disciplinares por usarmos gravatas e relógios de pulso. Não há evidências de que médicos que usam gravatas e relógios de pulso aumentem o índice de infecção hospitalar, mas o executivo-chefe via a questão com tanta seriedade que havia decidido se vestir como um enfermeiro e nos seguia enquanto passávamos pelas alas examinando os pacientes, recusando-se a conversar conosco e, ao invés disso, fazendo montes e montes de anotações. Mesmo assim, ele não deixava de ostentar o seu crachá de executivo-chefe — para o caso, suponho, de alguém lhe pedir para esvaziar um penico.

— E o seu relógio! — acrescentou Gail com uma risada enquanto eu saía pisando duro para ir ver os meus pacientes.

�֎

Os pacientes que vêm para as consultas esperam em uma sala grande e sem janelas no térreo. Há muitos pacientes, enfileirados, sentados em um silêncio obediente, pois há vários consultórios funcionando ao mesmo tempo no novo ambulatório central. O lugar tem todo o encanto de um gabinete de benefícios para desempregados, com o detalhe adicional de contar com uma estante de revistas cheia de folhetos sobre como viver com a doença de Parkinson, prostatismo, síndrome do cólon irritável, miastenia grave, bolsas de colostomia e outras condições desagradáveis. Há duas enormes pinturas abstratas, uma roxa e a outra verde-limão, que foram penduradas nas paredes pela agente de artes do hospital, uma mulher bastante animada que usava calças de couro preto, na ocasião em que o hospital foi visitado por um membro da realeza por causa da inauguração oficial do novo prédio há alguns anos.

Passei pelos pacientes que estavam esperando e me observavam enquanto eu entrava na sala de consultas. A primeira coisa que vi quando entrei na sala foi uma torre bem parecida com a de Babel feita de pastas multicoloridas que continha os prontuários dos pacientes — uma pilha que raramente tinha menos de meio metro de altura. Era uma verdadeira torre de folhas de papel que entupia pastas surradas, nas quais os resultados relevantes e recentes raramente haviam sido arquivados, e, mesmo que tivessem sido, isso teria acontecido de tal maneira que é geralmente muito difícil encontrá-los. Posso aprender — muitas vezes numa ordem totalmente aleatória — sobre o histórico de parto do meu paciente, e talvez suas condições ginecológicas, dermatológicas ou cardiológicas, mas raramente encontro informações tais como a data em que eu o operei ou a análise do tumor que removi. Aprendi que é muito mais rápido perguntar essas coisas diretamente ao paciente. A diretoria do hospital tem que dedicar uma quantidade cada vez maior de funcionários e recursos ao rastreio, busca e transporte constante de prontuários. Preciso explicar que a maior parte desses registros consiste em formulários de enfermagem indicando a passagem de líquidos corporais em internações anteriores e não são mais importantes nem relevantes. Deve haver toneladas de notas como essas sendo carregadas pelos corredores dos hospitais do NHS todos os dias em um estranho ritual de arquivamento dedicado ao histórico de excreções dos pacientes, algo que traz à mente a imagem dos besouros do esterco.

Meu consultório no ambulatório é uma combinação estranha do trivial e de seriedade. É aqui que examino os pacientes semanas ou meses depois de operá-los, e também os recém-transferidos ou aqueles que fazem acompanhamento de longo prazo. Eles estão vestidos com suas próprias roupas, e eu os recebo como iguais. Ainda não são como os pacientes que têm que se submeter aos rituais despersonalizantes de serem internados no hospital, etiquetados como pássaros de viveiro ou criminosos e colocados na cama como crianças, vestindo as camisolas de hospital. Recuso-me a deixar que qualquer outra pessoa entre na sala; nada de alunos, residentes nem enfermeiros. Apenas os pacientes e suas famílias. Muitos dos pacientes têm tumores no cérebro que estão crescendo lentamente, profundos demais para serem operados, e ainda assim o crescimento não é rápido o bastante para justificar os tratamentos paliativos para câncer como a radioterapia e a quimioterapia. Eles vêm se consultar comigo uma vez por ano nos exames de acompanhamento para ver se o tumor mudou ou não. Sei que eles estarão sentados do lado de fora do consultório, na sala de espera escura e lúgubre, cheios de ansiedade, esperando para ouvir o meu veredicto. Às vezes posso reconfortá-los e dizer que nada mudou; outras vezes os exames mostram que o tumor cresceu.

Eles estão sendo perseguidos pela morte e eu estou tentando esconder, ou pelo menos disfarçar, a figura tenebrosa que lentamente se aproxima. Tenho que escolher as minhas palavras com bastante cuidado.

Como a neurocirurgia lida também com doenças da coluna além das do cérebro, uma parte do dia de atendimentos se passa conversando com pacientes que têm problemas nas costas, dos quais apenas uns poucos precisam de cirurgia. Se o paciente tiver um tumor no cérebro, tentarei explicar que a sua vida provavelmente está chegando ao fim, ou que precisam de uma cirurgia aterrorizante no cérebro; em seguida, esforçando--me para parecer simpático e não fazer julgamentos precipitados, que as suas dores nas costas podem não ser um problema tão horrível quanto acham que é, e que talvez a vida valha a pena ser vivida a despeito delas. Alguns dos diálogos que tenho no consultório são alegres, outros são absurdos, e alguns são de cortar o coração. Mas nunca são entediantes.

Depois de olhar para a pilha de prontuários com uma ligeira sensação de desolação, eu me sentei e liguei o computador. Voltei ao balcão da recepção para olhar a lista de pacientes do dia e descobrir quem já havia chegado. Tudo que vi eram várias folhas de papel em branco. Perguntei ao recepcionista sobre a minha lista de atendimentos. Ele parecia estar um pouco constrangido quando pegou uma das folhas em branco para revelar outra folha logo abaixo, com a lista dos pacientes que eu iria examinar naquele dia.

— A gerência do ambulatório disse que temos que manter os nomes dos pacientes cobertos para preservar a confidencialidade — disse ele. — Disseram que há uma meta para que isso aconteça, e nos mandaram fazê-lo.

Chamei o nome do primeiro paciente em voz alta, olhando para os pacientes que estavam reunidos e esperando por suas consultas. Um homem jovem e um casal idoso rapidamente se levantaram de suas cadeiras, ansiosos e reverentes, da mesma maneira que todos nós agimos quando vamos consultar um médico.

— Acha que vamos atingir a meta de confidencialidade assim? — murmurei para o pobre recepcionista. — Talvez os pacientes devam ser identificados apenas por números, como numa clínica de doenças venéreas?

Afastei-me do balcão da recepção.

— Meu nome é Henry Marsh — disse para o jovem quando ele se aproximou, transformando-me num cirurgião gentil e cortês em vez de uma vítima impotente e irritada das metas governamentais. — Por favor, venham comigo.

Fomos até o consultório, e o casal idoso, os pais do rapaz, nos seguiu.

Ele era um jovem policial que havia sofrido um ataque epiléptico há várias semanas — repentinamente, sem qualquer aviso, mudando sua vida para sempre. Foi levado para o pronto-socorro local, onde uma tomografia do crânio evidenciou um tumor. Acabou se recuperando do ataque, e, como o tumor era pequeno, foi mandado para casa com uma carta de encaminhamento para o serviço de referência regional de neurocirurgia. Levou algum tempo até que a carta de encaminhamento chegasse a mim, e assim ele precisou esperar duas semanas até finalmente podermos conversar — na realidade, duas semanas esperando para ouvir se iria viver ou morrer, já que nenhum dos seus médicos locais conhecia muito a respeito de tumores cerebrais para conseguir interpretar a tomografia com alguma convicção.

— Sentem-se, por favor — disse, indicando as três cadeiras diante da minha mesa, com a sua torre de prontuários e o computador lento.

Repassei o histórico do ataque epiléptico brevemente com ele e a família. Como geralmente acontece com a epilepsia, o episódio foi mais assustador para a mãe, que testemunhou o ataque, do que para o próprio homem.

— Achei que ele fosse morrer — disse ela. — Ele parou de respirar e o rosto ficou azulado, mas já estava melhor quando a ambulância chegou.

— Eu só me lembro de ter acordado no hospital. Em seguida, fiz a tomografia — disse o jovem policial. — Estou temendo o pior desde então.

A expressão no rosto do homem mostrava todo o desamparo e a esperança de que eu pudesse salvá-lo, e o medo de que talvez eu não pudesse.

— Vamos dar uma olhada na imagem — disse. Já havia visto o exame dois dias antes, mas vejo tantos no decorrer de um dia que preciso estar com as imagens imediatamente diante de mim sempre que converso com um paciente, de modo a não cometer um erro.

— Pode demorar um pouco — acrescentei. — As tomografias estão na rede de computadores do seu hospital local, e ela está conectada pela internet com o nosso sistema...

Enquanto falava, eu digitava no computador e procurava pelo ícone da rede de raios-X do hospital dele. Encontrei-o e uma janela surgiu na minha tela, pedindo uma senha. Já perdi a conta do número de senhas diferentes que preciso usar para conseguir concluir meu trabalho todos os dias. Passei cinco minutos tentando entrar no sistema, sem conseguir. Tinha a mais completa noção de que o homem ansioso e sua família estavam observando cada movimento que eu fazia, esperando para ouvir se eu pronunciaria uma sentença de morte para ele ou não.

— Antigamente era muito mais fácil — suspirei, apontando para a caixa de luz agora supérflua ao lado da minha escrivaninha. — Precisava apenas de trinta segundos para colocar uma chapa de raio-X na caixa de luz. Tentei usar todas as malditas senhas que conheço.

Eu podia ter acrescentado que, na semana passada, precisei mandar quatro dos doze pacientes para casa sem conseguir ver seus exames, de modo que as consultas acabaram não servindo para nada, e os pacientes ficaram ainda mais ansiosos e infelizes.

— Acontece a mesma coisa na força policial — disse o paciente. — Tudo é informatizado e nos dizem constantemente o que devemos fazer, mas nada funciona como antigamente...

Liguei para Gail, mas ela não conseguiu resolver o problema. Ela me passou o número do Departamento de Radiologia, mas, quando tentei ligar, caiu na secretária eletrônica.

— Com licença — disse. — Vou subir para ver se consigo pedir ajuda a uma das secretárias do Departamento de Radiologia.

Assim, passei rapidamente pelos pacientes que esperavam na sala de espera subterrânea e subi correndo os dois lances de escada até o Departamento de Radiologia. É mais rápido do que pegar os elevadores e não preciso ouvir uma voz condescendente me mandando lavar as mãos.

— Onde está Caroline? — gritei quando cheguei diante do balcão da área de raios-X, um pouco ofegante.

— Bem, ela está em algum lugar por aqui — veio a resposta. Assim, comecei a procurar pelo departamento até encontrá-la, e expliquei o problema.

— Tentou usar a sua senha?

— Sim, é claro que tentei.

— Bem, tente a do doutor Johnston. Geralmente ela funciona. "Foda-Se 45". Ele odeia computadores.

— Por que quarenta e cinco?

— É o quadragésimo quinto mês desde que implantamos o sistema do hospital, e precisamos mudar a senha todo mês — respondeu Caroline.

Assim, voltei correndo pelo corredor e pelas escadas, passando pelos pacientes que estavam à espera, e cheguei ao consultório.

— Aparentemente a melhor senha é "Foda-Se 45" — eu disse ao paciente e seus pais, que ainda estavam esperando para ouvir a possível sentença de morte. Eles riram nervosamente.

Digitei cuidadosamente "Foda-Se 45", mas, após pensar a respeito e me dizer que estava "verificando a minha identidade", o computador disse que não reconhecia a senha. Tentei digitar Foda-Se 45 de várias maneiras diferentes, em maiúsculas, em minúsculas, com espaços, sem espaços, sem sucesso. Digitei Foda-Se 44 e Foda-Se 46, mas sem sucesso. Corri novamente até o andar de cima pela segunda vez, seguido pelos olhares curiosos e ansiosos dos pacientes da sala de espera. A consulta agora já estava se estendendo além do previsto e o número de pacientes que esperavam para me ver crescia sem parar.

Voltei ao Departamento de Radiologia e encontrei Caroline em sua mesa. Disse a ela que Foda-Se 45 não funcionava.

— Bem, é melhor eu ir até lá e dar uma olhada — suspirou ela. — Talvez você não saiba como se digita "Foda-Se".

Descemos juntos e entramos no consultório.

— Olhe, pensando bem... acho que a senha já deve ter mudado para Foda-Se 47 — disse Caroline. Ela digitou "Foda-Se 47" e o computador, após verificar a minha identidade (embora, na realidade, estivesse verificando a do doutor Johnston), finalmente abriu o menu do departamento de raio-X do hospital do paciente.

— Desculpe pelo engano! — disse Caroline com uma risada enquanto saía da sala.

— Eu mesmo devia ter pensado nisso — disse, sentindo-me um idiota, enquanto fazia o download das radiografias do cérebro do paciente.

Talvez tenha se passado um longo tempo até que a tomografia do paciente aparecesse na tela do computador, mas não precisei de muito tempo para interpretá-la. A tomografia do paciente mostrava uma área anormal, parecida com uma bola pequena e branca, comprimindo o lado esquerdo do seu cérebro.

— Bem... — disse, sabendo o que estava atormentando a mente daquele homem há duas semanas, e mais particularmente durante os últimos cinquenta minutos. — Não parece ser câncer. Acho que tudo vai ficar bem.

Os três relaxaram um pouco em suas cadeiras quando eu disse isso. A mãe segurou na mão do filho, e os três trocaram sorrisos. Eu também senti um alívio considerável. Frequentemente sou obrigado a reduzir pessoas às lágrimas quando elas estão sentadas diante de mim no consultório.

Expliquei a eles que o tumor era quase certamente benigno, e que ele precisaria de uma cirurgia para removê-lo. Acrescentei, ligeiramente encabulado, que a operação tinha alguns riscos sérios. Com uma voz reconfortante, expliquei que o risco de que ele poderia ficar paralisado do lado direito do corpo — como se tivesse sofrido um AVC — e talvez incapaz de falar "não era maior do que cinco por cento". A afirmação seria bem diferente se eu tivesse dito que "pode chegar a cinco por cento" com uma voz igualmente macabra.

— Toda operação tem seus riscos — disse o pai, como quase todo mundo faz nesse estágio da discussão.

Concordei, mas enfatizei que alguns riscos são mais sérios do que outros e que o problema com as cirurgias no cérebro é que, mesmo se houver um pequeno acidente, as consequências podem ser catastróficas. Se a operação der errado, o índice de desastre para um paciente é de cem por cento, mas ainda é somente de cinco por cento para mim.

Eles assentiram em silêncio. Prossegui dizendo que os riscos da operação eram muito menores do que os riscos de não fazer nada e deixar o tumor crescer. Após algum tempo, até mesmo tumores benignos podem ser fatais se ficarem grandes demais, pois o crânio é uma caixa lacrada e há somente uma quantidade limitada de espaço no interior da cabeça.

Conversamos um pouco mais sobre os aspectos práticos da operação, e eu os levei até a sala de Gail.

A próxima paciente era uma mãe solteira com dores nas costas que havia passado por duas operações desnecessárias em hospitais privados. Existe um problema bem conhecido, chamado de "*failed back syndrome*" (ou síndrome da falha de cirurgia na coluna), que se refere a pessoas com dores nas costas que passaram por cirurgias na coluna que não tiveram o efeito desejado (e que, em muitos casos, parecem ter deixado a dor ainda pior).

Ela era magra e tinha a expressão assombrada de alguém que sofre de dores constantes e um profundo abatimento. Aprendi há muito tempo, no consultório, a não fazer distinções, como alguns médicos condescendentes ainda fazem, entre dores "reais" e "psicológicas". Toda dor é produzida no cérebro, e a única maneira pela qual a dor pode variar, com exceção da sua intensidade, é de acordo com a maneira pela qual é tratada. Mas, no meu caso, se uma cirurgia pode ajudar a pessoa ou não. Desconfio que muitos dos pacientes da minha clínica ficariam melhores com alguma forma de tratamento psicológico, contudo, isso é algo que não estou em posição de oferecer em um ambulatório cirúrgico tão movimentado, embora frequentemente perceba que tenho que passar mais tempo conversando com os pacientes que apresentam dores nas costas do que com aqueles que têm tumores no cérebro.

Ela começou a chorar enquanto falava.

— A minha dor está pior do que nunca, doutor — disse ela. Sua mãe, uma senhora idosa que estava sentada ao seu lado, assentia ansiosamente enquanto ela falava. — Não consigo mais viver assim.

Fiz as perguntas habituais sobre a dor que ela sentia, uma lista que se aprende ainda no começo da faculdade de medicina. Questões que envolvem saber quando ela começou a sentir a dor, se a dor se irradiava pelas pernas, que tipo de dor era e assim por diante. Com experiência, em geral, é possível prever as respostas simplesmente olhando para o paciente, e assim que vi o seu rosto irritado e choroso enquanto ela me seguia pelo corredor, mancando dramaticamente até o consultório, eu soube que não poderia ajudá-la. Olhei para a radiografia da sua coluna que mostrava bastante espaço para os nervos, mas também as escavações e as armações toscas de metal inseridas pelo meu colega de profissão em outro lugar.

Disse a ela que, se uma operação não tem o resultado esperado, há duas conclusões diametralmente opostas sobre o assunto: uma é a que a cirurgia não foi feita da maneira correta e precisa ser refeita, e a outra é que a cirurgia não iria funcionar desde o início. Eu disse a ela que não acreditava que mais uma operação pudesse ajudá-la.

— Mas eu não posso viver desse jeito — disse ela, irritada. — Não posso fazer compras, não consigo cuidar dos meus filhos.

As lágrimas começaram a lhe rolar pelo rosto.

— Sou eu que tenho que fazer essas coisas — disse sua mãe.

Com esse tipo de paciente, quando sei que não posso ajudá-los, tudo que posso fazer é ficar sentado em silêncio, tentando impedir que meus olhos apontem pela janela, passem sobre o estacionamento, sobre a rua que contorna o hospital e cheguem ao cemitério do outro lado enquanto os pacientes desfiam seu rosário de queixas para mim e espero que terminem. Em seguida, preciso encontrar palavras com alguma expressão de simpatia para dar fim àquela conversa sem solução, e sugerir ao paciente que peça ao clínico geral para encaminhá-los para a clínica de dor, com pouca esperança de que a sua dor possa realmente ser curada.

— Não há nada perigoso na situação da sua coluna — digo, tomando o cuidado de não dizer que o exame está essencialmente normal, como frequentemente acontece. Faço um pequeno discurso sobre os benefícios do exercício e, em muitos casos, da perda de peso, embora esse conselho raramente seja bem recebido. Não julgo essas pessoas infelizes como fazia quando era mais novo; em vez disso, tenho uma sensação de fracasso e por vezes de desaprovação em relação a cirurgiões que operaram pacientes como essa mulher, sobretudo quando tudo foi feito por causa de dinheiro, como normalmente acontece no setor privado.

A próxima paciente era uma mulher com mais de cinquenta anos que passara por uma cirurgia para remover um grande tumor cerebral benigno vinte anos antes, executada por um colega que havia se aposentado fazia tempo. Sua vida fora salva, mas ela ficara com uma sequela que lhe causava dor constante no rosto. Todo tipo de tratamento possível havia fracassado. A dor se desenvolveu porque o nervo sensitivo de um lado do seu rosto foi seccionado durante a remoção do tumor — um problema por vezes inevitável para o qual os cirurgiões normalmente usam a palavra "sacrifício". Isso deixa o paciente com uma sensação grave de entorpecimento naquele lado do rosto, um fenômeno desagradável, mas com o qual a maioria das pessoas aprende a conviver.

Alguns, entretanto, não conseguem se acostumar com isso, e acabam quase enlouquecendo por causa do entorpecimento. O nome para isso, anestesia dolorosa— a perda dolorosa de sensações —, expressa a natureza paradoxal do problema.

A paciente falou sem parar, descrevendo os vários tratamentos e medicamentos que ela havia usado sem sucesso no decorrer dos anos e a inutilidade dos médicos.

— Você precisa cortar o nervo, doutor — disse ela. — Não consigo mais viver assim.

Tentei explicar a ela que o problema surgira precisamente porque o nervo havia sido cortado, e falei a respeito da dor fantasma, a intensa dor que pessoas amputadas sentem em um braço ou perna que não existe mais como membro no mundo exterior, mas que ainda existe como um conjunto de impulsos nervosos no cérebro. Tentei explicar que a dor estava localizada em seu *cérebro*, não no rosto, mas ela não assimilou nada do que eu disse. A julgar pela sua expressão, provavelmente pensou que eu estava desdenhando da sua dor por considerar que "está tudo na mente". Ela saiu da sala tão irritada e insatisfeita quanto estava quando chegou.

Um dos vários pacientes com tumores no cérebro que fazia consultas regulares de acompanhamento comigo era Philip, um homem na casa dos quarenta anos com um tumor chamado oligodendroglioma, que havia operado doze anos antes. Eu havia removido a maior parte daquela anomalia, mas agora o tumor estava crescendo outra vez. Ele fizera recentemente sessões de quimioterapia, que podem diminuir o ritmo de recorrência, mas ambos sabíamos que o tumor iria matá-lo algum dia. Havíamos discutido a respeito em outras ocasiões e não havia motivos para repassar o assunto. Como eu vinha cuidando dele há tantos anos, acabamos nos conhecendo muito bem.

— Como está a sua esposa? — foi a primeira coisa que ele disse quando entrou na sala, e eu me lembro de que, na última vez em que nos encontramos, um ano antes, eu recebi um telefonema da polícia no meio da conversa e fui informado de que a minha nova esposa Kate, que conheci um ano depois do fim do meu primeiro casamento, acabara de ser internada no hospital após uma crise convulsiva.

— Não há nada com que se preocupar — dissera o policial, tentando ajudar. Finalizei rapidamente a consulta com Philip e corri para a ala de emergência do meu hospital, onde encontrei Kate com aparência quase irreconhecível, com o rosto coberto de sangue ressecado. Havia sofrido uma crise epilética no shopping center de Wimbledon e perfurado o lábio inferior com os dentes. Felizmente não havia sofrido nenhum ferimento grave, e um dos meus colegas da cirurgia plástica chegou e suturou a laceração. Cuidei para que ela se consultasse com um dos meus colegas da neurologia.

Foi uma época difícil. Muitos tumores cerebrais se revelam pela primeira vez com crises epiléticas, como eu bem sabia, e também sabia suficientemente bem após a experiência com o meu filho que ser médico não tornava a minha família nem a mim imunes às doenças dos meus pacientes. Não compartilhei esses pensamentos com Kate; disse a ela que a tomografia era apenas uma formalidade, esperando poupá-la de uma ansiedade desnecessária. Kate é antropóloga e autora *best-seller* de livros sobre o assunto, sem conhecimentos em medicina, mas eu havia subestimado seus poderes de observação. Ela me disse mais tarde que assimilara conhecimentos suficientes de neurocirurgia para saber que tumores no cérebro frequentemente "se apresentam com" epilepsia. Tivemos que esperar uma semana para que ela fizesse a tomografia, durante a qual escondemos cuidadosamente um do outro os temores que sentíamos. Os exames mostraram que tudo estava em ordem; não havia nenhum tumor. A ideia de que muitos dos meus pacientes têm que passar pelo mesmo inferno à espera dos resultados dos exames como aconteceu comigo e com Kate não é nada confortável — e grande parte deles precisa esperar bem mais do que uma semana.

Comovido por Philip se lembrar daquilo, disse a ele que Kate estava bem e que a sua epilepsia atualmente estava sob controle. Ele me disse que continuava a ter pequenas crises várias vezes por semana, e que a sua empresa foi à falência porque ele havia perdido a carteira de motorista.

— Por outro lado, perdi bastante peso com a quimioterapia — disse ele, rindo. — Minha aparência está bem melhor, não é? Aquilo me deixou muito doente. Estou vivo e feliz por estar vivo! Isso é tudo que importa, mas preciso recuperar a minha carteira de motorista. Recebo somente sessenta e cinco libras por semana como ajuda de custo. Não é exatamente fácil viver com isso.

Concordei em pedir ao clínico geral dele que o encaminhasse para um especialista em epilepsia. Não pela primeira vez, pensei na natureza trivial de quaisquer problemas que eu possa ter quando comparados aos dos meus pacientes, e senti-me envergonhado e decepcionado por ainda me preocupar com eles mesmo assim. Talvez você imagine que ver tanta dor e sofrimento possa ajudá-lo a manter suas próprias dificuldades em perspectiva, mas não é assim que as coisas acontecem.

A última paciente era uma mulher na casa dos trinta anos com uma neuralgia grave do trigêmeo. Eu a havia operado no ano anterior e lembrava-me vagamente de que ela voltara alguns meses depois com dores recorrentes — a operação nem sempre tem sucesso —, mas não conseguia me lembrar do que ocorrera depois. Folheei os prontuários e as anotações sem encontrar nada que pudesse me ajudar. Havia preparado um pedido de desculpas, esperando que ela estivesse com uma aparência sofrida, marcada pela dor e a decepção. Agora, entretanto, ela estava bem diferente. Expressei minha surpresa em relação à sua aparência.

— Estou ótima desde a operação — declarou ela.

— Mas eu achei que a dor tivesse voltado! — disse.

— Mas você operou outra vez!

— É mesmo? Oh, eu lamento. Examino tantos pacientes que acabo me esquecendo... — respondi.

Tirei os prontuários dela da pilha e passei vários minutos tentando encontrar algo sobre ela ter passado por uma segunda operação. Do meio da pilha de papel uma aba marrom se destacava — um dos poucos documentos que a diretoria projetara para ser facilmente localizado.

— Ah! — disse. — Olhe aqui. Não consegui achar o registro da operação, mas posso dizer que você evacuou um cocô do tipo 4 em 23 de abril...

Mostrei a ela a elaborada Tabela Fecal do hospital, colorida em um tom sombrio e apropriado de marrom, cada folha com um guia graficamente ilustrado com os sete tipos diferentes de cocô de acordo com a classificação desenvolvida, segundo o documento, por um certo doutor Heaton de Bristol.

Ela olhou para o documento sem acreditar e explodiu em risos.

Mostrei que ela havia evacuado um do tipo 5 no dia seguinte — "pequenas bolinhas duras, separadas como coquinhos" de acordo com o doutor Heaton — e mostrei a ela a imagem que acompanhava o texto. Disse que, como neurocirurgião, não dava a mínima importância para os seus movimentos intestinais, embora a administração do hospital claramente considerasse que aquilo era algo com profunda importância.

Rimos juntos por bastante tempo. Na primeira vez em que nos encontramos, os olhos dela estavam embotados pelos medicamentos contra a dor, e, se ela tentasse falar, seu rosto se contorcia com uma dor agonizante. Considerei a sua beleza atual, que agora era radiante. Ela se levantou para ir embora e foi até a porta, mas em seguida voltou e me deu um beijo.

— Espero nunca mais vê-lo — disse ela.

— Entendo perfeitamente — respondi.

Agradecimentos

Espero que meus pacientes e colegas me perdoem por escrever este livro. Embora as histórias que contei aqui sejam todas verdadeiras, mudei muitos dos detalhes para preservar a confidencialidade quando necessário. Quando estamos doentes, nosso sofrimento pertence somente a nós e à nossa família, mas para os médicos que cuidam de nós essa é apenas uma entre várias histórias similares.

Recebi o apoio enorme do meu sábio agente Julian Alexander e da minha excelente revisora Bea Hemming. O livro ficaria muito pior sem a ajuda deles. Vários amigos gentilmente leram os rascunhos do livro e fizeram sugestões valiosas, particularmente Erica Wagner, Paula Milne, Roman Zoltowski e o meu irmão Laurence Marsh.

Durante os vinte e sete anos da minha carreira como neurocirurgião, tive a sorte de poder contar com Gail Thompson como minha secretária, cujo apoio, eficiência e cuidado com os pacientes sempre estiveram acima de qualquer reprovação.

O livro nunca teria sido escrito sem o amor, os conselhos e o estímulo da minha esposa Kate, que também encontrou o título, e a quem dedico este livro.